一般社団法人日本社会福祉士養成校協会 編集

相談援助実習指導・現場実習 教員テキスト

第2版

中央法規

# はじめに

一般社団法人日本社会福祉士養成校協会

会長　長谷川　匡俊

2007（平成19）年12月、社会福祉士及び介護福祉士法改正法が成立し、法改正に伴う養成教育内容の見直しでは、より実践力の高い社会福祉士を養成することを趣旨として、実習および演習教育内容の充実に向けたカリキュラム編成となりました。

これまで本協会では、社会福祉士養成教育内容の検討、研修のあり方等に関する事業を行い、養成校の教育水準の向上を目指した取り組みを行ってきました。社会福祉士として必要な「知識」は、国家試験により一定程度の水準が保障されます。しかし、実習や演習については、現在の国家試験の形態では評価しづらい部分もあり、本協会が実習教育や演習教育に関する教育基準を明確にし、養成校がその基準に基づいた教育を適切に行うことが極めて重要であり、喫緊の課題ともなっています。

近年、社会福祉に関するサービス内容や提供形態は、「自立」「利用者本位」「地域福祉」等をキーワードとして大きく変わってきました。このような状況のなかで社会福祉士制度も見直しが行われましたが、教育体系・内容についても、実習・演習教育を中心により実践力を有した社会福祉士を養成する教育内容に見直され、養成校においても、国民の社会的要請に応えられる資質を教育段階から担保することが求められています。

本書刊行にあたり、本協会では、①相談援助に関する理論と実習・演習教育内容の標準化、②相談援助に関する教育スキルの標準化、③福祉現場も交えた実習教育内容並びにその指導方法の開発と標準化、④上記に伴う教員養成の枠組みと教員講習プログラムの開発と標準化、⑤①～④に基づく教員養成講習会の実施、の5つの柱を中心に検討を行ってきました。また、平成25年度には「相談援助実習・実習指導ガイドラインおよび評価表」「相談援助演習のための教育ガイドライン」を作成しました。

本書は、平成20年度から開催（平成20年～23年度までは厚生労働省補助金事業）している社会福祉士実習演習担当教員講習会においてもテキストとして使用され、上記それぞれの項目を連動させた実践的な社会福祉士養成教育を行うためのベースとなる内容を網羅したものとなっています。本書が社会福祉士養成にかかる実習を担当される多くの教員の皆様に活用され、実習教育内容の質を確保しつつ、より実践力の高い社会福祉士の養成に取り組まれることを期待しております。

目次

はじめに

# 序章

1 社会福祉における政策と実践……1
2 社会福祉従事者に係る資格制度と養成課程……3
3 社会福祉士制度の見直しと養成課程……3
4 カリキュラム等の見直し……10
5 社会福祉士養成課程における相談援助実習・演習等の基本的枠組み……14

# 第1章 実習指導概論

1 相談援助実習と相談援助実習指導……22
2 描くべき社会福祉士像……23
3 実習内容のジェネリック・スペシフィック関係と相談援助実習指導の役割……26
4 相談援助実習・実習指導で修得すべき「基礎的・通底的ソーシャルワーク」……29
5 実習ガイドライン作成の背景……41
6 相談援助実習・実習指導ガイドラインの見方……42
7 実習基本プログラムの重要性……44
8 3段階実習プログラム……46
9 「基礎的・通底的4領域」「3段階実習モデル」を踏まえた実習プログラムモデル……49
10 実習生の位置と実習前評価システム……50
11 実習の逆機能と相談援助実習指導……55

# 第2章 実習指導方法論Ⅰ―実習教育マネジメント

## 第1節 相談援助実習指導・相談援助実習教育におけるマネジメントの意義と対象……58

1 相談援助実習指導・相談援助実習の科目特質にかかわるマネジメントの意義……58
2 実習教育マネジメントの対象……63

## 第2節 実習教育マネジメントの内容と展開……73

1 養成校内のマネジメント内容―実習指導体制(実習依頼や実習決定等の責任と判断の仕組み)の形成……73
2 養成校と実習先施設・機関等間のマネジメント―実習先施設・機関との契約(協定)等の取り交わし……74

## 第3節 学生指導における担当教員の役割を理解する……77

# 第3章 実習指導方法論Ⅱ―実習指導の内容と方法

## 第1節 「相談援助実習指導」の意味と授業方法……80

1 「相談援助実習指導(実習指導)」の意味と養成校の責任……80

  2 「相談援助演習」と「実習」「実習指導」の関係……81
  3 授業方法の特徴と指導上の留意点……82

## 第2節 | 実習前指導の内容と方法……93
  相談援助実習指導の流れ……93

## 第3節 | 実習中指導の内容と方法……114
  1 はじめに……114
  2 相談援助実習における個別指導の位置づけ……114
  3 二重のスーパービジョン体制……115
  4 実習巡回指導と帰校日指導……115
  5 実習巡回指導のねらい……116
  6 実習巡回指導の指導内容……117
  7 実習巡回指導における指導の進め方……123

## 第4節 | 実習後指導の内容と方法……128
  1 実習後指導の内容……128
  2 実習後指導の方法……132

# 第4章　実習指導方法論Ⅲ─実習教育スーパービジョン

## 第1節 | スーパービジョンの基礎理解……148
  1 スーパービジョンの潮流と日本の現状……148
  2 スーパービジョンの構造と機能……152

## 第2節 | 実習教育スーパービジョン体制と教員の役割……156
  1 実習スーパービジョンの特質……156
  2 実習教育スーパーバイザーとしての教員の役割……157

## 第3節 | 実習教育スーパービジョンの機会……159
  1 実習開始前のスーパービジョン……159
  2 配属実習中のスーパービジョン……160
  3 配属実習終了後のスーパービジョン……160

## 第4節 | スーパービジョンの基本スキル……164
  1 「語り」の保障と非審判的態度……164
  2 「語り」を促す実習生への問いかけ……165
  3 実習生間の関係を活用するスーパービジョン……165
  4 記録の活用……166

## 第5節 | 実習スーパービジョンの実際……169
  1 「問題実習生」へのスーパービジョン……169
  2 「積極的な実習生」へのスーパービジョン……170
  3 実習生が「精神的な課題」を抱えている場合の対応……172
  4 利用者と「関係不全」を起こした実習生……173
  5 実習先における「不適切なかかわり」を体験した学生……174

# 第5章 実習指導方法論Ⅳ—実習教育評価

## 第1節 教育評価の基礎的理解……178
1. 教育における評価の意義……178
2. 教育評価の目的……179
3. 教育評価の領域……181
4. 教育評価の手順……182
5. 評価資料を収集するための技法……184
6. 評価資料の解釈方法……190
7. 教育評価の種類……192

## 第2節 社会福祉士実習教育における評価……196
1. 実習教育における評価の位置と構造……196
2. 実習評価に関する規定……198
3. 通知・ガイドラインにおける教育内容と評価……207
4. 相談援助実習ガイドライン……207

## 第3節 実習評価の実際……209
1. 実習評価の手順と具体的な評価方法……209
2. 実習評価表の構成と活用方法……213
3. 実習先の評価・評定との関係……219

## 第4節 評価におけるその他の注意点……221
1. 実習評価の公平性……221
2. 評価方法の原理に基づく改善に向けた取り組み……221
3. 教員の適格性……222
4. 教え手側に期待される基本的な能力……223

資料編

## １ 社会福祉における政策と実践

　福祉に関する相談援助というと、福祉サービスを必要とする者に対する直接的な支援をイメージするかもしれません。しかし、後述するとおり、これからの社会福祉士に求められる役割は、単に直接的な支援に限らず、さまざまな専門職やボランティア等との連携をはじめ、支援をつないでいく役割や社会資源の調整開発といったことまで含まれています。このため、社会福祉士が求められる役割を果たすためには、個別支援から制度、政策に係る知識や技術に加え、福祉分野における政策と実践との関係を視野に入れた知識や技術が必要になります。

　そこで、社会福祉における政策と実践との関係についてみてみると、例えば、三浦は、「社会福祉の政策と実践は、具体的に社会福祉の制度的枠組みの中で、統一されることになっていくのである。(三浦、1995：8)」と述べ、社会福祉政策について「政策（または計画）というのは、個々の実践現場を超えて、それらに共通する一定範囲の行動（活動）方針を示すものである。したがって、この政策（計画）は、（中略）、ある一定期間、一定の範囲内で維持され、個々の実践局面を規定するものである。（中略）、これらの政策はなんらかの形で制度化され、場合によって法制化されることになるのである。(三浦、1995：50-51)」と論じています。これをふまえるならば社会福祉における政策と実践とは、社会福祉システムとして具体的な制度をとおして統合化されるとともに、社会福祉における政策に着眼するならば、それは個々の実践局面を規定する性質を有していると理解することができます。

　また、太田（1984：66-72）は、図０－１に示すように、ソーシャルワークの実践

過程が「P1：国家・社会レベルの政策策定システム」「P2：地方行政機関レベルの行政システム」「P3：実践機関としての実践活動システム」「P4：対象としてのクライエントシステム」の4つのシステム領域の流れから構成されており、制度としての社会福祉サービスの提供を通じて、クライエントを直接的に援助する機能を持つ援助過程（P1からP4への過程）を「Asystem」として位置づける一方で、クライエントへの援助過程に反映された問題を、実践機関や行政組織とその活動に還元し、そのサービスの現実を点検し、さらに制度・政策を再検討し、改善・調整する機能としての実践・政策調整過程（P4からP1への過程）を「Bsystem」として位置づけ、ソーシャルワークの実践過程には、個々の実践局面から制度・政策への実践・政策調整過程が存在することを示唆しています。

図0-1　実践過程システム―循環システムとしての過程

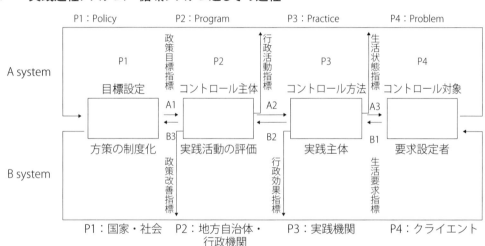

出典：太田義弘「実践過程」太田義弘・佐藤豊道編『ソーシャル・ワーク――過程とその展開』海声社、p.69、1984年

以上のことから、社会福祉における政策と実践とは、密接不可分な関係にあり、「Asysytem」に見られる政策から実践へのベクトルだけではなく、「Bsystem」に見られる実践から政策へのベクトルも存在しており、これをふまえるならば、いわゆる福祉に関する相談援助や介護及び保育等を主たる業とする社会福祉従事者が果たす役割は、単に「Asystm」にとどまるものではなく、個々の実践局面での経験を政策へフィードバックしていくという「Bsystem」における役割も有していると理解することができます。そして、社会福祉従事者が「Asystem」及び「Bsystem」の両システムにおいて機能的であるためには、福祉サービスを必要とする者に対する直接的な福祉に関する相談援助

や介護及び保育に関する知識や技術だけでなく、自らの実践と密接不可分な関係にある社会福祉制度をはじめとする社会保障制度や政策に関する一定の知識を有し、それらとの関係も視野に入れて自らの実践を認識しておく必要があるということは想像に難くなく、そのための養成教育システムが肝要になるのです。

## 2 社会福祉従事者に係る資格制度と養成課程

このような観点から、わが国の社会福祉従事者に係る資格制度に目を向けてみると、1987（昭和62）年に社会福祉士及び介護福祉士法（以下、士士法という）が制定され、我が国初となる社会福祉従事者に係る国家資格制度が誕生したことをはじめ、1997（平成9）年の精神保健福祉士法の制定や2001（平成13）年の児童福祉法改正による2003（平成15）年度からの保育士の国家資格化などによって、社会福祉従事者に係る資格が国家資格として法制化されてきています。そして、いずれの国家資格も一定水準以上の専門性を担保するために、当該資格の取得に当たっては、国家試験を課したり、専門的知識と技術を修得したりするための法令に基づく養成教育システムとして体系化された養成課程を有しているという点に、その特徴の1つを見いだすことができます。

また、特に最近では、複雑化・多様化し、増大化する国民の福祉ニーズに的確に対応するために、これらの国家資格に係る養成教育システムをはじめ、さまざまな観点からの見直しが行われてきています。特に、2007（平成19年）に公布された社会福祉士及び介護福祉士法等の一部を改正する法律（平成19年法律第125号）は、約20年のときを経て行われた社会福祉士及び介護福祉士制度の抜本的な見直しであるとともに、その後行われた保育士養成課程の見直し（2010（平成22）年7月22日及び2011（平成23）年4月1日から施行）や精神保健福祉士養成課程の見直し（2009（平成21）年4月1日及び2012（平成24）年4月1日から施行）の先鞭をなすものとして位置づけることができるでしょう。

## 3 社会福祉士制度の見直しと養成課程

社会福祉士は、1987（昭和62）年5月に国会で成立し、1988（昭和63）年の4月に施行された「社会福祉士及び介護福祉士法」に基づく国家資格であり、「社会福祉士の名称を用いて、専門的知識及び技術をもって、身体上若しくは精神上の障害があること又は環境上の理由により日常生活を営むのに支障がある者の福祉に関する相談に応

じ、助言、指導、福祉サービスを提供する者又は医師その他の保健医療サービスを提供する者その他の関係者との連絡及び調整その他の援助を行うこと（第7条及び第47条の2において「相談援助」という。）を業とする者」（同法第2条第1項）です（下線部は2007（平成19）年の法改正によって新たに追加された部分）。

　また、社会福祉士の英訳として、"Certified Social Worker"という用語を用いるのが通例となっており、表0－1に示す国際ソーシャルワーカー連盟（IFSW）によるソーシャルワークの定義と社会福祉士の実際との関係から、社会福祉士は国際的な意味においてもソーシャルワークを担う者であるという指摘もあります（日本社会福祉教育学校連盟・日本社会福祉士養成校協会合同検討委員会、2006）。そのような観点から、社会福祉士には人権と社会正義の原理に基づく専門職倫理を行動規範とし、人間の行動と社会システムに関する知識を利用して、人々がその環境と相互に影響し合う接点に介入するための技術を有しておく必要があると言えるでしょう。

　なお、国際ソーシャルワーカー連盟（IFSW）の定義規定は、2014（平成26）年に表0－2のように改定されているということに留意してください。

**表0-1　国際ソーシャルワーカー連盟によるソーシャルワークの定義**

| |
|---|
| ソーシャルワーク専門職は、人間の福利（ウェルビーイング）の増進を目指して、社会の変革を進め、人間関係における問題解決を図り、人びとのエンパワーメントと解放を促していく。ソーシャルワークは、人間の行動と社会システムに関する理論を利用して、人びとがその環境と相互に影響し合う接点に介入する。人権と社会正義の原理は、ソーシャルワークの拠り所とする基盤である。 |

出典：日本社会福祉士会（http://www.jacsw.or.jp/01_csw/08_shiryo/teigi.html）

**表0-2　ソーシャルワーク専門職のグローバル定義（IFSW & IASSW、2014）**

| |
|---|
| ソーシャルワークは、社会変革と社会開発、社会的結束、および人々のエンパワーメントと解放を促進する、実践に基づいた専門職であり学問である。社会正義、人権、集団的責任、および多様性尊重の諸原理は、ソーシャルワークの中核をなす。ソーシャルワークの理論、社会科学、人文学、および地域・民族固有の知を基盤として、ソーシャルワークは、生活課題に取り組みウェルビーイングを高めるよう、人々やさまざまな構造に働きかける。この定義は、各国および世界の各地域で展開してもよい。 |

出典：日本社会福祉士会（https://www.jacsw.or.jp/06_kokusai/IFSW/files/SW_teigi_japanese.pdf）

　ところで、社会福祉士制度施行後約20年の間に社会福祉士を取り巻く社会状況は大きく変化し、それに伴い社会福祉士に期待される役割も従来の相談援助に加え、サービスの利用支援、成年後見、権利擁護等の新しい相談援助の業務へと拡大してきているということは周知のとおりです。

　このような状況をふまえ、厚生労働省では、2006（平成18）年1月に厚生労働省社会・援護局長の私的懇談会として「介護福祉士のあり方及びその養成プロセスの見直し等に関する検討会（以下、「あり方検討会」という）」を設置し、「あり方検討会」の結

果として、同年7月5日に『これからの介護を支える人材について —— 新しい介護福祉士の養成と生涯を通じた能力開発に向けて（以下、『あり方検討会報告書』という）』という報告書をとりまとめました。

そして、『あり方検討会報告書』の内容をふまえつつ、同年9月20日から社会保障審議会福祉部会が社会福祉士及び介護福祉士制度の在り方について合計4回の審議を行い、その審議結果について同年12月12日に『介護福祉士制度及び社会福祉士制度の在り方に関する意見（以下、『意見書』という）』として取りまとめを行いました。

その際、『意見書』では、社会福祉士制度の見直しについて、社会福祉士が期待される分野が「地域包括支援センター等における地域を基盤とした相談援助」「相談支援事業や就労支援事業による障害者の地域生活支援」「生活保護制度における自立支援プログラムによる就労支援の推進」「権利擁護、成年後見制度等の新しいサービスの利用支援」「地域福祉計画の策定等の新しい行政ニーズへの対応」などへと拡がりを見せてきており、社会福祉士の役割及び求められる知識と技術について具体的に示すとともに、法律上の社会福祉士の役割、責務等の見直しについても検討を行っていくべきであるとの指摘がなされました。なお、これらの指摘をふまえて新たに位置づけられた社会福祉士の役割や教育カリキュラムの構成等についてまとめたものを表0−3に示します。

**表0-3　社会福祉士に求められる役割と新たな教育カリキュラム**

| |
|---|
| 1．社会福祉士制度の施行から現在に至るまでの間に、介護保険制度の施行等による措置制度から契約制度への転換など、社会福祉士を取り巻く状況は大きく変化しており、今後の社会福祉士に求められる役割としては、<br>　①　福祉課題を抱えた者からの相談に応じ、必要に応じてサービス利用を支援するなど、その解決を自ら支援する役割<br>　②　利用者がその有する能力に応じて、尊厳を持った自立生活を営むことができるよう、関係する様々な専門職や事業者、ボランティア等との連携を図り、自ら解決することのできない課題については当該担当者への橋渡しを行い、総合的かつ包括的に援助していく役割<br>　③　地域の福祉課題の把握や社会資源の調整・開発、ネットワークの形成を図るなど、地域福祉の増進に働きかける役割<br>等を適切に果たしていくことが求められている。<br>2．今後の社会福祉士の養成課程においては、これらの役割を国民の福祉ニーズに応じて適切に果たしていくことができるような知識及び技術が身に付けられるようにすることが求められており、具体的には、<br>　①　福祉課題を抱えた者からの相談への対応や、これを受けて総合的かつ包括的にサービスを提供することの必要性、その在り方等に係る専門的知識<br>　②　虐待防止、就労支援、権利擁護、孤立防止、生きがい創出、健康維持等に関わる関連サービスに関わる基礎的知識<br>　③　福祉課題を抱えた者からの相談に応じ、利用者の自立支援の観点から地域において適切なサービスの選択を支援する技術<br>　④　サービス提供者間のネットワークの形成を図る技術<br>　⑤　地域の福祉ニーズを把握し、不足するサービスの創出を働きかける技術<br>　⑥　専門職としての高い自覚と倫理の確立や利用者本位の立場に立った活動の実践<br>等を実践的に教育していく必要がある。 |

> 3．以上を踏まえ、実践力の高い社会福祉士を養成する観点から以下のような視点で、教育カリキュラムの見直しを行うこととする。
> 【時間数】
> ○ 一般養成施設については、現行の1年以上という修業年限を前提としつつ、新たな分野の追加等により、1,200時間まで充実を図る。
> ○ 短期養成施設については、現行の6月以上という修業年限を前提としつつ、教育時間数は一般養成施設の教育カリキュラムの見直しを踏まえて、660時間まで充実を図る。
> 【教育カリキュラムの構成】
> ○ 教育カリキュラムの構成は、
>   ① 「人・社会・生活と福祉の理解に関する知識と方法」
>   ② 「総合的かつ包括的な相談援助の理念と方法に関する知識と技術」
>   ③ 「地域福祉の基盤整備と開発に関する知識と技術」
>   ④ 「サービスに関する知識」
>   ⑤ 「実習・演習」
> の科目群からなるものとする。
> ○ なお、
>   ・「人・社会・生活と福祉の理解に関する知識と方法」及び「総合的かつ包括的な相談援助の理念と方法に関する知識と技術」については、社会福祉士に求められる知識及び技術のうち、主に2の①、③、④及び⑥に対応するものとして、
>   ・「地域福祉の基盤整備と開発に関する知識と技術」については、主に2の④及び⑤に対応するものとして、
>   ・「サービスに関する知識」については、主に2の②に対応するものとして
>   ・「実習・演習」については、他の講義系科目との連動性にも配慮しつつ、2の①から⑥までの知識及び技術を実践的に習得するものとして、位置付け、それぞれ具体的に科目を設定する。
> 【教育内容（シラバス）】
> ○ 教育内容（シラバス）については、国家試験によって社会福祉士として必要な知識及び技能が評価されることを踏まえ、詳細な内容までは示さないこととし、それらについては、出題基準の中で網羅的に反映させる。
> 【大学等における指定科目・基礎科目】
> ○ 大学等における指定科目・基礎科目については、科目名が一致していれば足りることとされている現行の仕組みを基本的には維持するが、特に実習・演習に関して教育内容や時間数にばらつきがあるとの指摘があることを踏まえ、実習・演習の教育内容や時間数、教員要件等について養成施設と同等の基準を満たさなければならないこととする。
> ○ また、指定科目・基礎科目の科目名について、現行と同様、一定の読替の範囲を設定する。

出典：厚生労働省HP（http://www.mhlw.go.jp/bunya/seikatsuhogo/dl/shakai-kaigo-yousei01.pdf）をもとに筆者作成

　さらに、『意見書』では、社会福祉士の養成の在り方として、「教育カリキュラムについて、社会福祉士制度の施行の後、抜本的な見直しが行われておらず、その後の社会福祉士を取り巻く状況の変化を反映したものになっていないのではないか」「実習教育について、本来社会福祉士として求められる技能を修得することが可能となるような実習内容になっていないのではないか」「福祉系大学等ルートについて、教育内容等は大学等の裁量にゆだねられる仕組みとなっていることから、教育内容等にばらつきが見られるのではないか」といった点を挙げ、「教育カリキュラムの在り方」「実習の在り方」「それぞれの資格取得ルートの在り方」について検討をするべきであるとの指摘もなされました。

　そして、これを受け、社会福祉士制度については、サービスの利用支援、成年後見、

権利擁護等の新しい相談援助の業務の拡大を踏まえ、社会福祉士の資質の確保及び向上等を図る観点から、法律上の定義・義務や資格取得の方法を見直すために、2007（平成19）年3月14日に「社会福祉士及び介護福祉士法等の一部を改正する法律案」が第166回通常国会に提出されました。その後、同年11月28日の第168回臨時国会において法案が可決され、同年12月5日に「社会福祉士及び介護福祉士法等の一部を改正する法律（平成19年法律第125号）」として公布されました。

なお、社会福祉士制度に係る士士法改正の主な内容は、①定義規定の見直し、②義務規定の見直し、③資格取得方法の見直し、④社会福祉士の任用・活用の見直しの4点ですが、これに加え、士士法改正に伴う関係政省令の公布及び通知の発出による社会福祉士制度の見直し事項として、「4．カリキュラム等の見直し」の項において述べる⑤社会福祉士の養成に係る教育内容等（以下、カリキュラム等という）の見直しをあげることができます。

**定義規定の見直し**

まず、定義規定の見直しでは、社会福祉士の行う「相談援助」の例示として、他のサービス関係者との連絡・調整を行って、橋渡しを行うことを明確化するという観点から、士士法第2条第1項に規定する社会福祉士の定義を「専門的知識・技術をもって、福祉に関する相談に応じ、助言、指導、福祉サービスを提供する者又は医師その他の保健医療サービスを提供する者その他の関係者との連絡及び調整その他の援助を行うこと（「相談援助」）を業とする者」とし、従来の定義規定に新たに下線の部分が追加されました。このように士士法改正によって、表0－3に示す社会福祉士の役割として、福祉課題を抱えた者からの相談に応じ、必要に応じてサービス利用を支援するなど、その解決を自ら支援する役割、自ら解決することのできない課題については当該担当者への橋渡しを行い、総合的かつ包括的に援助していくという役割が法律上明確に位置づけられたのです。

**義務規定の見直し**

次に、義務規定の見直しでは、社会福祉士が個人の尊厳を保持し、誠実にその業務を行う必要があるという観点から、士士法第44条の2に新たに誠実義務として、「その担当する者が個人の尊厳を保持し、その有する能力及び適性に応じ自立した日常生活を営むことができるよう、常にその者の立場に立って、誠実にその業務を行わなければならない」旨の規定が設けられました。なお、下線部については、平成22年法律第71号によって削除されているということを付記しておきます。

また、社会福祉士には、地域の福祉課題の把握や社会資源の調整・開発、ネットワークの形成を図るなど、地域福祉の増進に働きかける役割があるという観点から、従来の連携規定を見直し、士士法第47条第1項に新たに「その担当する者に、福祉サービス及びこれに関連する保健医療サービスその他のサービスが総合的かつ適切に提供されるよう、地域に即した創意と工夫を行いつつ、福祉サービスを提供する者又は医師その他の保健医療サービスを提供する者その他の関係者との連携を保たなければならない」旨の規定がされました。

　さらに、社会福祉士の資質向上の責務として士士法第47条の2に新たに「社会福祉を取り巻く環境の変化による業務の内容の変化に適応するため、相談援助に関する知識及び技能の向上に努めなければならない」旨の自己研鑽について規定されました。特に、社会福祉士資格取得後の自己研鑽については、認定社会福祉士認証・認定機構によって2012（平成24）年4月1日より始められた認定社会福祉士制度[1]との関係においても重要な義務規定であるということを指摘しておきたいと思います。

**資格取得方法の見直し**

　資格取得方法の見直しでは、福祉現場における高い実践力を有する社会福祉士を養成するための資格取得方法の見直しを行うという観点から、いわゆる福祉系大学等ルートについては、実習や演習等の教育内容、時間数等に関して、文部科学大臣・厚生労働大臣が基準を設定することになりました。この結果、これまで社会福祉士の受験資格取得に当たって教育内容や時間数、教員要件等に関して法令に基づく基準がなかった大学等についても、社会福祉士としての実践力を習得するために必要不可欠となる実習や演習については、新たに法令に基づいて実習や演習の授業を行わなければならない仕組みとなったのです（2009（平成21）年4月1日施行）。また、福祉事務所の査察指導員や児童福祉司などの行政職[2]における実務経験5年以上をもって受験資格が得られていたいわゆる行政職ルートについても社会福祉士として必要な技能について、体系的に修得する機会を確保するという観点から、従来の5年以上という実務経験を4年以上に短縮する一方で、新たに6月以上の養成課程を経たうえで国家試験を受験する仕組みとなりました（2009（平成21）年4月1日施行）。

　なお、具体的な資格取得方法の見直しについては、図0－2と図0－3とを比較してください。

---

1　認定社会福祉士制度の詳細については、認定社会福祉士認証・認定機構のホームページを参照されたい（http://www.jacsw.or.jp/ninteikikou/index.html）。
2　実務経験5年をもって受験資格が認められる行政職は、児童福祉司、身体障害者福祉司、査察指導員、知的障害者福祉司、老人福祉指導主事の5職種である。

図0-2 社会福祉士の資格取得方法(見直し前)

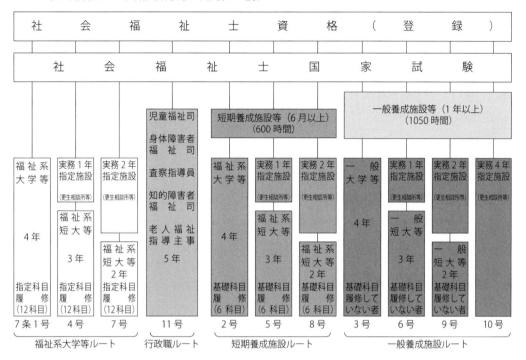

図0-3 社会福祉士の資格取得方法(見直し後)

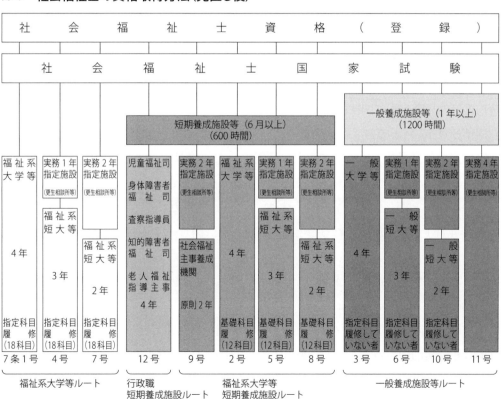

**社会福祉士の任用・活用の見直し**

　社会福祉士の任用・活用の見直しでは、社会福祉主事の任用要件を満たす者のうち、社会福祉主事の養成機関の課程を修了した後、一定の実務経験を有する者が社会福祉士へのステップアップを図ることができるように、社会福祉主事養成機関の課程を修了後、2年以上の実務経験を有し6月以上の社会福祉士養成課程を経た者に、社会福祉士国家試験の受験資格を付与する仕組みが新たに導入されました（2009（平成21）年4月1日施行）。また、身体障害者福祉司、知的障害者福祉司等の任用資格にも、社会福祉士が位置づけられることになりました（公布日施行）。

## 4　カリキュラム等の見直し

　上述したように、士士法改正に伴う関係政省令の公布及び通知の発出による社会福祉士制度の見直し事項として、社会福祉士の養成に係る教育内容等（以下、カリキュラム等という）の見直しをあげることができます。

　特に、カリキュラム等の見直しについては、『意見書』の指摘を受け、社会保障審議会福祉部会とは別に専門有識者と実践者によって編成された「社会福祉士養成課程における教育内容等の見直しに関する作業チーム（以下、作業チームという）」が2007（平成19）年3月6日に厚生労働省社会・援護局に設置され検討を行いました。そして、その検討結果については、厚生労働省によって2007（平成19）年12月17日から2008（平成20）年1月10日までの「社会福祉士及び介護福祉士養成課程における教育内容等の見直し案に関する意見募集について」及び2008（平成20）年2月28日から同年3月12日までの「社会福祉士及び介護福祉士法施行規則等の一部を改正する省令等に対する意見募集について」という計2回のパブリックコメントが募集されました。その後、パブリックコメントとして出された意見をふまえて、同年3月28日に関係省令の公布と関係通知の発出が行われ、新しい教育カリキュラム等が2009（平成21）年4月1日から施行されることになりました（図0－4）。

　ここまでみてきたように、2006（平成18）年度から2007（平成19）年度にかけて社会福祉士制度の見直しが行われたわけですが、士士法改正については、さまざまな評価が行われています。

　例えば、岩間は、雑誌『ソーシャルワーク研究』の巻頭言としての「『総合的かつ包括的な相談援助の本質』」という論述の中で、社会福祉士養成カリキュラムの見直しについて、以下のように述べ、ソーシャルワークのミッションの可視化と具現化という観点から一定の評価を行っています。

## 図0-4 社会福祉士の新たな教育カリキュラム

改正前

| 科目 | 一般養成施設 | 短期養成施設 | 大学等 | |
|---|---|---|---|---|
| | 時間数 | | 指定科目 | 基礎科目 |
| 社会福祉原論 | 60h | | ○ | ○ |
| 老人福祉論 | 60h | | ○ | ○ |
| 障害者福祉論 | 60h | | ○ | ○ |
| 児童福祉論 | 60h | | ○ | ○ |
| 社会保障論 | 60h | | 3科目のうち1科目 | 3科目のうち1科目 |
| 公的扶助論 | 30h | | | |
| 地域福祉論 | 30h | | | |
| 社会福祉援助技術論 | 120h | 120h | ○ | |
| 社会福祉援助技術演習 | 120h | 120h | ○ | |
| 社会福祉援助技術現場実習 | 180h | 180h | ○ | |
| 社会福祉援助技術現場実習指導 | 90h | 90h | ○ | |
| 心理学 | 30h | | 3科目のうち1科目 | 3科目のうち1科目 |
| 社会学 | 30h | | | |
| 法学 | 30h | | | |
| 医学一般 | 60h | 60h | ○ | |
| 介護概論 | 30h | 30h | ○ | |
| 合計 | 1,050h | 600h | 12科目 | 6科目 |

改正後

| | 一般養成施設 | 短期養成施設 | 大学等 | |
|---|---|---|---|---|
| | 時間数 | | 指定科目 | 基礎科目 |
| 人・社会・生活と福祉の理解に関する知識と方法（180h） | | | | |
| 　人体の構造と機能及び疾病 | 30h | | 3科目のうち1科目 | 3科目のうち1科目 |
| 　心理学理論と心理的支援 | 30h | | | |
| 　社会理論と社会システム | 30h | | | |
| 　現代社会と福祉 | 60h | 60h | ○ | |
| 　社会調査の基礎 | 30h | | ○ | ○ |
| 総合的かつ包括的な相談援助の理念と方法に関する知識と技術（180h） | | | | |
| 　相談援助の基盤と専門職 | 60h | | ○ | ○ |
| 　相談援助の理論と方法 | 120h | 120h | ○ | |
| 地域福祉の基盤整備と開発に関する知識と技術（120h） | | | | |
| 　地域福祉の理論と方法 | 60h | 60h | ○ | |
| 　福祉行財政と福祉計画 | 30h | | ○ | ○ |
| 　福祉サービスの組織と経営 | 30h | | ○ | ○ |
| サービスに関する知識（300h） | | | | |
| 　社会保障 | 60h | | ○ | ○ |
| 　高齢者に対する支援と介護保険制度 | 60h | | ○ | ○ |
| 　障害者に対する支援と障害者自立支援制度 | 30h | | ○ | ○ |
| 　児童や家庭に対する支援と児童・家庭福祉制度 | 30h | | ○ | ○ |
| 　低所得者に対する支援と生活保護制度 | 30h | | ○ | ○ |
| 　保健医療サービス | 30h | | ○ | ○ |
| 　就労支援サービス | 15h | | 3科目のうち1科目 | 3科目のうち1科目 |
| 　権利擁護と成年後見制度 | 30h | | | |
| 　更正保護制度 | 15h | | | |
| 実習・演習（420h） | | | | |
| 　相談援助演習 | 150h | 150h | ○ | |
| 　相談援助実習指導 | 90h | 90h | ○ | |
| 　相談援助実習 | 180h | 180h | ○ | |
| 合計 | 1,200h | 660h | 18科目 | 12科目 |

出典：厚生労働省HP（http://www.mhlw.go.jp/bunya/seikatsuhogo/dl/shakai-kaigo-yousei01.pdf）をもとに筆者作成

「では、新たな社会福祉士像をどのように描くのか。新カリキュラムの科目名を個別に概観するだけでは、また『相談援助』という用語そのものがもつ狭いイメージに引っ張られていては、改革の方向性や意図はつかめないだろう。厚生労働省によって示された『新たな教育カリキュラムの全体像』の1つのカテゴリーに、『総合的かつ包括的な相談援助』という表記がある。その枠にソーシャルワーク関係の2科目が入っている。この『総合的かつ包括的な相談援助』こそ、今回の改革を象徴するものとして認識する必要がある。

（中略）

いずれも、これまでソーシャルワークの理論面では強調されていながらも実践面では十分に取り組めてこなかった内容である。今回の改革は、こうした内容を実効性のともなうものに移行させる可能性を内包する。つまりは、ソーシャルワークのミッションを目で見える実践として具現化することである。

あらゆる法改正に完璧なものなどありえない。しかしながら、深刻なニーズが地域にある限り、事態はまったなしの状況にある。変わるはずのないソーシャルワークの価値に根ざしつつ、『総合的かつ包括的な相談援助』がもつ本質が次世代のソーシャルワーク像に反映されることを期待したい。（岩間、2009：1）」

また、栃本は、「社会福祉法成立の思想的背景──10年を経ての遠近法」という論文において、90年代後半より始められたいわゆる社会福祉基礎構造改革についての思想的検証を行い、当該論文の末部において以下のように論じています。

「今、求められるのは、戦後最も重要な我が国の社会福祉改革をさらに進めるということであるが、それは2000年の改革が構造そのものを変えるのではなく、むしろその構造を支えているものを再点検したものであったことの認識の上に成り立つ。求められるのは分権的で多元的な参加型社会を実現するための、真に市民を宛先とする法律改正であり、また公私関係の整理、そして新しい公共を論ずるのであれば、それは国家の後見性を明確化することである。（栃本、2010：37）」

そして、その注釈として次のような社会政策における福祉人材への着眼という観点から極めて示唆的な指摘を行っています。

「なお、この間、社会福祉士及び介護福祉士法が改正され、養成教育内容が変更された。ある意味、今般の改革が国家の社会政策的観点や法律改正のみによっては

現実を変えることは難しく、メゾやミクロのレベルで変えなければ我が国の社会福祉は変わることなく、そのためには人材に着目する必要があったということである。どの程度意図したかは別として、新たな科目名と科目群として設定された『相談援助の基盤と専門職』や『現代社会と福祉』『福祉サービスの組織と経営』など、多くの新しい科目群はこれからの新しい福祉に応えようとするものである。しかし、その意義についてはほとんど理解されていない。（栃本、2010：39）」

その他にも社会福祉士制度の見直しについて「①定義・役割の見直し」「②教育カリキュラムの見直し」「③実習・演習に関する規定の厳格化」の三点からの分析を行い、士士法改正について「ライセンス付与型」の社会福祉士養成教育から「プロフェッション養成型」の教育への転換ととらえ、社会福祉士養成教育の展望について大学教育との関係も視野に入れて論じた中谷（2011）の研究、大学における社会福祉士養成教育を手掛かりとして資格制度がソーシャルワークの教育と研究にもたらしたものについて論じた志村（2011）の研究、2009年度より施行された新しいカリキュラムによる教育内容をふまえつつ、実習教育において「変わること（変わるべきこと）」と「変わらないこと（変えてはいけいないこと）」を明らかにし、改めて社会福祉士養成における実習教育の意義について論じた空閑・尾崎・黒田ほか（2010）による研究、社会福祉士制度見直しにおける政策過程に着眼し、福祉部会の議事録をテキストマイニングによって分析し、『意見書』の内容と福祉部会における審議内容との整合性について実証的に明らかにした、潮谷（2012）の研究等があります。

このように、社会福祉士養成教育におけるカリキュラムの見直しについては、さまざまな議論がなされていますが、いずれの議論も先に述べた資格取得方法の見直しやカリキュラムの見直しに端緒を発するものであると理解することができます。そして、これらの議論が士士法改正以前は、社会福祉士の受験資格取得に当たって教育内容や時間数、教員要件等に関して法令に基づく基準がなかった大学等についても、新たに法令に基づく実習や演習の授業を行わなければならない仕組みとなったということと無関係ではないということを推察することもできると思います。

そこで、以下では、本書が相談援助実習・演習等に係るテキストであるということに鑑み、新たに法令に基づいて行うことになった相談援助実習・演習等とは如何なるものであるのかということについて、社会福祉士養成課程における相談援助実習・演習等の基本的枠組みという観点から述べたいと思います。

# 5 社会福祉士養成課程における相談援助実習・演習等の基本的枠組み

　社会福祉士養成課程における相談援助実習・演習等の基本的枠組みについて理解するためには、最初に社会福祉士養成課程というものが何を指すのかを明確にする必要があります。法制的に厳密な意味での社会福祉士養成課程とは養成施設等による課程を指すものですが、士士法の改正をはじめとする社会福祉制度の見直しによって、新たに大学等についても実習・演習等については、養成施設等と同等の基準を満たすことが必要となったということを踏まえて社会福祉士養成課程というものを改めて整理してみると、次のような整理が可能となります。

　先に見たように社会福祉士の受験資格を得るためには、12のルートが制度化されていますが、これらについては4つのルートに大別することができます。そして、これら4つのルートのいずれかに該当する学校になるためには、学校等の種類による違いはあるものの、厚生労働大臣または文部科学大臣及び厚生労働大臣（厚生労働大臣等）が定める基準を満たし[3]、養成施設等、社会福祉士学校としての指定または大学等としての確認を受ける必要があります。このため、このような指定または確認を受けた学校等は、社会福祉士の養成に係る基準または厚生労働大臣等が定める科目に関する基準を満たしているということから、これらの学校等で行われるものを社会福祉士養成課程として位置づけても差し障りがないといえるでしょう。

　これをふまえ、社会福祉士養成課程における相談援助実習・演習等とは、上述したような指定または確認を受けた学校等が厚生労働大臣等が定める基準をもとに設定した教育カリキュラムに基づき行われる実習・演習等として認識することができるのです。

（実習・演習等に係る科目とその内容）

　図0－4に示すように、社会福祉士養成課程における実習に関する科目は、「相談援助実習指導」及び「相談援助実習」となっていますが、「相談援助演習」については、表0－4の6に示すように「大学等において開講する社会福祉に関する科目の確認に係る指針について（19文科高第917号、厚生労働省社援発第0328003号）（以下、大学等指針という）」等の関係指針[4]において「相談援助実習指導」及び「相談援助実習」

---

[3] 厚生労働大臣等が定める基準には、「社会福祉士介護福祉士養成施設指定規則（厚生省令第50号）」、「社会福祉士介護福祉士学校指定規則（文部科学省・厚生労働省令第2号）」、「社会福祉に関する科目を定める省令（文部科学省・厚生労働省令第3号）」の三種がある。

の教育内容及び進捗状況を十分踏まえることとされていることからも実習に関する科目に密接に関係する科目として位置づけることができます。また、表0－5の備考2のところに示されているように、相談援助演習のねらいにおける「相談援助の知識と技術に係る科目」とは、主に「相談援助の基盤と専門職」「相談援助の理論と方法」「地域福祉の理論と方法」「福祉行財政と福祉計画」「福祉サービスの組織と経営」「相談援助実習」「相談援助実習指導」等の科目であり、「相談援助演習」と「相談援助実習」及び「相談援助実習指導」とそれらの科目との有機的な関係が求められていることを理解することができます。

そこで、以下では、上述したこともふまえ、「相談援助実習指導」及び「相談援助実習」に係る教育内容や教員要件及び実習指導者等の位置づけについて、「社会福祉に関する科目を定める省令（文部科学省・厚生労働省令第3号）」や「大学等指針」等の関係通知の内容を参考に見ていくことにします。

まず、「社会福祉に関する科目を定める省令」及び「大学等指針」によると、1つの実習施設において同時に実習を行う実習生の数は、実習指導者1人につき5人までとされており、例えば、実習指導者が1人の場合は、5人の実習生の受入れが可能となり、実習指導者が2人いる場合は10人の実習生の受入れが可能な仕組みとなっています。

また、「相談援助実習指導」については、2012（平成24）年3月31日までの経過措置が設けられていましたが、それ以降は、学生20人につき1人以上の教員（表0－4の4－(3)－イに示すいずれかの要件を満たす教員（以下、実習担当教員という））によって、表0－5に示す「相談援助実習指導」の教育内容について個別指導及び集団指導を「相談援助実習」の前後に90時間以上行うことになっています。

さらに、実習先は、巡回指導が可能な範囲で選定するとともに、巡回指導については、少なくとも週1回以上の定期的巡回指導を行い、これが難しい場合には、実習期間中に少なくとも1回以上の巡回指導を行う場合に限り、実習施設との十分な連携の下、それ以外の定期的巡回指導に代えて、帰校日のように学生が大学等において学習する日を設定し、指導を行うことも差し支えないことになっています（表0－4の7－(1)参照）。

次に、実習指導者、実習施設や実習時間等については、厚生労働大臣が定める社会福祉施設や相談機関等において、社会福祉士の資格を取得した後、相談援助の業務に3年以上従事した経験を有する者であって、「社会福祉士実習指導者講習会」の課程を修了

---

4 関係する指針については、「社会福祉士養成施設及び介護福祉士養成施設の設置及び運営に係る指針について（厚生労働省社援発第0328001号）」、「社会福祉士学校及び介護福祉士学校の設置及び運営に係る指針について（厚生労働省社援発第0328002号）」、「大学等において開講する社会福祉に関する科目の確認に係る指針について（19文科高第917号、厚生労働省社援発第0328003号）」の三種がある。

した実習指導者の指導を受けながら、表０―５に示す「相談援助実習」の教育内容について180時間以上の実習を行うことになっています。また、実習時間については、相談援助業務の一連の過程を網羅的かつ集中的に学習できるよう、１つの実習施設において120時間以上行うことを基本とすることとされており、例えば１つの実習施設において120時間以上の実習を行い、他の１つの実習施設において残りの60時間の実習を行うといった実習を実施することも可能な仕組みとなっています（表０―４の７―(2)及び(5)参照）。

さらに、実習内容、実習指導体制及び実習中のリスク管理等については実習先との間で十分に協議し、確認を行うことや、実習計画については、実習施設との連携の下に定められている必要があることから、実習生、実習担当教員、実習先の実習指導者との三者協議を踏まえた実習計画を作成することとなっています（表０―４の７―(3)(4)及び表０―５の「相談援助実習指導」の教育に含むべき事項内容⑧参照）。

また、個人情報保護法の理解も含め実習における個人のプライバシーの保護と守秘義務等の理解について指導することになっており（表０―５の「相談援助実習指導」の教育に含むべき事項⑥参照））、この点からも「相談援助実習」を実施する学校等においては、教員及び実習生に対して実習をとおして知り得た個人の秘密の保持について徹底を図ることになっています（表０―４の７―(6)参照）。

加えて、相談援助実習を効果的に進めるため、実習生用の「実習指導マニュアル」及び「実習記録ノート」を作成し、実習指導に活用すること。実習後においては、その実習内容についての達成度を評価し、必要な個別指導を行うこと。実習の評価基準を明確にし、評価に際しては実習先の実習指導担当者の評定はもとより、実習生本人の自己評価についても考慮して行うことになっています（表０―４の７―(7)参照）。

そして、相談援助実習を実施する際には、健康診断等の方法により、実習生が良好な健康状態にあることを確認したうえで配属させることになっています（表０―４の７―(8)参照）。

このように、相談援助実習及び相談援助実習指導は、実習計画の作成や実習中のリスク管理等からも明らかなように、単に学生や実習担当教員の二者間の関係において行われるものではなく、実習を受け入れる施設等の実習指導者との十分な協議と実習指導があって初めて成立するものであるということを理解しておく必要があるといえます。

確かに、法制度論的には、上述した要件を満たして「相談援助実習指導」及び「相談援助実習」を実施する必要がありますが、最後に、具体的に相談援助実習では何をすることが求められているのでしょうか。この点について表０―５に示している教育内容をふまえて総括的に解説しておきたいと思います。

まず、「相談援助演習」について見てみると、教育に含むべき事項として、「①以下の内容については相談援助実習を行う前に学習を開始し、十分な学習をしておくこと」とされていることからも明らかなように、実際に実習施設等において相談援助実習を行う前に、「相談援助実習指導」による実習施設等に関する事前学習に加え、相談援助に係る知識と技術について「相談援助演習」によって実践的に習得することが求められているのです。これをふまえるとすれば、例えば、実習担当教員は、実習を行う学生の「相談援助演習」の進捗状況等について実習施設等に対して説明する一方で、実習施設等はそれらについて確認するなどの対応も考えられるでしょう。

　また、「相談援助実習」の教育に含むべき事項では、実習を行う学生が実習指導者から指導を受けるべきものとして、アからクの事項を示しており、いうまでもなく、これらの事項は実習中に行うべきものですし、実習施設等の協力と指導がなければ実行することができないものとなっています。したがって、実習担当教員及び実習指導者がこれらの事項をふまえてどのような実習指導を行い、学生がどのような実習をするのかということが重要となります。このため、「相談援助実習指導」の教育に含むべき事項の⑧に示すような実習生、実習担当教員、実習指導者の三者による十分な協議に基づいて実習計画を作成する必要があるということを指摘することもできるでしょう。

　このように、「相談援助実習」を効果あるものとして実施し、実践力の高い社会福祉士を養成していくためには、学校等と実習施設等が一体となって「相談援助実習」に取り組んでいくことが必要不可欠であるといっても過言ではありません。この意味においても、次章以降の内容について具体的に学習し、社会福祉士として必要な知識と技術の習得をされることを期待します。

**表0-4　実習・演習に係る要件等**

| |
|---|
| 1　指定科目等の確認申請書に関する事項（省略） |
| 2　学則に関する事項（省略） |
| 3　他の大学等その他の学校等において履修した科目の取扱に関する事項（省略） |
| 4　実習演習担当教員に関する事項 |
| （1）　実習演習科目を担当する教員の員数は、実習演習科目ごとにそれぞれ学生20人につき、1人以上とすること。ただし、この場合の教員の員数は、教育上支障のない範囲で延べ人数として必要数が確保されていれば足りるものであり、この場合の学生とは、大学等において実習演習科目を受講する学生の上限をいうものであること。<br>（例）相談援助実習を受講する学生が80人（学生20人×A・B・C・Dの4学級である場合）<br>　　　　A学級　→　教員aが担当<br>　　　　B学級　→　教員aが担当<br>　　　　C学級　→　教員bが担当<br>　　　　D学級　→　教員bが担当<br>　　　　※　A学級とB学級、C学級とD学級がそれぞれ異なる授業時間帯であれば、合計教員数2人（延べ4人）で可。<br>　　また、相談援助実習を担当する教員の員数については、相談援助実習に係る学生の履修認定等が適切 |

に行える場合に限り、相談援助実習指導を担当する教員の員数が確保されていれば足りるものとして差し支えないものであること。
(2) 原則として、教員は、1の大学等（1の大学等に2以上の課程がある場合は、1の課程）に限り、専任教員となるものであること。
(3) 実習演習科目を担当する教員（以下「実習演習担当教員」という。）の資格要件については、次のとおりとすること。
　ア　相談援助演習
　　(ｱ)　学校教育法（昭和22年法律第26号）に基づく大学（大学院及び短期大学を含む。以下この（3）において同じ。）又はこれに準ずる教育施設において、教授、准教授、助教又は講師（非常勤を含む。）として、相談援助演習を5年以上担当した経験を有する者
　　(ｲ)　学校教育法に基づく専修学校の専門課程の専任教員として、相談援助演習を5年以上担当した経験を有する者
　　(ｳ)　社会福祉士の資格を取得した後、相談援助の業務に5年以上従事した経験を有する者
　　(ｴ)　科目省令第4条第2号ニに規定する講習会（以下「社会福祉士実習演習担当教員講習会」という。）において、相談援助演習の指導に係る課程を修了した者
　イ　相談援助実習指導及び相談援助実習
　　(ｱ)　学校教育法に基づく大学又はこれに準ずる教育施設において、教授、准教授、助教又は講師（非常勤を含む。）として、相談援助実習指導又は相談援助実習を5年以上担当した経験を有する者
　　(ｲ)　学校教育法に基づく専修学校の専門課程の専任教員として、相談援助実習指導又は相談援助実習を5年以上担当した経験を有する者
　　(ｳ)　社会福祉士の資格を取得した後、相談援助の業務に5年以上従事した経験を有する者
　　(ｴ)　社会福祉士実習演習担当教員講習会において、相談援助実習の指導に係る課程を修了した者
5　教育に関する事項（省略）
6　演習に関する事項
　相談援助演習の実施に当たっては、相談援助実習指導及び相談援助実習の教育内容及び授業の進捗状況を十分ふまえること。
7　実習に関する事項
(1) 実習先は、巡回指導が可能な範囲で選定するとともに、相談援助実習を担当する教員は、少なくとも週1回以上の定期的巡回指導を行うこと。ただし、これにより難い場合は、実習期間中に少なくとも1回以上の巡回指導を行う場合に限り、実習施設との十分な連携の下、定期的巡回指導に代えて、学生が大学等において学習する日を設定し、指導を行うことも差し支えないこと。
(2) 相談援助実習は、相談援助業務の一連の過程を網羅的かつ集中的に学習できるよう、1の実習施設において120時間以上行うことを基本とすること。
(3) 実習内容、実習指導体制及び実習中のリスク管理等については実習先との間で十分に協議し、確認を行うこと。
(4) 各実習施設における実習計画が、当該実習施設との連携の下に定められていること。
(5) 実習指導者は、社会福祉士の資格を取得した後、相談援助の業務に3年以上従事した経験を有する者であって、科目省令第4条第7号に規定する講習会（以下「社会福祉士実習指導者講習会」という。）の課程を修了したものであること。
(6) 相談援助実習において知り得た個人の秘密の保持について、教員及び実習生に対して徹底を図ること。
(7) 相談援助実習指導を実施する際には、次の点に留意すること。
　ア　相談援助実習を効果的に進めるため、実習生用の「実習指導マニュアル」及び「実習記録ノート」を作成し、実習指導に活用すること。
　イ　実習後においては、その実習内容についての達成度を評価し、必要な個別指導を行うこと。
　ウ　実習の評価基準を明確にし、評価に際しては実習先の実習指導担当者の評定はもとより、実習生本人の自己評価についても考慮して行うこと。
(8) 相談援助実習を実施する際には、健康診断等の方法により、実習生が良好な健康状態にあることを確認した上で配属させること。
8　情報開示に関する事項（省略）
9　経過措置に関する事項（省略）
10　その他（省略）
別表1　（本書では表1-4に示す）

出典：「大学等において開講する社会福祉に関する科目の確認に係る指針について」（平成20年3月28日19文科高第917号・厚生労働省社援発第0328003号）」一部抜粋

表0-5　**教育内容等**

| 科目名 | 教育内容 | |
|---|---|---|
| | ねらい | 教育に含むべき事項 |
| 相談援助演習 | 相談援助の知識と技術に係る他の科目との関連性も視野に入れつつ、社会福祉士に求められる相談援助に係る知識と技術について、次に掲げる方法を用いて、実践的に習得するとともに、専門的援助技術として概念化し理論化し体系立てていくことができる能力を涵養する。<br>①　総合的かつ包括的な援助及び地域福祉の基盤整備と開発に係る具体的な相談援助事例を体系的にとりあげること。<br>②　個別指導並びに集団指導を通して、具体的な援助場面を想定した実技指導（ロールプレーイング等）を中心とする演習形態により行うこと。 | ①　以下の内容については相談援助実習を行う前に学習を開始し、十分な学習をしておくこと<br>ア　自己覚知<br>イ　基本的なコミュニケーション技術の習得<br>ウ　基本的な面接技術の習得<br>エ　次に掲げる具体的な課題別の相談援助事例等（集団に対する相談援助事例を含む。）を活用し、総合的かつ包括的な援助について実践的に習得すること。<br>　(ｱ)　社会的排除<br>　(ｲ)　虐待（児童・高齢者）<br>　(ｳ)　家庭内暴力（D.V）<br>　(ｴ)　低所得者<br>　(ｵ)　ホームレス<br>　(ｶ)　その他の危機状態にある相談援助事例（権利擁護活動を含む。）<br>オ　エに掲げる事例等を題材として、次に掲げる具体的な相談援助場面及び相談援助の過程を想定した実技指導を行うこと。<br>　(ｱ)　インテーク<br>　(ｲ)　アセスメント<br>　(ｳ)　プランニング<br>　(ｴ)　支援の実施<br>　(ｵ)　モニタリング<br>　(ｶ)　効果測定<br>　(ｷ)　終結とアフターケア<br>カ　オの実技指導に当たっては、次に掲げる内容を含めること。<br>　(ｱ)　アウトリーチ<br>　(ｲ)　チームアプローチ<br>　(ｳ)　ネットワーキング<br>　(ｴ)　社会資源の活用・調整・開発<br>キ　地域福祉の基盤整備と開発に係る事例を活用し、次に揚げる事項について実技指導を行うこと。<br>　(ｱ)　地域住民に対するアウトリーチとニーズ把握<br>　(ｲ)　地域福祉の計画<br>　(ｳ)　ネットワーキング<br>　(ｴ)　社会資源の活用・調整・開発<br>　(ｵ)　サービスの評価<br>②　相談援助実習後に行うこと。相談援助に係る知識と技術について個別的な体験を一般化し、実践的な知識と技術として習得できるように、相談援助実習における学生の個別的な体験も視野に入れつつ、集団指導並びに個別指導による実技指導を行うこと。 |
| 相談援助実習指導 | ①　相談援助実習の意義について理解する。<br>②　相談援助実習に係る個別指導並びに集団指導を通して、相談援助に係る知識と技術について具体的かつ実際的に理解し実践的な技術等を体得する。 | 次に掲げる事項について個別指導及び集団指導を行うものとする。<br>①　相談援助実習と相談援助実習指導における個別指導及び集団指導の意義<br>②　実際に実習を行う実習分野（利用者理解含む。）と施設・事業者・機関・団体・地域社会等に関する基本的な理解<br>③　実習先で行われる介護や保育等の関連業務に関する基本的な理解 |

| | | |
|---|---|---|
| | ③ 社会福祉士として求められる資質、技能、倫理、自己に求められる課題把握等、総合的に対応できる能力を習得する。<br>④ 具体的な体験や援助活動を、専門的援助技術として概念化し理論化し体系立てていくことができる能力を涵養する。 | ④ 現場体験学習及び見学実習（実際の介護サービスの理解や各種サービスの利用体験等を含む。）<br>⑤ 実習先で必要とされる相談援助に係る知識と技術に関する理解<br>⑥ 実習における個人のプライバシーの保護と守秘義務等の理解（個人情報保護法の理解を含む。）<br>⑦ 「実習記録ノート」への記録内容及び記録方法に関する理解<br>⑧ 実習生、実習担当教員、実習先の実習指導者との三者協議を踏まえた実習計画の作成<br>⑨ 巡回指導<br>⑩ 実習記録や実習体験を踏まえた課題の整理と実習総括レポートの作成<br>⑪ 実習の評価全体総括会 |
| 相談援助実習 | ① 相談援助実習を通して、相談援助に係る知識と技術について具体的かつ実際的に理解し実践的な技術等を体得する。<br>② 社会福祉士として求められる資質、技能、倫理、自己に求められる課題把握等、総合的に対応できる能力を習得する。<br>③ 関連分野の専門職との連携のあり方及びその具体的内容を実践的に理解する。 | ① 学生は次に掲げる事項について実習指導者による指導を受けるものとする。<br>② 相談援助実習指導担当教員は巡回指導等を通して、次に掲げる事項について学生及び実習指導者との連絡調整を密に行い、学生の実習状況についての把握とともに実習中の個別指導を十分に行うものとする。<br>ア 利用者やその関係者、施設・事業者・機関・団体等の職員、地域住民やボランティア等との基本的なコミュニケーションや人との付き合い方などの円滑な人間関係の形成<br>イ 利用者理解とその需要の把握及び支援計画の作成<br>ウ 利用者やその関係者（家族・親族・友人等）との援助関係の形成<br>エ 利用者やその関係者（家族・親族・友人等）への権利擁護及び支援（エンパワメントを含む。）とその評価<br>オ 多職種連携をはじめとする支援におけるチームアプローチの実際<br>カ 社会福祉士としての職業倫理、施設・事業者・機関・団体等の職員の就業などに関する規定への理解と組織の一員としての役割と責任への理解<br>キ 施設・事業者・機関・団体等の経営やサービスの管理運営の実際<br>ク 当該実習先が地域社会の中の施設・事業者・機関・団体等であることへの理解と具体的な地域社会への働きかけとしてのアウトリーチ、ネットワーキング、社会資源の活用・調整・開発に関する理解 |

備考
1 人体の構造と機能及び疾病、心理学理論と心理的支援、社会理論と社会システムについては、社会福祉士に必要な内容となるよう留意すること。
2 相談援助演習のねらいにおける「相談援助の知識と技術に係る科目」とは、主に「相談援助の基盤と専門職」、「相談援助の理論と方法」、「地域福祉の理論と方法」、「福祉行財政と福祉計画」、「福祉サービスの組織と経営」、「相談援助実習」、「相談援助実習指導」等の科目であること。
出典：「大学等において開講する社会福祉に関する科目の確認に係る指針について」（平成20年3月28日19文科高第917号・厚生労働省社援発第0328003号）」別表1

## 参考文献

岩間伸之「巻頭言——『総合的かつ包括的な援助』の本質」『ソーシャルワーク研究』35 (1)、1、2009 年

厚生労働省《『これからの介護を支える人材について——新しい介護福祉士の養成と生涯を通じた能力開発に向けて』(http://www.mhlw.go.jp/shingi/2006/07/dl/s0705-6a.pdf)、2006 年

厚生労働省『介護福祉士制度及び社会福祉士制度の在り方に関する意見』(http://www.mhlw.go.jp/shingi/2006/12/dl/s1212-4b.pdf)、2006 年

厚生労働省ホームページ「社会福祉士養成課程における教育内容の見直しについて（http://www.mhlw.go.jp/bunya/seikatsuhogo/dl/shakai-kaigo-yousei01.pdf)」。

空閑・尾崎・黒田ほか「社会福祉士養成教育における実習教育の動向と課題——専門職養成におけるその意義」埋橋孝文・同志社大学社会福祉教育・研究支援センター　編『新しい福祉サービスの展開と人材育成』法律文化社、pp.106-130、2010 年

三浦文夫『増補改訂社会福祉政策研究——福祉政策と福祉改革』全国社会福祉協議会、1995 年

中谷陽明「社会福祉士養成教育の現状と今後の展望——ライセンス付与型教育からプロフェッション養成型教育へ」三原博光編『日本の社会福祉の現状と展望——現場からの提言』岩崎学術出版社、pp.152-167、2011 年

日本社会福祉教育学校連盟・日本社会福祉士養成校協会合同委員会『社会福祉士が活躍できる職域の拡大に向けて』、2006 年

認定社会福祉士認証・認定機構ホームページ（http://www.jacsw.or.jp/ninteikikou/index.html）。

太田義弘「実践過程」太田義弘・佐藤豊道　編『ソーシャル・ワーク——過程とその展開』海声社、pp.66-72、1984 年

志村健一「資格制度がソーシャルワークの教育と研究にもたらしたもの——大学における社会福祉士養成教育を手掛かりとして」『ソーシャルワーク研究』37 (2)、43-50、2011 年

潮谷有二「社会福祉士制度の見直しに関する実証研究——社会保障審議会福祉部会における議事録の基礎的分析を通して」一般社団法人日本社会福祉学会　編『対論　社会福祉学 3　社会福祉運営』中央法規出版、pp.281-324、2012 年

社団法人日本社会福祉士会（http://www.jacsw.or.jp/01_csw/08_shiryo/teigi.html）。

栃本一三郎「社会福祉法成立の思想的背景——10 年を経ての遠近法」『社会福祉研究』第 108 号、29-39、2010 年

# 第1章

# 実習指導概論

## １ 相談援助実習と相談援助実習指導

　相談援助実習指導において学ぶ内容と必要な時間数は、相談援助実習の内容と量に規定されます。さらには、相談援助実習の内容と量は、養成教育が目指すべき社会福祉士像によって規定されるといえます。

　つまり、相談援助実習指導を、独立した科目として国の規定を淡々と講義するにとどまらず、実習教育にかかわる教員の「こんなソーシャルワーカーを育てたい」という熱意と展望が反映され、かつ他の科目との連動の中で展開されるものです。そのためにまず重視すべきは、相談援助実習で学ぶ内容を踏まえた事前学習である必要がありますし、目指すべき社会福祉士像を踏まえた事後学習でなければなりません。そうした意味において、相談援助実習の中身がどうあるべきかを考えることが重要となってきます。

　いうまでもなく相談援助実習は、社会福祉士の中核的専門性であるソーシャルワークの価値・知識・技術に関する養成校での学びを、現場実践に当てはめて確認するとともに、初任者として求められる基本的ソーシャルワーク実践力の習得・獲得を目標とする科目です。しかしながら、これまでの高齢者・障害者分野における相談援助実習では「介護技術」が、児童分野における相談援助実習では「保育技術」が実習時間の多くを占める場合も多く、「ソーシャルワーク専門職養成のための実習」というよりも「一般的な社会福祉従事者養成のための入門的実習」にその性格が変えられてきたきらいが否めません。しかも、その介護や保育技術について、実習生は養成校の教育課程において学んできておらず、「習っていないことをさせられる」という理不尽さも存在していま

した。このことは、実習生に多大な負荷をかけるにとどまらず、経験のない実習生が介護業務・保育業務に携わるという意味で、利用者を危険にさらす権利侵害行為といえます。こうした事実から目を逸らしたままで、教員がいくら観念的に「権利擁護」を叫ぼうとも、実習生は肌感覚でその浅薄性に気づき、社会福祉学やソーシャルワークの欺瞞性に猜疑心を持つのではないでしょうか。

## 2 描くべき社会福祉士像

「社会福祉士」という名称から、私たちはともすれば福祉領域の援助技術という思い込みを持っているかもしれませんが、ソーシャルワークとは、決して高齢者、児童、障害者、貧困といった狭義の福祉の範疇でのみ用いられる技術ではありません。ましてや単に既存の福祉制度に結びつければよいという制度適用技術に矮小化されるものでもありません。制度のあるなしにかかわらず、住民一人ひとりの生きづらさや不安への出会いのなかから、その解決策を探し生み出し社会を変えていく、社会問題の処方箋ともいうべき専門的援助技術です。今後は、教育、司法、警察、就労分野をはじめとして、一般企業やNPO等における多様な社会福祉士の実践が構想されますし、切り開いていかなくてはなりません（図1—1）。そうした実践力を養成教育において植えつけておかなければなりません。

**図1-1　広がる社会福祉士の実践場面**

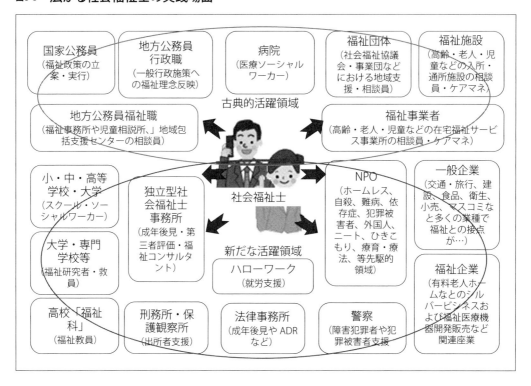

　そういう意味では、社会福祉士の実習先の範囲も福祉分野に規定されず、スクールソーシャルワーク、子育て支援、ひきこもり・ニートなどを支援するNPO、ホームレス支援団体、出所者支援や犯罪被害者支援団体など多様に捉えられるべきものと考えられますが、現状では、そこまでの拡大はみておらず、福祉制度内の施設・機関に限定され、そこでの現状の仕事論を前提としてソーシャルワークを語り完結させてしまうことは、将来多様な領域で活躍するソーシャルワーカーに育つ実習生の可能性や視点を削いでしまう懸念もあります。

　ケアワーク体験や作業補助体験や制度執行的体験で、今の、福祉の現場の状況や業務内容は理解できるかもしれませんが、これからますます複雑・深刻化するニーズに対応し、多様な社会問題に果敢に挑み、資源開発やソーシャルアクションやネットワーキングに取り組んでいくソーシャルワーカー視点や力量を獲得させることができるでしょうか。このような意味から、現在、制度内で働く実習指導者にも、「今の私の仕事」を解説して提示するだけでなく、今一歩踏み込んだ、これからの日本の社会問題に立ち向かえる、「新しい時代のソーシャルワーカー感覚」の種を植え付ける視点も必要となります。つまり、これからの実習は、「現場の実情」と「私の仕事」を見せればよいという既成概念を突き抜けた、一種のブレイクスルー的思考が求められるといえます。また、

実践者の個人的職人芸やセンスに依存し、暗黙知として蓄積してきた実践経験を、「先輩の背中を見て育て」といった徒弟制度的・直指単伝的な方法で展開されてきた従来の実習指導方法にも再考が求められています。養成校教員の立場からこうした実習の意図や思いを実習指導者に対して積極的に発信していく必要があります。

「ソーシャルワークの価値・知識・技術とは何か」「どういった技術がベーシック・スキルなのか」を考えるにあたり、ソーシャルワークの機能をごく簡単に整理すると、図1-2のようになります。何らかの生活課題を抱えて、地域自立生活の継続や自己実現を阻害されている人々（＝要援護者）に対して、「個人アセスメント」（生活モデル・システム理論のアセスメント視点が必要）によりニーズを明らかにしたうえで、1つはエンパワメント的かかわりを通じて、解決に向けての本人の意欲と力を引き出すこと、もう1つは、どうしても自身では乗り越えられないような高い障壁に直面している場合は、それを乗り越えられるよう、足りない部分の長さの梯子や踏み台を持って来て、立てかけて補助します……。つまり利用可能な社会資源を調達してくる資源ケアマネジメントを図ることです。ただし、ソーシャルワーカーが行う資源マネジメントは、単に既存制度の適用（既製品の梯子を調達してくること）にとどまるものではなく、社会環境・社会資源全般にかかわる点が重要で、その資源を発見発掘したり、開発（自ら梯子をつくる営み）したり、資源同士を繋ぐ（ネットワーキングの取り組み）役割もソーシャルワーカーに期待されています。さらに、ニーズの普遍化を行い、地域ニーズを明らかにするためにも、地域資源を発見・開発・連携するためにも、メゾ・マクロ領域を見渡す「地域アセスメント」が重要となってきます。また、同時並行的に、障壁自体を動かし突き壊していく当事者組織化（これはエンパワメント援助に含まれると思われます）や、ソーシャルアクション・社会変革・福祉教育機能なども果たしていく必要があるでしょう。このようなセンスとスキルを備えたソーシャルワーカーを目標像とした相談援助実習教育、就中、社会福祉士養成教育が求められます。こうした、「育てたいソーシャルワーカー像」を教員と実習指導者が共通認識として描きながら実習前・中・後の教育をすすめていく必要があります。

図1-2 ソーシャルワークの機能整理

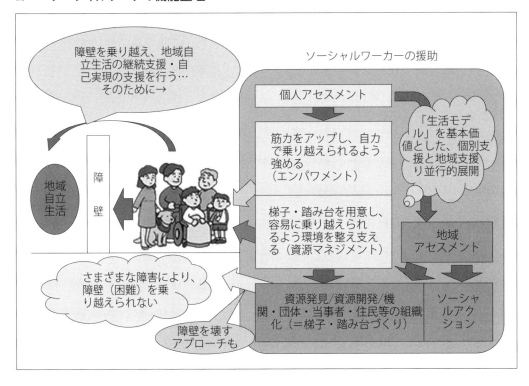

## 3 実習内容のジェネリック・スペシフィック関係と相談援助実習指導の役割

　相談援助実習は、養成校において学習してきたソーシャルワークを、実際の実践現場において確認・試行することを通じて、それらを実践力として修得・獲得していくことです。多くの実習生は1か所の実習先において実習を行うこととなりますが、その実習先において行われているソーシャルワーク実践は、分野・領域や施設・機関などによって表出の仕方が変わった「スペシフィック」な実践といえます。しかし、養成校において学ぶソーシャルワーク理論は「ジェネリック」なものです。その、ジェネリックな知識だけを持って実習に臨んだ場合、実習先現場において展開されているソーシャルワークへの気づきが薄いものとなり、単なる「おきまりの業務」として見過ごしてしまう恐れもあります。そうなると理論と実践を統合化させることも困難となります。そのために、養成校における事前学習においては、実習先分野の理解、実習先施設・機関の理解、実習先施設・機関の利用者の特性把握などの学習を踏まえ、そこで展開されているソーシャルワーク実践の特性について、一定程度理解しておくことが重要となりま

す。

**図1-3 ジェネリックへの再変換の必要**

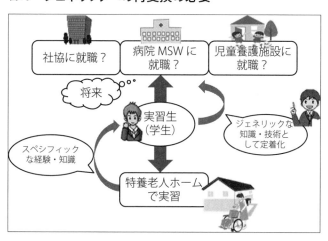

　さて、実習での体験はスペシフィックなものであると述べましたが、実習終了後、その体験をそのままにしておく訳にはいきません。なぜなら、実習生（学生）は、将来必ずその実習先やその分野の施設・機関に就職するとは限らず、むしろそうしたケースの方が稀だからです（図1―3）。つまり、個々人の各実習先でのスペシフィックな実習体験を、将来どのような分野の施設・機関で活躍しようとも活かせる応用可能で普遍的・通底的な（ジェネリックな）ソーシャルワークの知識・技術へと再変換して定着させる必要があります。その変換は、実習終了後の実習指導の中で、グループ演習や教員との振り返りを通じて行うことになります。図1―4では、このように「ジェネリックからスペシフィックへの変換」「スペシフィックからジェネリックへの再変換」も養成校の事前・事後指導でしてくれるので、実習指導者は個別性の強い、それぞれの施設・機関における自身のスペシフィックなソーシャルワーク実践をそのまま見せて体験させればよいのかというと、そうではありません。実習指導者側も、提供する体験内容に一定の共通性・通底性への配慮が求められます。その共通性・通底性の根拠となるものが国の通知（「大学等において開講する社会福祉に関する科目の確認に係る指針について」（19文科高等917号、厚生労働省社援発第0328003号））の、「相談援助実習において学ぶべき事項（教育に含むべき事項）」に示されているのです（表1―1）。この通知に示されているア～クの実習内容は、どの実習先の施設・機関で実習をしようとも必ず学ばなければならない（実習プログラムに盛り込まれている）もので、いわば、この内容が共通体験として分野や種別を超えて、学び獲得されておくべき事項といえるものです。

**図1-4　事前・事後学習におけるジェネリックースペシフィック変換**

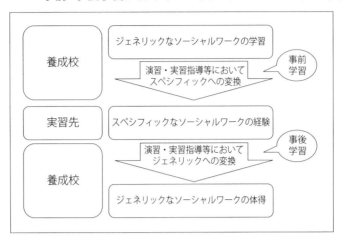

**表1-1　「大学等において開講する社会福祉に関する科目の確認に係る指針ついて〜相談援助実習」の「教育に含むべき事項」**

①学生は次に掲げる事項について実習指導者による指導を受けるものとする
②相談援助実習担当教員は巡回指導を通して、次に掲げる事項について学生及び実習指導者との連絡調整を行い、学生の実習状況についての把握とともに実習中の個別指導を十分に行うものとする

ア　利用者やその関係者、施設・事業者・機関・団体等の職員、地域住民やボランティア等との基本的なコミュニケーションや人との付き合い方などの円滑な人間関係の形成
イ　利用者理解とその需要の把握及び支援計画の作成
ウ　利用者やその関係者（家族・親族・友人等）との援助関係の形成
エ　利用者やその関係者（家族・親族・友人等）への権利擁護及び支援（エンパワメントを含む）とその評価
オ　多職種連携をはじめとする支援におけるチームアプローチの実際
カ　社会福祉士としての職業倫理、施設・事業者・機関・団体等の職員の就業などに関する規定への理解と組織の一員としての役割と責任への理解
キ　施設・事業者・機関・団体等の経営やサービスの管理運営の実際
ク　当該実習先が地域社会の中の施設・事業者・機関・団体等であることへの理解と具体的な地域社会への働きかけとしてのアウトリーチ、ネットワーキング、社会資源の活用・調整・開発に関する理解

　相談援助実習が、「ソーシャルワーカーたる社会福祉士養成のための実習」であるということを考えると、相談援助実習プログラムの基本的内容や展開の大枠にブレや変更がないことが求められます。「伝えるべき」「伝えておかなければならない」社会福祉士の通底的な価値・知識・技術を、実習プログラムに盛り込むことが重要となってきます。

# 4 相談援助実習・実習指導で修得すべき「基礎的・通底的ソーシャルワーク」

## 1. 実習体験内容の標準化と絞り込みの必要

　それぞれの機関・施設におけるソーシャルワーク実践内容は多様です。たとえば、特別養護老人ホーム、児童養護施設、地域包括支援センター、社会福祉協議会の4種別を取り上げて、それらにおけるソーシャルワーク実践内容を想像するだけでも、その違いは容易に理解できます。根本価値や技術は共有しながらも、対象や課題や状況に応じて重点の置き方や表出の仕方は大きく変わってきます。そうした多様な実践現場に実習生は約1か月間身を置き、見方や力点や軽重は違えども、実習で学んできた基礎的な部分は通底的であることが求められます。これが、実習体験内容の共通性の担保（＝標準化）と、実習の到達点となる目標（つまり「評価基準」）の標準化の課題です。

　先にも触れたように、相談援助実習の内容については、厚生労働省・文部科学省から示されている「大学等において開講する社会福祉に関する科目の確認に係る指針について」（19文科高等917号、厚生労働省社援発第0328003号）において、体験する内容が提示されているものの、現実の実習先となるさまざまな分野や種別の機関・施設における実習内容は、「将来、ソーシャルワーカーになる者として、実習において必ず一度は体験している」という共通事項がなく、個別性・多様性の高いものとなってしまっていたのが実情です。しかしながら、たとえば医学部の臨床実習において「外科のことは学んだが内科のことは学んでいない」というようなことはありえません。

　全国の医学部学生は、どこの病院で臨床実習をしようとも、指定された全ての診療科において一定の実習体験を積んでいます。自動車運転免許取得のための教習所においても同様のことが言えます。教習所や指導教員の違いによって、教習内容に漏れがあったり違っていたりすることはありえないことです。社会福祉士の相談援助実習においても、いかなる分野の、どのような機関・施設で、誰が指導しようとも、基礎的かつ通底的なソーシャルワークを実習において体験し、養成校における事前・事後学習においてその理解や定着化が図れているという「標準化」が求められています。

**表1-2　基礎的・通底的ソーシャルワークの4領域**

①個別支援
ミクロアプローチ：アセスメント→目標・計画→援助・権利擁護→評価／課税解決）による一人一人の地域自立生活・自己実現支援

②地域支援
ニーズの検証・地域資源の分析（地域アセスメント）→小地域福祉活動計画（住民）／地域支援計画（専門職）→地域住民、ボランティア育成・組織化などの資源開発→事業化や、ニーズの検証・地域資源の分析→当事者組織化→資源開発→事業化など住民・当事者の意欲喚起や諸社会資源の開発、さらには開発した資源の活動支援・運営支援

③権利擁護・サービス向上
成年後見制度や日常生活自立支援事業の利用、虐待防止、苦情解決システム、福祉サービス第三者評価や外部評価といった狭義の事業にとどまらず、要援護者の生命や尊厳の保障はもとより、自立生活の安心向上に関する全ての配慮・視点・取り組み

④連携・ネットワーキング
フォーマル・インフォーマル資源を意図的に繋げ、他分野機関・活動団体との連携、保健・医療・教育・交通・司法・防災・まちづくり等、生活関連領域の機関や活動団体との連携をすすめる「地域ケアシステム」構築の取り組み

　さらには、実習においては、単に、説明を受けたり、見せてもらったり、体験しておけばよいということでなく、「どの程度できるようになった」のかという技術的な到達目標も全ての分野、機関・施設、指導者の間で共通化されている必要があります。この到達目標は、実習機関・施設や指導者に求められるだけではなく、どの養成校で学ぼうとも共通でないといけません。つまり、全国の養成校間で相談援助実習の到達目標や評価基準が標準化され、実習生を受け入れる機関・施設の指導者にきちんと伝達されて、標準的実習内容が提供されるよう共通認識化されておく必要があります。

　国の通知で示されているア〜クの内容は、体験内容に微細まで深入りしている項目がある一方で、大まかにサラッと軽く流す程度にまとめられている項目もあります。また、項目数も8項目と少なく、さらには、すべての実習機関・施設において共通的に実現できにくいものも含まれています。

　そこで、実習プログラムに盛り込むべき共通体験として、『社会福祉士実習指導者テキスト第2版』（中央法規出版、2014）のサブテキストとされている『社会福祉士実習指導者のための相談援助実習プログラムの考え方と作り方』（中央法規出版、2015）において公益社団法人日本社会福祉士会が提案しているのが、社会福祉士として基礎的・通底的に学び修得しておくべきソーシャルワーク実習体験4領域です（表1—2）。

　以下、この4領域が社会福祉士に求められる基礎的・通底的な専門性であり、相談援助実習において最小にして必須の体験領域であることを、図1—5の「ソーシャルワーク実践のフロー」に基づいて説明していきます。

**図1-5 ソーシャルワーク実践のフロー**

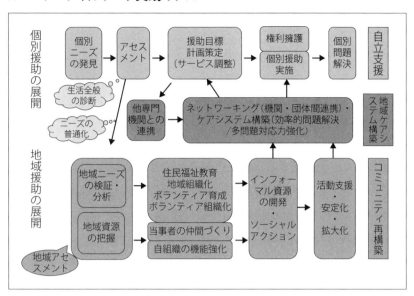

　ソーシャルワークは、ミクロ・メゾ・マクロへの働きかけを行き来しながら同時並行的に展開されるものですが、まず、左上の「個別ニーズの発見」から右に流れるミクロアプローチ（黄色の流れ：アセスメント→目標・計画→援助・権利擁護→評価／課題解決）によって、1人ひとりの地域自立生活・自己実現支援および権利擁護に取り組む必要があります。それと同時並行的に、個へのかかわりだけでなく、メゾ・マクロ領域への働きかけも展開していくためには、ニーズの普遍化が必要となります。「この人のこのニーズは、地域の多くの同じような立場の人々のニーズでもあるのではないか？」というニーズの普遍化から、地域支援（ピンク色の流れ）にも広がり、「ニーズの検証・地域資源の分析（地域アセスメント）→小地域福祉活動計画（住民）／地域支援計画（専門職）→地域住民、ボランティア育成・組織化などの資源開発→事業化や、ニーズの検証・地域資源の分析→当事者組織化→資源開発→事業化」など、住民・当事者の意欲喚起や諸社会資源の開発、さらには開発した資源の活動支援・運営支援へと続いていきます。そして、この延長線上に究極目標としての「コミュニティの再構築」があるといえます。

　開発したフォーマル・インフォーマル資源も、開発しっぱなしでよいというものではありません。また、ニーズが多様化複雑化した今日では、専門機関も単独で問題解決に当たることは困難であることから、これらを意図的に繋げ、福祉他分野機関・活動団体との連携、保健・医療・教育・交通・司法・防災・まちづくり等、生活関連領域の機関や活動団体とのネットワーキングを進めることで「地域ケアシステムの構築」を図って

いきます。地域にフォーマル、インフォーマル資源が豊富にあり、それらがシステム化されていることで、新たに発見される個別問題への支援もスムーズになります。これらを常に行き来しながら展開していくソーシャルワーク実践の先に、「要援護者の自立支援の実現」「地域ケアシステムの構築」「コミュニティの再構築」が図られることが期待されます。

　さらには、個別援助過程で重要となるのが権利擁護です。権利擁護とは、制度的に用いられている成年後見制度や日常生活自立支援事業の利用、虐待防止といった狭義の意味合いにとどまらず、要援護者の生命や尊厳の保障はもとより、自立生活の安心向上にかかわる全ての配慮・視点・取組みです。ソーシャルワーカー側からすれば、いわば「利用者満足度」の向上のための配慮や工夫や取組ともいえるものです。提供されているサービスや支援の1つひとつがその人の状況に合わせて柔軟かつ的確に対応しているかどうか、また、より高次の趣味や生き甲斐や交流といった「豊かに生きるニーズ」「自己実現ニーズ」への対応状況はどうか、など不断の問いかけが必要となってきます。そこには、苦情解決システムが実質的に機能しているか、福祉サービス第三者評価や外部評価を受審しているか、より一層の技術向上を目指して職員の研修会や学習会が行われているか、職員では対応しきれないニーズに対応するためにボランティアの養成や受入を推進しているか、サービス向上委員会などにおいて利用者の自由裁量の範囲拡大が常に検討されているか……といったことまで含まれます。

　さて、ここまで、ソーシャルワーク実践の内容分析から4領域の意義を説明してきましたが、各分野や各種別での実践への配慮も無く、頭ごなしに4領域を提案されても、それを実習プログラムに盛り込むことは無理です。しかし、この4領域は、基礎的・通底的ソーシャルワークとして最小公倍数的かつ最大公約数的なものといえます。それは、これまで提案されてきた、社会保障審議会福祉部会意見書の「求められる力量」、国通知の「教育に含むべき事項」のア〜クの項目、それを受けた「社養協相談援助実習ガイドライン」の内容、さらには日本社会福祉士会が提案してきたフィールドソーシャルワーク（FSW）・レジデンシャルソーシャルワーク（RSW）の分類・実践項目・3段階実習などを包含する、ないしは深く関連づく枠組みで、これまでの議論や理論と全く矛盾・逸脱するものではありませんし、唐突に出てきた新たな体験項目でもありません。むしろ、実習指導者は、再整理されたこの基礎的・通底的4領域を自身の実践に照らし合わせてプログラミングしていけばよいということです（図1—6）。そして、そのプログラミング過程に養成校教員も積極的にかかわっていくことが求められています。

図1-6 基礎的通底的実習プログラムの関係

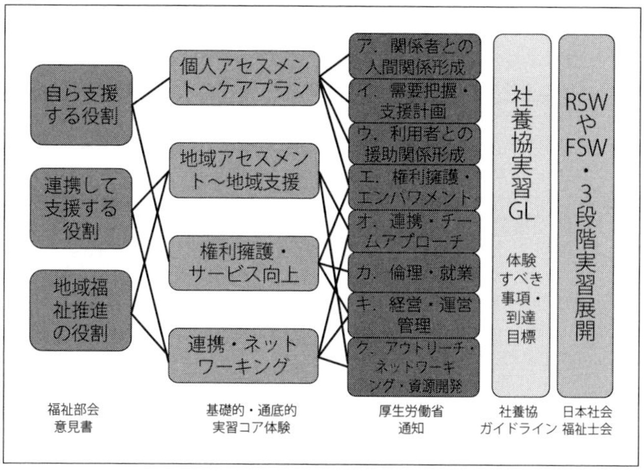

以下、この4領域の説明と、現場実践との照合、実習プログラミングへの具現化について紹介していきます。

## 2. 個別支援

　個別支援体験は、ニーズの発見、アセスメント、目標・計画策定、資源マネジメント、援助実施、評価という一連の個別支援過程の学びです（表1—3）。フィールドソーシャルワーク系の機関においては、ニーズ発見は、利用者から相談に来るのを待つだけでなく、地域のニーズ発見システムづくりなども含まれます。ニーズを発見した場合、面接などの体験を通じてアセスメントを行うので、信頼関係構築のための各種面接技法を学ぶことにもなります。アセスメントの結果、把握されたニーズを解決・緩和した状態つまり目標を設定し、その目標に到達するための計画（具体的解決策＝どのような資源を利用するのか、どのような関係調整を図るのかなど）を立てます。計画に基づき資源の動員を行い、利用を開始します。計画に基づきフォーマル・インフォーマル資源を利用している段階、また、関係調整などの介入を行っている段階が援助実施段階です。そして、一定期間経過後に目標を達成できたか、目標にどれくらい近づけたかを評価し、課題分析、目標再設定、計画見直しなどに立ち返り、そのサイクルを繰り返していく一連の個別支援の過程を学ぶことになります。とはいえ、限られた実習時間のなかで、1人の利用者に対する援助過程全てを実際に体験することは不可能です。そこで、実習においては、中でも不可欠である「面接」「アセスメント」「援助計画策定」に絞って体験させ、他の過程はシミュレーションで済ませるなどの工夫が必要となります。

表1-3 個別支援

FSW（地域相談機関型）・RSW（施設型）の実習体験項目例を中心に

| FSW（地域相談機関） | RSW（通所・入所施設） |
|---|---|
| 【アウトリーチ・問題発見システム】<br>・ ニーズキャッチシステムの理解と体験<br>【ニーズ確定とアセスメント・緊急対応】<br>・ 初期訪問、初期面接の理解と体験<br>・ 初期アセスメントとスクリーニングの理解<br>【目標設定・援助計画・サービスマネジメント】<br>・ ケースカンファレンスの開催と運営<br>・ ケアマネジメントに関する理解と体験<br>・ 諸制度の申請・手続・契約の理解と体験<br>【プログラム実行・モニタリング】<br>・ サービス利用状況の把握<br>【サービス評価】<br>・ ニーズ解決と利用者（＆家族）の変容の評価法に関する理解と体験 | 【ニーズ、問題の明確化】<br>・ 面接に関する理解と体験<br>・ アセスメントに関する理解と体験<br>・ ケース記録に関する理解と体験<br>・ 生育暦・生活暦に関する理解<br>・ ケースカンファレンスに関する理解と体験<br>【援助計画－ケアマネジメント】<br>・ ケアプランに関する理解と体験<br>・ 職員会議の理解と体験（参加同席、企画招集、進行運営）<br>・ 施設におけるチームワークのあり方に関する理解<br>【サービス評価】<br>・ サービス評価をやってみる<br>・ 効果測定をしてみる |

　アセスメントするためには、ニーズ情報収集のための面接技術が前提的に必要となります。面接を行う際には、信頼関係構築のもとに「情報収集」と「参加促進（エンパワメント）」が重要なポイントです。これらを達成するために、さまざまな面接技法を駆使することが求められます。

図1-7　SW実習における個別支援

アセスメントからケアプラン作成体験

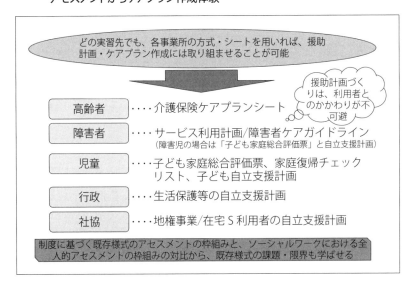

アセスメントは、その人をどう見るか、何をニーズとして捉えるのかといった視点や枠組みにかかわる、対人援助専門職の専門性の核心部分です。単に、制度適用の判定を目的とした既存のアセスメントシートの利用にとどまるのではなく、生活全体を見つめ、何処にどのようなニーズがあるのか、それらがどう関連づいているのかを発見する力が身につくようなツールと指導の工夫が必要です。近年では社会福祉の大多数の分野においてアセスメントと支援計画策定が制度的にも定着化しつつあり、まずはそれらを活用しつつ、その限界性などについて解説していくなどが考えられます（図1—7）。

　RSWとFSWの体験項目に沿って体験項目を整理すれば、施設系の場合は、実習期間中、特定利用者との関係継続が可能であるため、この個別支援プログラムを位置づけることは比較的容易といえます。しかし、社会福祉協議会、福祉事務所・児童相談所、地域包括支援センターなどの機関では、毎日同じ利用者とかかわりながらアセスメントを行い、支援計画をつくることは困難です。そうした場合、モデルとなってくれる特定利用者を予め決めて協力依頼をしておくなどの工夫が必要となります。それも困難な場合には、過去の事例などを用いることもやむをえないでしょう。この体験を行うことで厚生労働省通知のア・イ・ウ・エを経験することになります。

## 3. 権利擁護

　先にも触れたように、権利擁護とは、成年後見、財産管理、虐待防止、第三者評価、苦情解決といった狭義の意味合い・事業実施にとどまらず、要援護者の自立生活の安心向上にかかわる全ての配慮視点です。ソーシャルワーカー側からすれば、利用者満足度の向上のための配慮や工夫ともいえます。提供されているサービスや支援の1つひとつがその人の状況に合わせて柔軟かつ的確に対応しているかどうか、また、より高次の趣味や生き甲斐や交流といった「より豊かに生きるニーズ」への対応状況はどうか、など不断の問いかけです。そこには、より一層の技術向上を目指して職員の研修会や学習会が行われているか、職員だけでは対応しきれない入居者ニーズに対応するためにボランティアの養成や受入をしているか……といったことまで含まれます（表1—4）。

**表1-4　権利擁護・サービス向上**
　　　　**FSW（地域相談機関型）・RSW（施設型）の実習体験項目例を中心に**

| FSW（地域相談機関） | RSW（通所・入所施設） |
|---|---|
| 【プログラム実行・モニタリング】<br>・　苦情解決と業務改善に関する理解と体験<br>【サービス評価】<br>・　支援システムの評価に関する理解と体験<br>【組織機能の強化発展（ニーズ対応力・QOLの向上）】<br>・　サービス向上（自組織のニーズ対応範囲の拡大、ニーズ対応力・迅速性の向上、職員資質向上など）に関する理解<br>・　組織内スーパービジョンの理解と体験<br>・　業務評価・事業評価に関する理解<br>・　広報および情報公開に関する理解<br>【成年後見等の活用】<br>・　成年後見制度・日常生活自立支援事業等利用の理解と体験<br>・　法テラスや消費者相談窓口の理解 | 【職員研修】<br>・　過去の研修企画の理解と研修企画立案体験<br>【スーパービジョン】<br>・　スーパーバイジー・バイザー体験<br>【サービス評価】<br>・　効果測定・サービス評価体験<br>・　処遇と施設の課題を探る<br>・　第三者評価・外部評価の受害記録を読む<br>【利用者権利擁護】<br>・　権利侵害の発見、解決法検討<br>・　成年後見利用者の事例検討体験<br>【苦情解決】<br>・　過去の苦情記録を読む<br>・　苦情を聞を、解決の検討<br>【利用者参加、自立支援、自己決定支援】<br>・　利用者参加・自己決定の程度等の検討<br>・　利用者会や家族会の意義と運営を理解する<br>【QOLの向上】<br>・　施設利用者体験と長所短所・解決法の検討 |

　わが国の施設サービスにおいては、まだまだ、集団生活の規律に従って貰う「管理モデル」や、本人の意思とは違うところで職員による生活指導や管理が行われる「教育モデル」、健康であること病気を克服することが至上価値である「医学モデル」などが「生活モデル」「社会モデル」よりも優先されている印象が強く、自己実現保障や利用者満足度向上といった権利擁護実践の余地はまだまだ大きいといえます。「生活モデル」「社会モデル」に依拠した権利侵害状況の問題意識を持ち、それらを提起し、現状の体制や予算等の制約との折り合いをつけながら改善に取り組んでいく……。そうした視座やセンスを、これからの福祉を担う実習生に植え付けておくことが重要です。

　社会福祉協議会や地域包括支援センターなどの地域相談機関であれば、在宅要援護者の方々のいのち・生活・財産を守るという意味で、成年後見制度、日常生活自立支援事業、虐待発見・対応システムの構築などの実践が権利擁護体験として考えられるでしょう。

　この体験をすることによって、国通知のエ・カ・キを経験することになります。

## 4. 地域支援

　地域にはさまざまなニーズがあります。1人ひとりの個別ニーズへの出会いから、それを普遍化し、集合的な地域ニーズとして把握していくことが必要です。1つの孤独死の発生を契機に、改めて地域の中で調べてみたら、孤独死リスクの高い人が他にもたくさん見つかったという事例もよくあります。この過程が「ニーズの普遍化」と呼ばれるもので、1人の問題をその人固有の問題として終わらせるのではなく、想像力を働かせ地域ニーズではないかとの仮説を持って、改めて地域全体を調べ直し、1人の支援だけに終わるのでなく、地域全体としてニーズを解決する方法を考え、何かしらの地域での取組みに繋げていく支援過程です（表1—5）。

**表1-5　地域支援**

**FSW（地域相談機関型）・RSW（施設形）の実習体験項目例を中心に**

| FSW（地域相談機関） | RSW（通所・入所施設） |
|---|---|
| 【アウトリーチ問題発見システム】<br>・地域の福祉課題に関する理解<br>・ニーズキャッチシステムの理解と体験<br>【地域アセスメント】<br>・地域アセスメントおよび地域支援計画<br>【セルフヘルプ活動とソーシャルアクション】<br>・当事者組織化に関する理解と体験<br>・セルフヘルプ活動に関する理解と体験<br>・ソーシャルアクションに関する理解と体験<br>【普及啓発とインフォーマル資源開発】<br>・普及啓発・福祉教育に関する理解と体験<br>・地域・団体等組織化の理解と体験<br>・団体・組織運営支援に関する理解と体験<br>・当事者と住民活動との橋渡し体験<br>【フォーマル資源開発（制度創設）】<br>・行政福祉計画策定への参加・関与 | 【地域諸機関や住民や家族とのパイプ役】<br>・関係機関や地域団体や家族との会議や訪問に同行する<br>【地域アセスメント】<br>・圏域地域の利用者ニーズを把握する<br>・施設内外の資源を抽出する<br>・地域の利用者ニーズを把握する<br>【地域支援】<br>・施設開放、利用者と地域の交流、福祉教育等に関する理解と体験<br>・地域に対する公益事業に関する理解と体験<br>・併設在宅支援機関を通じた地域支援の理解と体験 |

図1-8 地域アセスメントの枠組みと方法

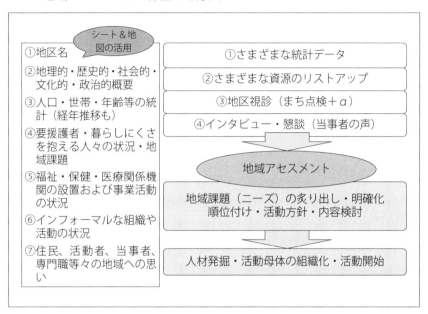

　地域アセスメントとは、文字どおり「地域をアセスメントすること」です。「地域診断」「コミュニティアセスメント」などとも呼ばれています。個人への援助と同様に、地域課題に対応しようとする場合にも、「闇雲に」「漠然と」何か活動すればよいというのでなく、地域アセスメントの見立てに基づき、援助目標（仮説）や援助計画を策定し、科学的に取り組んでいくことが重要です。地域アセスメントは、地域援助のスタートになるもので、医師が患者を診る「診察・検査」にあたるものと言えますし、また、個別支援における要援護者アセスメントと同様のものです。また、企業が商品開発・販売を始める際のマーケットリサーチにあたるものともいえるでしょう（図1—8）。

　地域アセスメントは、アセスメントすること自体が目的ではなく、地域の問題や資源を視覚化し、問題の解決順位や方法を考え、住民や当事者により活動母胎を組織し、実際の活動を行うために行われるものです。そうした課題の明確化、優先順位決定、解決方法・資源の明確化は、「小地域福祉活動計画（地区社協活動計画）」策定過程ともいえ、住民主体形成・住民自治を推し進めることそのものです。また近年、個人を支援するケアマネジメントにおいても「セルフ・ケアマネジメント」が求められているように、地域アセスメントや小地域福祉活動計画策定過程に住民や当事者自身が参加することが、エンパワメントに繋がるという考え方が一般的です。住民と専門職が協働して地域アセスメントを行うことが、地域住民の地域課題への気づきや学びや理解を促し、危機感や共感原理を刺激し、その後の地域組織化や活動参加への大きな動機づけに繋がり

ます。地域アセスメントの結果を踏まえて立てられた小地域福祉活動計画の遂行に必要な支援を、専門職は行っていくことになるため、専門職には地域支援計画や地域支援方針を持つことが求められます。ここでは、地域アセスメントの意識的実践と体験項目への組み込みを強調してきましたが、地域組織化や当事者組織化など、地域支援の全過程を学ぶ必要があります。

さて、「地域支援は社協や地域包括の専売特許であって、施設では体験できないのではないか……」と思われているかもしれません。しかし、そもそも施設利用者は地元地域の人々で、施設における実践も地域の状況から影響を受けないということはありえませんし、施設の社会化など地域とのかかわり方の面でも地域特性の把握は必要です。さらには、社会福祉法人の公益活動・地域貢献が期待されている昨今、公益的な活動を地域に対して果たしていく必要があり、そのために地域のニーズを把握することは必須業務といえます。

この体験をすることによって、厚生労働省通知のオ・クを経験することになります。

## 5. 連携・ネットワーキング

「近所に認知のお年寄りが……」との通報を受けてケアマネジャーが訪問してみるとゴミ屋敷になっており、地域からも孤立がしていた。「近所のお祖父ちゃんが放置されているのでは……」との通報を受けて地域包括支援センター職員が訪問してみると、息子との2人世帯で、介護者である息子は精神障害で、父親の介護放棄だけでなく生活を組み立て管理できず経済的問題も……。「要介護の方のケアプランを……」とケアマネジャーが訪問してみると、奥さんは新興宗教で経済的被害、娘は軽度知的障害で清掃業を解雇、孫はいじめが疑われ引きこもり……など、多問題家族や援助拒否、地域からの孤立などの生活問題などが溢れ出しており、従来の「福祉六法内」の「縦割り福祉」の発想では対応できない時代になってきています。従来の、一制度、一機関、一専門職だけによる完結的援助の限界が露呈しはじめ、分野を超えた専門機関や専門職ネットワークの構築、インフォーマル資源の開発と連携が求められるようになってきています（表1—6）。

**表1-6　連携・ネットワーキング**
　　　　FSW（地域相談機関型）・RSW（施設形）の実習体験項目例を中心に

| FSW（地域相談機関） | RSW（通所・入所施設） |
|---|---|
| 【アウトリーチ問題発見システム】<br>・機関連携（諸連絡会議）の理解と体験<br>・ニーズキャッチシステムの理解と体験<br>・民生委員・福祉委員連携の理解と体験<br>【セルフヘルプ活動とソーシャルアクション】<br>・団体運営支援に関する理解と体験<br>・マスコミとの連携<br>【普及啓発とインフォーマル資源開発】<br>・利用者・当事者と住民活動との橋渡しに関する理解と体験<br>【フォーマル資源開発】<br>・行政福祉計画策定への参加・関与<br>・予算要望・各種審議会への参加<br>【地域ケアシステム】<br>・小地域ケア会議や地域包括ケア会議などへの参加体験 | 【地域諸機関や住民や家族とのパイプ役】<br>・関係機関や地域団体や家族との会議や訪問に同行する<br>・施設内外の資源を抽出してみる。<br>【地域アセシステム】<br>・施設のある地区の小地域ケア会議や地域包括ケア会議などへの参加体験<br>・市町村社協の施設部会の意義の理解<br>・種別協議会の意義の理解<br>【公益事業としての連携】<br>・公益事業として被虐待者やホームレスなど分野外要援護者の緊急支援・シェルター機能などを担い、他分野やNPO活動への協力・支援場面の理解と体験 |

　制度の隙間、複合的問題、多問題家族などのニーズに対応する地域の支援体制（地域包括ケアシステム）づくりは、単に福祉の分野を超えたネットワーク形成に留まらず、医療、保健、交通、まちづくり、ゴミ処理、警察、防災、消防……などさまざまな異分野との連携が必要です。さらには、公的施策や公的機関の範疇のみでの連携を超えて、制度の隙間や外側のニーズに対応する地域住民、当事者組織、ボランティア組織、NPO、商店会など、さまざまなインフォーマルケアとの連携協働も不可欠となっています。地域包括ケアシステムの構築は、高齢者福祉分野を中心に政策的に推し進められていますが、障害者分野にも、児童・子育て支援分野にも、生活困窮者など他の要援護者支援分野にも本来必要なものです。これらの連携方法やネットワーキングの過程を学んでおくことが、将来、ソーシャルワーカーとして活躍するうえで必須の力量となります。

　この体験をすることによって、厚生労働省通知のオ・キ・クを経験することになります。

## |5| 実習ガイドライン作成の背景

　いうまでもなく相談援助実習は、社会福祉士の中核的専門性であるソーシャルワークの価値・知識・技術に関する養成校での学びを、現場実践に当てはめて確認するとともに、初任者として求められる基本的ソーシャルワーク実践力の習得・獲得を目標とする科目です。

　さらには、実習体験内容の共通性の担保（＝標準化）と、実習の到達点となる目標（つまり「評価基準」）の標準化という課題もあります。基礎的・通底的4領域を万遍なく修得させることを念頭に置きながら、さらに細分化した体験項目ごとの内容を具体的に示し、到達点を明確化することによって、養成教育の統合的で集大成的な科目である相談援助実習の共通性を担保していくことが求められています。

　相談援助実習の内容については、厚生労働省・文部科学省から示されている「大学等において開講する社会福祉に関する科目の確認に係る指針について」（19文科高等917号、厚生労働省社援発第0328003号）に基づく実習が行われることが大切となってきます。いかなる分野で、どのような機関・施設で、誰が指導しようとも、基礎的かつ通底的なソーシャルワーク体験を実習に盛り込むという標準化が求められているのです。さらには、実習中に単に体験すればよいということでなく、「どの程度できるようになった」のかという技術的な到達目標も、全ての分野、機関・施設、指導者の間で共通である必要があります。この到達目標は、実習機関・施設や指導者に求められるだけではなく、どの養成校で学ぼうとも共通でなければなりません。つまり、全国の養成校間で相談援助実習の到達目標や評価基準が標準化され、実習生を受け入れる機関・施設の指導者にきちんと伝達されて、共通認識化されておく必要があるといえます。

　これらの理由から、「相談援助実習ガイドライン」は作成されています。さらには、相談援助実習の内容や到達目標が標準化された場合、それに耐えうる価値・知識・技術を、実習生は実習前にどこまで学んでおく必要があるのか、つまり事前学習の内容と質も問われてくることとなります。これに対応するため、「相談援助実習ガイドライン」と同時に、相談援助実習内容と到達目標の標準化を目的に「相談援助実習指導ガイドライン」も併せて作成されています。

　A養成校では実習生が全く知識習得できていないにもかかわらず実習に行かせて貰え、一方、B養成校では独自に実施している実習前学力テストに落ちたため実習に行かせて貰えなかったという養成教育の格差が生じてはならないでしょう。また、C施設の実習生は実習中遅刻をしたり面接を怖がってできなかったにもかかわらず、実習評定が

「優」となり、一方、D機関の実習生は実習態度もよく内容も一通り全てできたにもかかわらず、厳格な指導者で要求水準が高すぎたために実習評定が「良」であったという格差も生じてはならないといえます。そのためにも、全国の医学部の臨床実習前に統一的に導入実施されているCBT（Computer Based Testing）やOSCE（Objective Structured Clinical Examination：客観的臨床能力試験）のような、実習前テストなど実習前評価システムの開発と統一実施化、評価基準の統一化、公平で高水準な社会福祉士養成教育のしくみづくりが求められているところです。

## 6 相談援助実習・実習指導ガイドラインの見方

### 1. 基本的考え方

　本ガイドラインは、厚生労働省・文部科学省連名通知に示される「相談援助実習の目標と内容」「相談援助実習指導の目標と内容」に準拠しつつ、相談援助実習・実習指導において具体的に獲得・到達すべき水準を示すことにより、相談援助実習・実習指導の標準化を図るとともに、達成度評価尺度を、実習生を主体として示しました。

　また、各養成校が、それぞれのカリキュラム編成、シラバス作成、授業計画・学習指導案作成の際に参考となるよう、評価表との連動を意識しつつ、「社会福祉士養成における実習教育の最低基準（ミニマム）」を示すものです。よって、各養成校等の実習目標・内容の最適（オプトマム）や最大（マキシマム）部分を制限するものではありません。むしろ、各養成校においては、本ガイドライン内容を満たして十分な、高度かつ効果的な実習教育に先進的に取り組んでいただくことを推奨しています。ガイドラインに示されていることだけを行っていれば十分というわけではありませんし、各養成校のカリキュラム、シラバス、授業計画・学習指導案に箍をはめて拘束しようとするものでもありません。

　社会福祉士共通の力量としての基礎的・通底的4領域を巨視的な視点として持ちつつ、具体的な実習体験や実習指導内容は、このガイドラインによってチェックすることをお薦めします。

### 2. ガイドライン表における各項目の説明

#### ①中項目

　国が示す「相談援助実習の内容」および「相談援助実習指導の内容」（＝大項目）に対応し、実習生が経験する項目です。実習目標を達成するために経験する項目を、「～を学ぶ」という表現に可能な限り統一しました。後で触れる実習評価表の項目は、この

「相談援助実習ガイドライン」中項目に連動しています。よって、各項目の評価をつける際には、該当する中項目内の小項目に掲げられている事項を参考にし、その到達度合いの総合によってつけることになります。

②小項目

　小項目は、中項目において獲得・到達すべき水準を具体的に示した項目です。これらの項目では、「他者に説明できる」「文書化できる」「実践できる」「課題を検討できる」といった知識やスキルを獲得したかどうかを具体的実践水準の到達点としています。これは「（理解し、）説明できる」「（理解し、）実践できる」ということであり、例えば、「させてみる」ことの他に、レポート、テスト、ディスカッション、プレゼンテーション等でも評価測定をすることができます。

③想定される実習内容／想定される教育内容

　想定される実習内容／教育内容は、中項目を経験し小項目を達成するために、実習指導において、想定される事前事後教育の内容、および、実習機関・施設において想定される実習体験の内容を明示したものです。この想定される実習内容・教育内容は、実習目標を達成するための最低限必須の内容と考えられ、すべての養成校・実習先において盛り込まれるミニマム・スタンダードともいうべきものといえます。この想定される教育・実習内容をもとに、養成校においては実習指導プログラミング（＝シラバス・授業計画・学習指導案の作成）を、実習機関・施設においては実習プログラミングをすることとなります。なお、実習機関・施設の実習指導者に対しては、実習依頼時に養成校から本ガイドラインおよび想定される実習内容を提示し、十分に事前協議することが求められます。また、養成校は、実習指導において事前学習を十分に行い、実習に耐えうる一定の力量を実習生に獲得させておく必要があります。

## 3. 実習実施における留意点

### ①「見学型」ではなく「体験型」実習の必要

　実習においては、単に「話を聞く」「見学する」にとどまらず、可能な限り実際の支援等に携わることが必要です。実習生は実習中、組織の一員として援助場面に参画し、カンファレンスや記録の閲覧等にもアクセスできることが必要であり、実習契約においてこのことが保証される必要があります。同時に、利用者の個人情報への接近についてのルールや基準を、実習機関・施設と養成校、実習生との契約によって担保されておく必要があります。なお、実習生の社会的マナーや態度などソーシャルスキル一般につい

ては、相談援助の理論と方法等の他の科目、学生生活、個人生活等を通じて習得し、基本的に身につけておくべきものであるとして、実習の目標・内容には含めていません。

②「3段階実習モデル」を基本としたプログラムの組み立て

　相談援助実習ガイドラインには、日本社会福祉士会が提示した「職場実習」「職種実習」「ソーシャルワーク実習」という3段階を意識していますが、実習ガイドラインのどの中項目が職場実習なのか、職種実習なのか、ソーシャルワーク実習なのかは明示していません。しかし、例えば「カ　社会福祉士としての職業倫理、施設・事業者・機関・団体等の職員の就業などに関する規定への理解と組織の一員としての役割と責任への理解」や「キ　施設・事業者・機関・団体等の経営やサービスの管理運営の実際」などは、実習の初期段階である職場実習段階、職種実習段階で取り組むべき内容であり、全てがソーシャルワーク実習段階のみで展開できるとは考えていません。実際のプログラミングにおいて、スムーズな流れ、段階的な学びになるよう、柔軟に位置づけていただけばよいと考えています。

### 4. ガイドライン表中の用語の用い方について

　①実習先については「実習先」の他に「受入機関・施設」などさまざまな表現がありますが、ここでは「実習機関・施設」と統一しています。

　②実習生は養成校の学生でもありますが、ここでの表記は実習指導段階も含め「実習生」と統一しています。

　③科目名称については、紙幅の関係から、文脈から誤解を与えない（科目名のことを指していることが分かる）範囲で、一部「相談援助実習」を「実習」と、「相談援助実習指導」を「実習指導」と省略表記している部分もあります。

　④実習機関・施設の指導者から実習生が受けるスーパービジョンを「実習スーパービジョン」と呼び、養成校教員から実習生が受けるスーパービジョンを「実習教育スーパービジョン」として使い分けています。

## 7　実習基本プログラムの重要性

　相談援助実習とは、福祉施設や機関などの実地で、社会福祉士の専門的援助の実際（実物）を実習生に対して開示し継承させていく行為です。それを、実習期間内にどのような順序や流れで体験し学ぶのかを、日々の実習項目として明記したものが実習プログラムといえます。この実習プログラムは実習指導者が作成するものですが、相談援助

実習における実習プログラム作成の意義（図1—9）としては、次の3点があります。その1つ目は、「わが施設ではこんな実習をしますよ」「これから何を教えますよ」ということを、事前に実習生に伝達するツールの役割です。実習生は、予め提示された実習プログラムを見て、何を学ぶのかが分かり、何を事前に準備（予習）しておけばよいのかが鮮明となるのです。例えば、行き先も行き方も知らされずに旅行に連れ出されることは誰でも不安な筈です。何を準備して持って行けばよいのかも分かりません。予めプログラムもつくらず、「実習生が来てから、その日その日で考えよう」というのでは、実習生を不安がらせるばかりか、体験内容に即した準備や学習もできないので、学習効果も期待できるはずがありません。またそうした状況下で、指導者側も実習中「知らないの？」「勉強してこなかったの？」「習ってないの？」と実習生に問うことはできないでしょう。

2つ目の意義は、基本プログラムを事前に教員と共有し、基本プログラムを踏まえた、実習上必要となる価値・知識・技術に特化した、事前学習指導が相談援助実習指導において展開できるということです。実習教育は、実習生の「現場への放り込み」でも「ショック療法」でもありません。「当たって砕けろ」「挑戦してみろ」といった場当たり的な経験ではなく、実習指導者と教員の共通認識・情報共有・連携協働のもとで「計画的に進められる養成教育体系の一部」であり、そのためには、基本プログラムの共有は必須であり、さらには、協働での基本プログラミング（プログラム作成）に取り組んでもよいほどです。

**図1-9　実習プログラミングの意義**

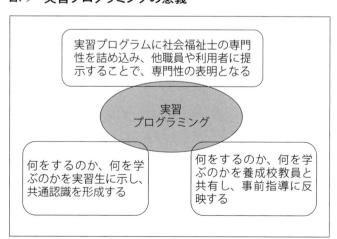

3つ目の意義は、養成教育からは外れる副次的な効果ともいえますが、社会福祉士の専門性を他職種同僚等に対して表明・説明するツールとしての役割です。実習生を受け

入れ、相談援助実習プログラムを開発し、指導にあたることは、社会福祉士の専門性（価値・知識・技術）のエッセンス（＝物事の重要な部分、本質、真髄）を他者に伝達する行為に他ならず、実習プログラムは、社会福祉士が、どういった価値に基づき、どのように倫理を意識し、どのような知識を駆使し、どのような技術や実践理論に根拠をおいて判断し援助業務を行っているのかを目に見えるかたちで表明（可視化）するものであるといえます。それは、実習生に対してのみでなく、実習の展開に協力してもらう職場の同僚や利用者、そして社会に対して説明・啓発するための重要な資料ともなり、職場内における自己（ソーシャルワーカーたる社会福祉士）の存在感や、社会福祉士全体の社会的評価や地位の向上にも資するものです。基本プログラムを作成し、職場内外で説明し、受入協力体制を構築する実習マネジメントのプロセスが、社会福祉士の専門性確立の取り組みといえるのです。

　実習プログラミングは実習指導者に丸投げして作成して貰うものではなく、これらの意義を最大限達成するためには養成校教員のかかわり、というよりも協働作業が不可欠であるといえるでしょう。そう考えると、独立科目としての担当クラスの実習指導講義をしておけばよいというものではなく、実習指導者との人間関係・信頼関係の上に立ち、実習のあるべき姿や体験項目、指導方法などプログラミング協働作業を踏まえた実習指導が必要であることはいうまでもありません。

## | 8 | 3段階実習プログラム

### 1. 3段階実習モデルとは

　現場におけるソーシャルワーク実践が、それぞれの分野、それぞれの職場、それぞれの職種によって表出の仕方が違う「スペシフィック」なものであることに触れましたが、ソーシャルワーク実践の表出の仕方に分野・種別・地域・職場・職種等の状況が影響を与えていることを踏まえると、ソーシャルワーク実習の前段階で、職場や職種の理解や体験を経験しておくことが重要となります。日本社会福祉士会・実習指導者養成研究会（2000-2002年度WAM助成研究）では、180時間の実習期間を「職場実習」「職種実習」「ソーシャルワーク実習」の3段階に整理して展開してはどうかと提案しています（図1—10）。ここでは、相談援助実習の中核をソーシャルワーク実習としながらも、その前提として、そのソーシャルワークが発揮される地域、職場・組織、職種業務などについて学んでおく必要があるとしています。この相談援助実習の組み立て方については、「実習指導者テキスト」にも掲載され、実習指導者研修でも紹介され、社会福祉士実習の基本形として定着しつつあります。

「職場実習」「職種実習」では、まず主な援助対象となる利用者の状況、想定される制度やサービス・資源の状況、地域の状況、施設・機関等組織の状況、専門職の役割等を理解し、それらがどういったニーズに対して、何のために存在し、誰がどのように機能しているのかという「マクロ→ミクロ」の視点で学びます。そして、後半の「ソーシャルワーク実習」では、ソーシャルワーカーたる社会福祉士（＝実習指導者）が、利用者1人ひとりが抱える個別問題をどのように解決に繋げ、組織ミッションを達成しようとしているのかという「ミクロ→マクロ」の視点で学ぶようにも配置されています。

　なお、この「職場実習」「職種実習」「ソーシャルワーク実習」の三段階の実習展開は、「職場実習」を行い、それが終了してから「職種実習」を、そして「ソーシャルワーク実習」へという厳密な区分で展開していくものではありません。図1―10の下段に表現しているような緩やかな移行イメージで、比重を変えながら次の段階に移行していくという考え方です。

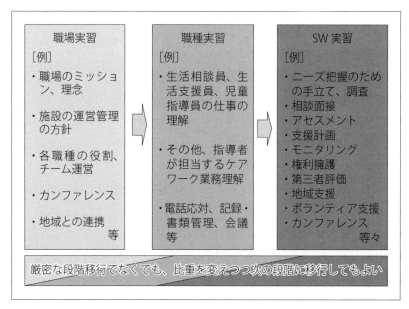

図1-10　相談援助実習プログラムの展開（3段階モデル）

## 2. 職場実習で学ぶ内容

　「職場実習」は、その施設・機関が、どういった地域に、どういった人々を対象として、何を目的に設置され、どういった体制で援助が行われているのかを理解する段階です。主な体験項目は図中に示してありますが、機関における組織内各部署の理解もここに入りますし、施設におけるケアワークも看護師や栄養士・調理師の業務や視点の理解とともにここに含めています。職種実習は概ね1週間程度を想定していますが、組織

の全貌や地域の概要、そしてさまざまな部署やさまざまな専門職の役割などを効果的に学ぶために、事前学習において組織や事業概要等についての予備知識を持って臨めるようにしておく必要があります。実習方法としては講義方式での説明を受けたり、各専門職の実際の業務場面を観察させていただく、地域を案内してもらうなどです。

## 3. 職種実習で学ぶ内容

「職種実習」は、ソーシャルワーカーが職種として担っている業務全般を体験する段階です。わが国の社会福祉資格制度は現場の任用制度と噛み合っておらず、純粋にソーシャルワーク業務だけを担う職員というのは、まず見あたりません。福祉事務所のケースワーカーといっても書類作成や計算業務も担っていますし、施設の相談員といっても送迎業務や補修・修繕、渉外業務、そしてケアワーク等も担っています。この職種実習の段階では、実際上ソーシャルワーカーが現場で働くうえで関連・派生する周辺諸業務を学ぶということです。業務によってはソーシャルワーク実習と同時並行的に行った方が良いと思われる項目もあり、ソーシャルワーク実習との境目はやや曖昧といえます。ここでの体験や学びは、「ソーシャルワークだけを担っているのではない」ということを明らかにし、ソーシャルワーク業務との関連性あるいは非関連性について考察することがポイントとなります。具体的な実習方法としては、実習指導者の1日に密着して観察させ、日課表に記録をつけるタイム・スタディ的な方法も有効です。

## 4. ソーシャルワーク実習で学ぶ内容

「ソーシャルワーク実習」は、「個別支援」「権利擁護・サービス向上」「地域支援」「連携・ネットワーキング」の基礎的・通底的4領域を、体験項目として具体的に学ぶ段階です。

## |9| 「基礎的・通底的4領域」「3段階実習モデル」を踏まえた実習プログラムモデル

　ここまで、さまざまな角度から実習プログラムの構成・内容・展開方法について触れてきました。これらを整理してまとめたものが図1—11のようになります。

**図1-11**　「基礎的・通底的4領域」「3段階実習モデル」を踏まえた実習プログラムモデル

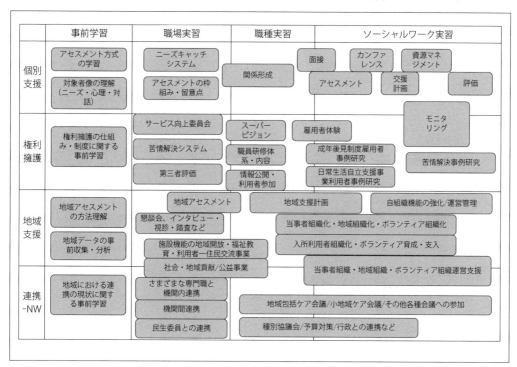

　3段階実習モデルでいえば、職場実習・職種実習段階ではマクロ・メゾからミクロへの視点の体験（環境・状況、制度、仕組み、業務などサービス提供者側からみたニーズへの対応システムの体験）が多くなります。また、ソーシャルワーク実習段階ではミクロからメゾ・マクロへの視点の体験（要援護者等の個別ニーズに則しつつ必要な援助は何か、どこへ働きかけるべきかを考える体験）が多くなります。そこへ、通底的4領域である「個別支援」「権利擁護」「地域支援」「連携・ネットワーキング」の体験軸を重ね合わせていくのです。時間のかかる体験項目や流れや段階を踏む体験項目などもあるため、図中では完璧にそのとおりに嵌ってはいませんが、概ねイメージできるのではないかと考えます。

図1—13を一瞥して明らかなように、ソーシャルワーカーの卵である社会福祉士の実習で、彼らに伝えなければならないソーシャルワークの内容はたくさんあります。実習中に取り上げきれないために、事前学習での準備学習に相当分がはみ出している程です。「何をさせたらよいのか分からないので、ケアワークでもさせて時間を潰しておくか……」ということにはなり得ませんし、相談援助実習指導における事前学習が引き受けなければならない実習からあふれ出す部分も多いことが理解できるでしょう。この図中には入れていませんが、実習期間中を通じて、あらゆる体験を通じて「社会福祉士像の伝達」も行われます。また、実習最終日には、約1か月間の学びの成果をまとめ、協力していただいた皆さん（職員、関係機関、利用者、地域住民等）にフィードバックする場として「実習報告会」を開催することをお薦めします。報告するためには、日々の実習体験と並行して研究・分析・まとめの作業も行わなければなりませんので、実習生にとっても学びつつ消化する大切な期間となります。

　さて、本来であれば、これらの体験すべき領域や体験項目の更なる検証や、これら1つひとつの体験にどれくらいの時間を必要とするのかなどを積み上げ、無理なく展開できる実習必要時間数を導き出し、実習時間数増の要望活動などをしていく必要がありますが、将来の可能性はさておき、ここでは、現状の180時間を前提に考え収める必要があります。また、一方で、これらの項目を「どう伝えるのか」という問題も残されています。

## |10| 実習生の位置と実習前評価システム

### 1. 実習生の位置と責任

　社会福祉を学ぶ学生の多くは、社会福祉士国家試験受験資格を取得すること、そのために実習に行くことは、学費を払って養成校に入学した者の当然の権利であると考えているかもしれません。しかし、実習先機関・施設の実習指導者の立場、あるいは利用者の立場になってみると、それほど安易に自動的に実習に行ってよいのかを改めて考える必要があります。そもそも、福祉現場は、利用者・対象者に対して何らかの援助・支援・サービスを提供することを目的に存在するのであり、実習生を受け入れて指導するために存在しているのではありません。当然のことながら、実習指導者という職名の職員も配置されていません。実習生が実習に行った際に実習指導に当たってくれる実習指導者（＝社会福祉士）は、通常、生活相談員、支援員、専門員、現業員など、利用者を援助するという本来業務に関する職名を持って仕事をしています。こうした本来業務の時間を削って、あるいは残業するなど無理をして、実習生に対応してくれているので

す。実習生は、現場の職員に迷惑や負担をかけながら、その犠牲のうえに学ばせていただいていることになります。この負担は、軽重こそあれ、実習指導者だけでなく、実習中、実習生の指導にかかわり協力してくれる職員全員・組織全体にかけていることになり、現場実践に対して大変な負荷を掛けていることでもあります。実習に行くことで業務を圧迫し、そのことが利用者へのサービス低下を来すという意味で、実習は間接的権利侵害行為といえます。

　また、利用者の立場から実習を見れば、実習生が来ることによって、本来、自分たちに向けられるべき職員の注意、援助の時間や労力などが実習生への指導に割かれてしまい、サービスが低下していることになります。さらには、きわめてプライベートでセンシティブな場面〜例えば入浴時の裸の姿やトイレ介助による排便やおむつ交換などの排便処置の場面、自分の生育歴や家族関係といった個人情報の閲覧など〜を実習生に否応なしに晒さなければなりません。そもそも、実習生が来ることによって、平穏安寧な生活リズムが乱されたり、余計な緊張をしたり、行動が制限されることになります。さらには、原則的に許されないことですが現実に起こっている事項として、介護技術を学んできていない社会福祉士実習生に食事介助やベッドから車いすへの移乗介助など自分の介護をされるということは、命や身体さえも実習生に委ね危険に晒すことといえるでしょう。もし自分が利用者の立場だったら、自分の便や清拭場面や入浴場面を初めて出会う実習生に見せられるでしょうか。もし自分が利用者の立場だったら、介護を習ったことがないという実習生に体を委ねられるでしょうか。他人からこのようなことを強いられることを通常、人権侵害・権利侵害と呼びます。実習に行くということは利用者に対する直接的な権利侵害行為といえます。このように、福祉現場にとって実習を受け入れるということは、職員にとっては大変な負担であり、利用者にとっては権利侵害かつ命がけであるといえるのです。

　このように負担や危険の大きい実習を、福祉現場・利用者はなぜ受け入れてくれているのでしょうか。それは大きく３つの理由が考えられます。１つは後継人材の育成と専門技術の伝承、そして２つ目は将来の福祉実践の向上への期待、３つ目は外部視点による福祉現場のサービスチェックです。実習生は、その役割期待や付託に応える義務・責任を負っています。つまり、ソーシャルワーカーになる気がないのなら、中途半端な気持ちなら、そもそも実習なんかに来て現場を踏み荒らさないで欲しい、掻き回さないで欲しいというのが、福祉現場の職員・利用者の本心でしょう。

　さて、社会福祉士の他にも、医師、看護師、理学療法士、介護福祉士など対人援助の専門職養成には現場での実習がつきものです。これら養成教育において実習が必要となる専門職とは、人の生命や生活にかかわる重大な責任を負う専門職で、現場で実際に用

いられる技術を獲得しておいて貰いたいという社会的要請のある資格です。つまり、実習といえども、生半可な知識や技術で、気楽に実習に臨んではいけないということです。実習生には、実習を通じて専門職としての知識や技術に磨きをかけ、将来、現場で通用する（初任者の社会福祉士として求められる最低限の）実践力を獲得しようとする気概が求められますし、その実習に耐えうる力量獲得の如何を、実習前段階で一定の試験で測定されるべきです。さらには、ある意味、資格取得のための「教材」「犠牲」「踏み台」となって学ばせてくださる利用者に対して、将来自分が専門職になることで恩返しをしないのであれば、実習に行こうとする資格（＝実習生適格性）さえ問われることになります。このような、実習にかかわるさまざま人々の立場や思い、そして、実習生が果たすべき役割・責任を、相談援助実習指導を通じて充分肝に銘じさせる必要があるのです。

## 2. 実習生適格性と実習前試験の必要性

　実習に臨むにあたり、実習先である福祉現場に対する礼儀として、実習生にはソーシャルワーカーになるための決意・覚悟や、実習に耐えうる一定の力量が求められることは既に触れましたが、これらをまとめて「実習生適格性」と呼びます。実習生適格性は概ね以下の４点に整理できます。

　相談援助実習指導段階はもとより相談援助実習段階においては、以下のことが実習担当教員によって常に測定・確認・把握され、受け入れる側の実習指導者との共同判断によって実習の可否が決せられる必要があります。

### ①社会福祉士としてソーシャルワーク実践に携わる意志の有無

　福祉分野に行かない、あるいはソーシャルワーカーを目指さない学生にとって、この資格はただの飾りでしかありません。しかし、専門職になる気がない実習生でも、受け入れ側はそれを見極めて断ることはできません。実習とは利用者の生活や人権、職員の時間を犠牲にするわけですから、将来の進路と資格取得については早い時期から慎重に考えさせる必要があります。昨今のキャリアブームのなかで、何でもよいから１つでも資格を多く取得しておけば……という風潮が目立ちますが、多くの学生が、実習に行って受験資格を取得しても、民間企業に内定を貰った場合、資格取得へのモチベーションが希薄化してしまい、受験勉強もなおざりになってしまう傾向にあります。実際に、実習を終えても、国家試験に合格する学生は３割しかおらず、福祉・ソーシャルワーク分野に就職する学生は４割台に留まっている現状が「実習ロス」を如実に物語っています。

## ②知識や技術の習得と国家試験に合格する可能性

　実習に行って受験資格を取得しても、国家試験に合格しなければ社会福祉士にはなれません。現状の国家試験の合格率が約2～3割であるということは、約7～8割の実習が無駄（実習指導者や利用者の立場からすれば徒労）になっているということでもあります。実習に行くためには、学習状況などが厳しく精査され、その結果、学力的に充分でないと判断されれば実習に行くべきではないでしょう。

　実習は、自動車免許教習でいう「路上教習」にあたりますので、仮免許を取得するに耐えうる知識・技術・価値を持っておく必要があります。道路標識さえ覚えていない状態では仮免許は交付されません。こうしたものを備えずに実習に臨むことは、路上教習中に事故（自分も他者も傷つけます）を起こすことに繋がります。ソーシャルワーク理論や実践に関する理解や一定の技能習得がなされていない状況で実習に行っても、ケアワークやカウンセリングや医療・看護、教育などと混在のなかで動いている現場実践のなかで、何を学び取ればよいのか、何をしに来たのかが見抜けず、実習成果さえも十分に挙げられないことになります。

## ③気づき・考える力や学習意欲

　聴いたことや学んだことを記録にとどめ、振り返り整理し、疑問はないか検証し、疑問があれば質問したり自分で調べ肉づけしていける自己成長力は、養成校内での学習に必要なばかりでなく、実習中の姿勢としても求められます。

　人生や生活を対象とするソーシャルワーク専門職には、正答が用意された定型的な問題を解く能力だけでは不十分です。自ら疑問を持ったり問題を発見する想像力や探索力が要求されます。そうした力を獲得するには、日頃からさまざまなことに疑問を持ち、それを掘り下げる学習の癖を身につけておく必要があります。受動的・単純暗記的な学びではなく、常に好奇心や問題意識や批判眼を持ち、それを自分で分析・考察・整理できる力量が求められます。そうした姿勢は、実習生適格性というよりも「ソーシャルワーカー適格性」「社会人適格性」といってよいかもしれません。

## ④実習に耐えうる対人態度・対話力・マナー

　実習では、服装・髪型・姿勢・目線、礼儀・挨拶、話題提供などの基本的な対人態度が求められます。それは、全ての現場実践者が利用者に対して求められる基本的力量だからです。しかし、この力量は、養成校における実習前の事前指導の中だけではなかなか学び切れません。学生1人ひとりの生育歴・学習歴などを背景として体に染みついているもの～いわば、性格や癖のようなもの～だからです。また、よく一般に会話力が

大切といわれますが、ソーシャルワーカーには、さらに踏み込んだ対話力が求められます。対話力とは、話題やテーマから逸脱せず会話のキャッチボールを続ける力です。話題転換しながら単に会話を続けることはできても、対話を続けるのにはまた別の力が必要です。こうした基本的対人態度や対話力は「講義を受けて暗記したから合格」というものではないので、友人関係、教員との関係、家族との関係、アルバイト先での人間関係などを通じて、日常生活の中で意識して改善に取り組んでおく必要があります。

　実習教育過程には「実習前評価」「実習評定（実習指導者による評価）」「実習・実習指導科目成績評価（担当教員による評価）」3つの評価が行われます。そのなかの1つ「実習前評価」は、学生が実習にいけるかどうかを評価するもので、各養成校でさまざまな要件や基準が設けられていたり試験を行っています。この評価が不可になれば（予め設定された要件・基準を満たさなければ）、学生は実習に行けないことになります。もちろん、この評価基準もあらかじめ学生には示されておく必要があり、養成校教員と学生の実習教育契約関係のなかで（ガイダンスで説明を受け、履修登録することによって約束事として成立します）、公明に評価されるべきものです。実習前評価は、実習生が実習に行って学びを得られる水準に到達しているかどうかを測るだけでなく、実習生自身を守るためであり、実習先やそこの利用者を守るためでもあるのです。

　近い将来には、実習前評価システムに知識試験である「CBT（Computer Based Testing）」や、客観的能力試験といわれる実技試験である「OSCE（Objective Structured Clinical Examination: 客観的臨床能力試験）」なども導入されるべく、研究が進んでいるところです（図1—12）。

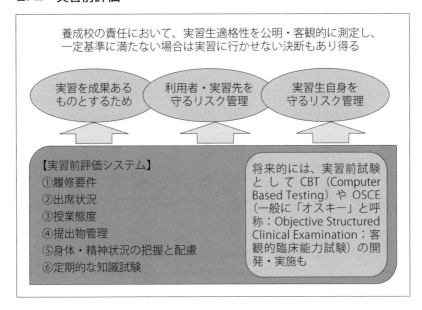

図1-12　実習前評価

## |11| 実習の逆機能と相談援助実習指導

　実習を終えて養成校に戻ってきた学生の感想は、やり通した達成感だけではありません。実習中に見聞・体験した納得のいかないことへのモヤモヤ感や、現場実践等に対する消極的・否定的な感情も多くみられます。それら消極的・否定的感情や感想をまとめると概ね以下のようなものになります。

①現場への失望
　　サービス提供場面・あり方、利用者、etc への否定的反応
②現場実践自体への失望
　　現場の専門性の低さ、権利侵害対応等への失望
③実習指導者に代表される社会福祉士の実践への失望
　　ソーシャルワーク・指導者への低い評価・失望・疑問
④実習指導者に相談できないという事態
　　スーパーバイザーたる実習指導者の放任・無関心への失望
⑤ハラスメント各種
　　権力関係下での助手扱い尊厳無視、ハラスメントの傷つき
⑥実習教育への失望

> 教育プログラム不十分による不安・不全・不満・失望・立ち往生

　このような感情を放置したままでは、学生の将来の福祉職選択志向にさえ影響が及ぶ可能性もありますので、事後学習のなかで吐き出し、実習担当教員のスーパービジョンを繰り返しながら解決・解消していくことが大切です。養成校教員は、これらの課題を解決するための実習機関・施設や実習指導者との信頼関係を形成している（これを「フィードバックシステム」といいます）ことが前提であり、この信頼関係形成は、言いにくいことも率直に実習先に伝え話し合えるということだけでなく、実習プログラムについて協働できる、事前学習状況や把握した実習生の状況を実習指導者と共有できるという、実習教育過程全てにかかわることです。

**参考文献**
・川上富雄「社会福祉士制度改正後の相談援助実習の課題と展望」駒澤大学『駒澤大学文学部紀要』第70号、2012年
・川上富雄「中山間離島地域の限界集落を舞台としたソーシャルワーク実習の成果と課題」日本社会福祉士会『社会福祉士』第17号、2010年
・公益社団法人日本社会福祉士会編『社会福祉士実習指導者テキスト　第2版』中央法規出版、2014年
・公益社団法人日本社会福祉士会編『社会福祉士実習指導者のための相談援助実習プログラムの考え方と作り方』中央法規出版、2015年

# 第2章 実習指導方法論◆I
## 実習教育マネジメント

**はじめに**

「相談援助実習指導」および「相談援助実習」は、養成校の教員が校内で授業を行うことだけで成立する講義科目とは異なる特質をもつ科目です。本科目は、校内の授業において学生が学ぶことに加えて、実習受け入れの承諾を得られた実習先施設・機関等に学生が出向き、実習として要件を満たした援助実践にかかわる学びを得てはじめて目的を達する科目です。

そして、本実習関連科目における教育では、養成校並びに担当教員は学生に対して学習課題が達成されるための指導を行うことと併せて、実習受入施設・機関等の業務に支障が出たり、利用者の権利や安全が脅かされたりしない、さらには学生の安全も保障される適切な体制をとることが必須とされます。

以上を踏まえ、本章では、本科目の教育内容や方法、体制、実習先施設・機関等との連携や協働、調整のあり方について「実習教育マネジメント」という視点からその要点や課題を整理し、活用できるツールについても提示していきます。

# 第1節 相談援助実習指導・相談援助実習教育におけるマネジメントの意義と対象

　養成校では、前述の実習教育の目的を達成するために、実習教育にかかわる人（教職員）、時間（指導、業務時間）、費用（通信、教材、実習謝礼等費用）、設備（教室等）、業務（指導、連絡調整、書類等情報管理、手続き等）などの適切な配属、配置、配分が行われたうえで教育が実施される必要があります。さらに、本科目で行われる実習指導について、実習先施設・機関等に対する実習受け入れ、指導依頼を行うことや実習先施設・機関等と養成校との協働関係を形成し、学生指導に対する連携をもった実習展開を運営、管理することも必要です。

　そこで、実習教育においても「マネジメント」が必要となります。「マネジメント」の要素は、①組織目的のために、②経営資源（人的資源・物的資源・財政的資源・時間的資源（機会）・情報的資源（ノウハウ含む）等）を、③効果的、効率的に活用することと説明されています（宮崎、2002年）。さらに「マネジメント」として、組織の内部環境の調整と外部環境との調整、リスク管理にかかわる取り組みを行う必要があります。

　まず、本節では「実習教育マネジメント」の意義と対象、そして、「実習教育マネジメント」における実習指導担当教員に期待される役割を提示します。

## 1 相談援助実習指導・相談援助実習の科目特質にかかわるマネジメントの意義

　相談援助実習は学生が実習先に出るという特質から他の講義科目と違った特別な教育となることは、先に述べました。ここではその特質から実習教育上のマネジメントの意義について確認します。

### 1. 実習科目の特質①：実習先施設・機関等への依頼が必要

　相談援助実習では、学生は学内のさまざまな講義・演習科目でこれまでに修得した学習内容を踏まえて、実習先施設・機関等へ実習生として一定期間身を置きます。相談援助実習は、厚生労働省通知等にある「相談援助に係る知識と技術について具体的かつ実際的に理解し実践的な技術等を体得する」「社会福祉士として求められる資質、技能、

倫理、自己に求められる課題把握等、総合的に対応できる能力を習得する」「関連分野の専門職との連携のあり方及びその具体的内容を実践的に理解する」ことを目的とし、実習生は実習先施設・機関等の指導担当者より実践にかかわる指導を受けるものとされています。このことから、相談援助実習は実習先施設・機関等に養成校として目的に沿った実習を依頼し、承諾を得る必要があります。

**施設・機関と養成校の共通の使命**

一方で、実習先施設・機関等は組織としての主たる目的や使命からにおいて、主な業務に実習生の教育、指導があるわけではありません。表5－1は、M, Bogoらが教育機関と実践現場の特徴的な要素を比較、対照したものですが、ここで示唆されているように、実習先施設・機関等と養成校の組織としての責任には、異なる要素があると考えられます。そこで、実習先施設・機関等において実習生の教育、指導を協働して行っていただく為に、実習の意義について合意を形成することやそれぞれの組織間の調整が必要です。例えば、実習教育は実習指導概論で述べられている「利用者の最善の利益を目指した後継者養成」であり、それぞれの組織の目的や使命などにかかわる広い意味での社会貢献にあたると互いに確認し、実習指導をすすめていくこともそのひとつと考えられます（図5－1）。また、実習指導を通した実習先の指導担当者と実習担当教員のかか

#### 表2-1　養成校と実習先施設機関の対照

|  | 現場（施設・機関） | 養成校 |
|---|---|---|
| 目的・使命 | サービス提供 | 教育・知識構築 |
| 活動価値 | サービス提供における有効性・効率性 | 指導、調査、学問 |
| 時間的見地 | 現在志向の目標設定 | 将来志向の目標設定 |
| 中心的焦点 | 実施プログラムの維持管理、強化 | 実践の分析、評価 |
|  | 効率の評価 | 実験 |

出典：Marion Bogo and Elaine Vayda (1998) The Practice of Field Instruction in Social Work Theory and Process second Edition, University Of Toronto Press p.29.―部改変・翻訳.

#### 図2-1　実習意義の合意関係例

わりが、教育現場と実践現場の相互理解の機会になることも期待できます。

**実習先施設・機関への依頼と連携**

　とはいえ、実習先施設・機関等にとっては、実習の受入れは、通常業務のうえに実習にかかわる業務が加わることになるので、実習受け入れに際して実習先施設・機関内の調整が必要とされることも念頭に置き、養成校は依頼手続きや実習先との関係形成、連携に留意すべきでしょう。

　さらに、「1の実習施設において 120 時間以上行うことを基本」とすることをはじめとして、実習指導者要件に該当する職員に実習指導を担当してもらうことなど、学生の国家試験受験資格取得のために必要な条件を満たした実習受け入れと指導に合意を得て実習を実施することが必要です。しかも、実習の依頼は厚生労働省が社会福祉士受験資格取得のために必要な実習先として指定した種別の社会福祉施設および機関の範囲内（昭和 62 年厚生省告示第 203 号、養成施設指定規則に規定する「実習施設の範囲」）で、かつ、実習担当教員が随時巡回指導に訪問することが可能な範囲で行うことが必要とされています。

　以上のことから、養成校、実習先施設・機関等の間で実習実施にかかわる諸条件についての合意形成を図るための相談、交渉を経て、実習依頼承諾書の取り交わしや、契約や協定を結ぶことが不可欠と考えられます。

　また、実習依頼手続きにおいて、実習生の個人票や、各種証明書等ばかりでなく、実習指導者の資格要件に関する個々の調書を扱うことになります。そして、実習先施設・機関等の利用者の個人情報にもかかわりをもつことも実習展開上想定されます。そこで、実習を実施するにあたっては、実習先施設・機関の実習受け入れの諾否だけでなく、実習の内容や方法、指導や評価の依頼、リスク管理の側面から多面的な内容の契約（協定）事項を検討し、その結果の合意がマネジメントの観点から十分になされていることが必要です。

## 2. 実習科目の特質②：実習には多くの場合、養成校内の複数教職員がかかわる

**養成校内での体制づくり**

　実習教育において養成校側に求められることは、十分な実習指導がなされ、実務的にもスムーズに実習にかかわる業務が遂行され、かつ、実習先や学生からも信頼がおける体制があることです。

　相談援助実習指導では、学生 20 人に対して教員 1 人以上で担当することになってい

ます。多くの養成校は、20名以上の学生に対して社会福祉士養成を行っていると考えられます。ですから、複数のクラスで行われている実習指導の内容や進行状況等の確認や、同一科目を担当する教員が複数あれば教員同士の連携が必要となってくるでしょう。特に、養成校内での指導の内容や事前訪問、巡回指導、事後指導等、実習施設に対する働きかけが必要な点については個別の教員判断ではなく、養成校としての統一した見解やかかわりをもち、指導を行っていくことが求められます。

例えば、実習をすすめるための諸手続きや事務作業が多くあります。さらに、多くの養成校で行われている学生からの実習費の徴収、実習先に対する実習費、謝礼等の支払いが実態としてあります。このような作業や費用等についての妥当性、合理性や学則の検討は、それぞれの養成校において組織として確認、合意、説明責任が果たされることが必要です。そして、そのうえに立った実習依頼や実習教育がなされることが求められます。加えて、費用徴収や使用にかかわる業務分掌が明らかになっていることも組織運営上必要と考えられます。

**緊急時の組織的対応**

その他、突発的な事故が起こったり、実習中止をいずれかから求められたりする場合には、養成校が組織として実習にかかわる責任を問われることが考えられます。また、実習条件の変更を求める事態が起こった場合には、対応可能な準備があることも必要とされます。そして、目的に即した実習を行うためには養成校における指導範囲や実習関連業務内容と責任が養成校組織内で明確になっていることが重要です。実習においては、当然のことながら養成校が実習生に対して指導責任を持つことになります。よって、実習上の危機管理、実習生に課す課題や実習先施設・機関等に対する委託に関しては、養成校組織管理責任が明確で、かつ、公的なものであることが実習実施にあたって基本的な条件になります。

そこで、「実習委員会」や「実習担当者会議」といった実習に関する協議や課題対応の検討、内容決定を行う実習教育を推進する組織が、養成校管理責任体制上公的に設置されていることは有効と思われます。

## 3. 実習科目の特質③：実習生は二重の指導体制のもとに置かれる

養成校内における相談援助実習指導は、相談援助実習指導担当教員が、厚生労働省の基準に示されている以上の内容で行います。そして、相談援助実習では厚生労働省の指定する実習指定施設の範囲内にあり、かつ、依頼承諾が得られた実習先において実習指導者要件を満たした指導担当者の指導のもとで実習が実施されます。これらの関係組

織、関係者の構図を示すと図5−2のようになります。ここで実習生に対する管理責任、指導関係等、実習指導体制が確認できます。

さらに、個別の指導、教育関係については、M,Bogoらは、図5−3のように学生は「2つの世界」に身を置き、実習担当教員と実習指導者から学ぶ関係をもつとし、この状況への理解を促しています。

組織間の関係も含めて構造的にみますと、図5−2にあるように学生が入学し、在籍している養成校が実習生に対して第一義的な教育責任をもつのですが、実際には養成校で実習担当教員として認められた実習担当教員が講義等を通して教育を行い、結果とし

### 図2-2　実習委託・指導関係の構造

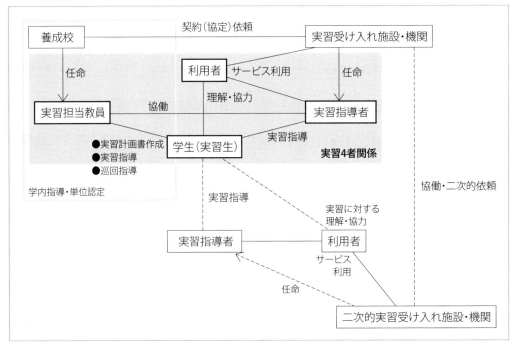

### 図2-3　実習をめぐる組織と人

Marion Bogo and Elaine Vayda(1998) The Practice of Field Instruction in Social Work Theory and Process second Edition , University Of Toronto Press P.29より潮谷作成

て、養成校における実習指導担当教員が実習についての教育と単位認定を行う責任をもちます。それと同時に、養成校と組織間の契約（協定）のもと養成校が実習依頼をし、承諾を得た実習先施設・機関等での指導に従った実習を行う者となる学生は実習生として受け入れられます。

　特に、重要な留意点は、実習先施設・機関等において利用者の最善の利益や権利が守られること等、リスクマネジメントの視点からも十分に検討された条件等を養成校と実習先施設機関等との間で了解事項として取り交わすことです。そしてそれを契約（協定）として相互に文書にしたもので確認し、実習教育マネジメントの観点から組織対組織の責任の所在と内容が明らかとされたうえで実習が行われることが大切です。組織間の関係、実習生と実習担当教員あるいは実習生と実習指導者、実習先施設・機関等の関係、それぞれの役割や責任と守られるべき権利について相互に確認されていることは、実習の円滑で安全な実施に欠かせないことなのです。

## 2 実習教育マネジメントの対象

### 1. 実習指導にかかわる養成校内組織

　実習指導が行われるためには養成校のさまざまな資源が活用されています。必ず必要な実習先施設・機関等に対する連絡や問題対処に、複数の指導担当教員がかかわることもあります。さらに、科目担当者に限らず多くの教職員が、実習準備や運営、問題対処に対して時間や労力を使います。例えば、実習にかかる費用の積算においては、実習指導上必要とされる事務作業や教材作成等の支出を念頭に置く必要があります。また、これらのことには多数の教員や職員が互いにかかわり合いをもつことになります。このような状況において、同じ養成校組織内にもかかわらず、各人が違う認識のもとで実習にかかわると、行うことのばらつきが出たり、行うべきことを誰も行わずにいて、漏れが生じ、実習先施設・機関等に対して迷惑が及んだり、学生が混乱したり、問題が悪化する事態が起こりかねません。

　そこで、実習運営について協議し、必要な対応を図るために、先にも示した実習教育推進にかかわる養成校内の組織が養成校の管理責任者等を含めた権限をもつ者や科目担当者以外の教職員によっても公的に承認されている状態で形成されていると、必要な対応を確実に行うことが可能となります。「実習運営会議」や「実習協議会」などと名づけられるような組織がこれに該当し、これらが中心となってそれぞれの養成校の規模や体制等による組織内環境が調整されていきます。ここで、実習の条件や実習にかかわる問題対処、実習の運営について協議し、決定する内容が組織として承認される仕組みが

あることで養成校として明確な責任体制のもと、実習実施が適切にすすめることができるでしょう。

そして、実習指導担当教員はこの組織のなかで中心的な役割を担うことになると考えられます。さらに、これらの組織が十分に機能していると、組織内の意思疎通が充実し、実習にかかわる者が明確な役割分担ができ、実習先施設・機関等との連携を十分に行うことや、学生への指導を具体的に行っていく際の指導者のかかわり方や行動の指針がかたちづくられることにもなります。

## 2. 実習指導担当教員間の連携体制

実習指導担当教員は、実習が受講学生に対して社会福祉士の国家試験受験資格を与えるものとして、条件が満たされる科目担当者と認められる教員であることが必須です。そして、厚生労働省が示している指導内容を基本にしつつ、それに合わせて、各養成校組織の教育目標、指導方針等にかなった実習指導を展開していくことが期待されます。複数の実習指導担当教員間で指導内容や学生、実習先に対する情報、手続き展開などが共有化されることは実習生の実習内容に大きな影響を及ぼします。そこで、実習指導にかかわる合同の養成校内取り組みや、実習先施設・機関等へのかかわりについても担当者の違いによって齟齬があることは望ましいことではありません。意識的な担当者間での連携や調整によって効果的な実習指導を行うことが期待されます。

## 3. 実習先施設・機関等に対する関係

実習先施設・機関等との間で実習依頼について交わすことになる契約（協定）の内容は、実習実施に対する依頼内容の確認と承諾、リスクマネジメントの観点などから非常に重要なものです。まず、実習が、社会福祉士受験資格要件にあてはまるものでなければ、社会福祉士養成の立場からは不適切なものとなってしまいます。さらに、実習先施設・機関等において学生が指導を受ける環境を整えてもらうこと、その前提として養成校の指導責任をはっきりと確認できるものでなければなりません。それから、実習先で起こる事故やトラブルについて、想定されるものについてはその対応手段、また、想定されないものについての緊急対応の基本的な枠組みを提示することが双方にとって必要とされるでしょう。

交わされる契約（協定）内容が実際に相互了解でき、必要十分なものとなるには、学生とかかわり、指導を行う実習先施設・機関等の指導担当者と実習指導教員が役割を担い合って、さまざまなかたちで、また、必要とされる時期に連絡、連携、調整、対応ができる体制をとることが大切です。

## 4. 相談援助実習における個人情報保護にかかわる対応

　相談援助業務では利用者の私的な生活状況、心身の健康状態、家族などのインフォーマルな対人関係など個人の情報にふれることが支援のうえで少なからずあります。ときには、その情報を得られているか否かによって必要な支援を行えるかどうかに大きな影響を与えます。そこで、個人を特定できるいわゆる「個人情報」の取り扱い、保護について援助現場では慎重に扱われています。当然、相談援助実習においてもプライバシーの尊重と保護について十分に留意した教育が求められます。

　以下に、実習教育マネジメントの観点から、相談援助実習にかかわる個人情報保護の法律や行政の見解、専門職倫理などでうたわれている原則的な枠組みと対応について確認します。これらをもとに、学生への教育上の配慮や実習先施設・機関との契約、連携、リスクマネジメントの対応を十分に行うことができるような各養成校の体制づくりが望まれます。

### ①個人情報保護とは

---
個人情報保護に関する各種規定

- OECD（経済協力開発機構）
  プライバシー保護と個人データの国際流通についてのガイドライン（1980年）
- 個人情報の保護に関する法律（2003年）
- 行政機関の保有する個人情報の保護に関する法律（2003年）
- 独立行政法人等の保有する個人情報の保護に関する法律（2003年）
- 福祉関係事業者における個人情報の適正な取扱いのためのガイドライン（厚生労働省、2004年）
- 医療・介護関係事業者における個人情報の適切な取扱いのためのガイドライン（厚生労働省、2004年、2006年改正、2010年改正）
- 個人情報保護施策の今後の推進について（個人情報保護関係省庁連絡会議決定、2007年6月29日）
- 福祉分野における個人情報保護に関するガイドライン（厚生労働省 2013年）

---

　「個人情報」は個人情報の保護に関する法律（個人情報保護法）第2条で「生存する個人に関する情報であって、当該情報に含まれる氏名、生年月日その他の記述等により特定の個人を識別することができるもの（他の情報と容易に照合することができ、それにより特定の個人を識別にすることができることとなるものを含む。）をいう」と規定

されています。また、死亡した個人の情報は法の対象ではありませんが、適切な対応が求められることはいうまでもありません。遺族等の生存する個人の情報でもある場合は法の対象となります。

そして、個人情報は、法、ガイドラインによって、①個人情報（氏名等）、②個人情報データベース、③個人データ（ケース記録等）、④保有個人データ等に分けられています。また、事業分野によっては、個人情報のなかでも第三者に知られると人権を侵害するおそれのあるもの等について機微（センシティブ）情報として明示し、その取得、利用、第三者提供等を行わないとするガイドラインがあります。

個人情報保護法の対象となる個人情報取扱事業者は、個人の数の合計が6か月以内のいずれかの日に5000人を超える事業者です。しかし、福祉・介護の事業者は事業の対象とする人数では個人情報取扱事業者にならない場合にも、業務上、センシティブ情報にふれ、そのものを扱うことの多い性質から取扱事業者に準じて対応することが妥当と考えられます。「福祉分野における個人情報保護に関するガイドライン」では「第1趣旨」〈2 本ガイドラインの基本的考え方〉のなかで、「福祉関係事業者は、多数の利用者やその家族について、他人が容易には知り得ないような個人情報を詳細に知り得る立場にあり、社会福祉分野は個人情報の適正な取扱いが強く求められる分野であると考えられる」と述べられています。

さらに、国民生活審議会第12回個人情報保護部会ヒアリング（2006年12月8日）では個人情報保護に関する検討課題としていわゆる「過剰反応」について、社会福祉士の実習などで個人情報保護を理由にケース記録の閲覧が一律に拒否され、効果的な実習の実施が妨げられるという問題が生じていることなどが提示されました。後に、「個人情報保護施策の今後の推進について」（個人情報保護関係省庁連絡会議決定、2007年6月29日）において、個人情報の取り扱いについて、国民の不安を解消すると共に、各種名簿の作成方法、本人同意を得ず第三者に個人情報を提供できる場合等、個人情報保護法の解釈についてきめ細かな周知を行い、いわゆる「過剰反応」の解消を図ることとしています。

**②個人情報保護に関するガイドラインと実習とのかかわり**

相談援助実習では教育的な視点からこれらの個人情報、なかでも取り扱いに配慮が必要なセンシティブ情報までかかわることが学びとして必要と思われることがあるでしょう。そこで、個人情報保護法やガイドライン（主に「福祉分野における個人情報保護に関するガイドライン」）等から実習と個人情報にかかわる内容を確認します。

まず、個人情報保護や守秘義務等に関することで、実習先施設・機関はあらかじめ個

人情報を保護する体制をつくることや実習生が個人情報にかかわる学びを得られるために準備を行う必要があるということを養成校、教員、学生も理解しておくべきでしょう。そして、実習先施設・機関等と養成校の間で実習指導内容と個人情報の取り扱い、指導責任体制、問題への対処方法について合意を形成することが必要です。

特に、実習先施設・機関においては利用者その他の関係者、関係組織との間で、実習生が個人情報にかかわることについて手続きや対応を図っている可能性があります。さらに、手続き上や状況によって個人情報にふれる実習が困難なこともあり得ます。実習先施設・機関、指導者と養成校、教員、実習生が相互の状況を伝達したり、実習でかかわることのできる内容の確認などを意識的に行ったりすることによって、個人情報やプライバシーへのかかわりについて実習生の学びが深まることが期待できます。

また、学生に対しての教育的配慮とともに、実習先に対しての契約や秘密保持などにかかわる誓約書などの取り交わしなど一定の手続き等を養成校として求められるところです。

以下、個人情報保護法、ガイドラインで示されている内容と、実習にかかわりがある部分について提示します。

①匿名化（法第2条「個人情報」関係）

個人情報の匿名化とは個人情報から当該情報に含まれている氏名、生年月日、住所記述等、個人を識別する情報を取り除くことで、特定の個人を識別できないようにすることをいいます。匿名化された情報は個人情報ではなくなり、法やガイドラインの対象外となるとされています（「ガイドライン第2．2」）。

実習とのかかわりでは個人を特定できる情報をマスキング加工したり、サマリーを作成したりすることなどによって、個人情報を匿名化し、実習生に情報提供を可能なものとする対応が考えられます。

②本人同意（法第16条）

特定された利用目的以外に個人情報を使う場合には本人同意が必要となります。

③個人データの第三者提供（法第23条）

個人データを第三者に提供する場合には本人の同意が必要ですが、本人の求めに応じて第三者への提供を停止することにしている場合も、例外が認められています。事後的でも本人の意思を反映できる機会を設けるという手続きをとることが条件となります（いわゆるオプトアウト）。

④実習生の立場

ガイドラインによると、実習生は安全管理措置、従業者の監督及び委託先の監督の対象とされています（法第20条〜第22条）。具体的には、ガイドライン第6〈3 従業

者の監督〉に「なお、『従業者』とは、契約社員、嘱託社員、アルバイト、パートのみならず、理事、派遣労働者、ボランティア、実習生その他の当該事業者の指揮命令を受けて業務に従事する全ての者を含むものである」とされています。

### ③専門職としての個人情報へのかかわり

社会福祉士は社会福祉士及び介護福祉士法においても誠実義務（第44条2）、信用失墜行為の禁止（第45条）、秘密保持義務（第46条）が義務づけられていいます。さらに、公益社団法人日本社会福祉士会の社会福祉士の倫理綱領と行動規範のなかでもこのことにかかわる内容が定められています。そこで学生への指導、教育において、倫理基準や倫理責任を確認する必要があります。特にプライバシーの尊重や秘密の保持については具体的な現場の状況に照らし合わせた指導を行うことが求められます。特に、昨今ではソーシャルネットワーキングサービス（SNS）等を利用するなどして情報を個人的に広く発信する手段が身近にあることから、実習生が実習先施設・機関でかかわった利用者等の情報を不適切に扱ってしまうことがないように、具体的に注意喚起する必要があります。

## 5. リスクマネジメント

昨今、社会福祉分野においてサービスを提供する組織に対して危機管理（リスクマネジメント）の取り組みが強く求められています。これに関連して、厚生労働省社会・援護局福祉基盤課内に設置された「福祉サービスにおける危機管理に関する検討会」では、「福祉サービスにおける危機管理（リスクマネジメント）に関する取り組み指針～利用者の笑顔と満足を求めて～」（平成14年3月28日）を示し、福祉サービスの危機管理は組織的な取り組みで行う必要があることやリスクマネジメントの具体的内容を明らかにしています。このなかで、リスクマネジメントは「より質の高いサービスを提供することによって多くの事故が未然に回避できる」ものとして提示され、取り組みを薦めています。

実習は社会福祉援助が行われている場で展開されます。さらに、養成校は教育組織ですが、福祉現場と同じように外部に対しての説明責任を果たし、事故を防止し、教育における契約の不履行が起こらないように、学生の権利が守られるようにするために適切な対処を求められます。

以上を踏まえますと、実習におけるリスクマネジメントには実習先施設・機関等の問題としてだけでなく、養成校としても組織全体として取り組まれているリスクマネジメントを土台として十分に行っていく必要があることは議論の余地がないところでしょ

う。そのうえで、施設・機関における通常の援助サービスを実施する際のリスクマネジメントと実習のリスクマネジメントと異なる点があることに指導上、配慮が必要です。

例えば、「実習生」は実習期間のみ、現場に迎えられて援助にかかわるという特性をもちます。このことから、いくら十分に危険の防止に関する事前学習を行っていても、援助現場での経験がない学生にとっては、未知の事態に遭遇し、事故が起こり、かつ、実習生だけでは十分な対処をすることが困難な状況に陥ることが当然考えられます。また、実習生は、とっさの場合に対応措置を図る権限や責任をもちません。よって、指導者に全面的な指導を仰ぐ必要があり、その点で実習生と指導者とがかかわらない状況での実習が行われることはリスクを高めることといえるでしょう。

また、実習に際して多くの個人情報に養成校、実習先施設・機関等、実習生、実習指導者、実習指導担当教員がそれぞれの立場でかかわり、適切に保持する責任が生じます。情報に関しては、不適切な扱いのために、いずれかの組織や個人に損害や危険を及ぼすことにならないよう、関係者間で扱いの重要性を認識しておくことも実習マネジメントおけるリスクマネジメントとして必要なことでしょう。リスクマネジメントは適切な視点、体制や方法をもったうえで、実習にかかわる組織や指導担当者が中心になって対応することが求められています。

まず、実習におけるリスクマネジメントを行うためには、組織的な取り組みとして実習にかかわる事故を起こさないための予防的措置をとることが重要事項の第一になります。第二に、万が一事故が起こった場合にとるべき措置を明確化してあることです。さらに、事故が起こることが危ぶまれた点について情報の把握が組織として行われ、その改善に向けて迅速な対応をとることができるということが大切です。

以下に、対象別に考えられるリスクとマネジメント留意点を示します。

### 養成校のリスク

養成校が実習に関して考える必要のあるリスクとして、学生に対する指導内容を含めた資格付与に必要な条件の整備ができない、実習生の安全管理や情報保護、費用管理などが保たれていない状況が挙げられます。

まず、実習関連科目を開講するにあたっては厚生労働省、地方厚生局等への養成校として必要な申請等の手続きを規定の期間内に終えていることが必須の前提です。それから、社会福祉士養成の指定科目として「相談援助実習指導」ならびに「相談援助実習」がある以上、養成校の指導が法や通知等に規定されている内容を満たしていることも学生に国家試験受験資格を与えるための基本的な条件となります。これらの準備が十分でなければ学生が実習施設・機関に出向き、施設・機関の実習指導者より実習指導を受け

ても受験資格が得られないという事態になりかねません。さらに、養成校で行われる指導や実習施設・機関において実施された実習が条件を満たしていることを証明可能な形にしておく必要があります。

　例えば、カリキュラムやシラバスなどによる指導内容、評価方法の明示や学生の出席、評価、実習施設・機関への依頼内容や指導内容の合意内容、実習生の実習証明等が文書で表せる状態になっていなければなりません。そのうえで、開示の必要があるものは開示します。また、望ましい実習指導体制や実習内容と実態が違う場合には見直しや調整が必要となります。

　加えて、情報管理として養成校から実習依頼をしている実習施設・機関の実習指導者、実習生、養成校の実習指導教員等の個人情報を管理することになるので、その適切な管理と保護にも留意することが必要です。

　そして、実習の際に起こる事故などに備えて、あらかじめ緊急連絡、対応ができる体制をつくることや、保険契約しておくことも実習の危機対応を可能にするものとして重要です。

### 実習生に起こるリスク

　実習生が実習上で出合うリスクには、職員が業務上遭う事故やそれに近いリスクに重なる部分が少なからずあります。特に、経験不足や配慮の欠如などのために、対人・対物の損害を生じさせることが考えられます。例えば、外出の付き添い中に不注意で利用者にけがをさせてしまった、実習にかかわる個人情報が伝えられるべきでない人に伝わった、不適切な扱われ方をした、あるいは、実習生の伝達ミスで利用者の体調不良が担当職員に伝わらず、対処が遅れてしまった等、実習生の対応によって利用者の危険や不利益にかかわる状況を生じさせてしまうことが考えられます。この他、実習生が設備を破損させた、物品を紛失する等、対物的な事故が起こる可能性もあります。さらに、実習生自身が実習中にけがを負う、病気になるというアクシデントも考えられます。また、実習生の実習以前に抱えていた心理、精神状況にかかわる問題が実習の体験によって影響を受けることや、学習意欲がなくなるなど実習継続が困難になるということも考えられます。加えて、実習生と利用者や職員、その他の援助関係者との関係で何らかのトラブルを抱え、実習指導者、養成校教員からリスクマネジメントの視点から実習中止を望まれる状況になるという場合もあります。

### 利用者に起こるリスク

　実習受け入れ施設・機関は利用者にとっては基本的には生活の場であり、必要な援助

を得る場です。ですから、実習生へのかかわりは利用者が同意した範囲で、利用者が不利益を被らないという前提を確保する必要があります。なぜなら、職員ではない実習生とのかかわりにおいて利用者は援助ニーズが満たされる場合と、危険にさらされる場合、双方が考えられます。実習への協力に同意が得られたとしても、利用者が実習生とのかかわりにおいて不利益を被っていないか、あるいは、その可能性はないかということについては実習展開のモニタリングのなかで重要視されるべきことです。特に、利用者の心身の不調や障害、病状等の変化がみられる場合には、実習生がかかわることを制限する必要についてリスクマネジメントの観点から検討することが必要です。

さらに、利用者から実習生に対して不適切な要求やかかわりを求める傾向がみられる場合にも、当該利用者と実習生のかかわりについては何らかの対応を図ることが求められます。

**実習受け入れ施設・機関等に起こるリスク**

実習受け入れ施設・機関が実習に際して負うリスクとしては、実習に関する組織内の体制が整わないことから、利用者に対して不利益な状況になるということが第一に避けなければならないこととしてあります。具体的には、実習生が利用者にけが等を負わせ、その結果、新たにさらなる支援体制をつくる必要が生じるような状況になってしまうことが懸念されます。これは、実習生に実習指導が徹底しないことが原因として起こることが考えられるので、実習先施設・機関等と養成校の間で実習実施にかかわる事前指導や実習中指導などにおいてくり返し、連携をとりながら、想定されるリスク回避に向けて相互の働きかけを心がける必要があるでしょう。

さらに、実習受け入れ、実習指導に際して利用者家族や施設・機関にかかわる第三者などからの苦情や問題指摘、損害賠償の訴えが起こったときには、それらに対応することも求められます。

また、組織全体の体制として対応が求められているセクシュアルあるいはパワーハラスメントの問題は実習にかかわって起こることも想定されます。よって、この問題に関する予防策や対応方法も組織内、組織間において確認し、合意をとっておく必要があります。

実習教育マネジメントとしてとる具体的な方法は、組織間での「契約」（協定）内容に、実習中の事故や事故が危ぶまれる状況への対応方法をお互いに確認、合意し、明記しておくことです。そうすることにより、事故防止の対策を立てたり、実際に事故が起こったときの適切な対応をとることが可能になります。特に事故等何らかの損失が生じ

た場合の責任の限定や実習継続に関する決定、損害の補償について等を具体的に文書化し、交わしておくことは問題への予防的対処として重要です。例えば、あらかじめ実習生が保険加入をすることを実習委託契約（協定）における1つの条件としているものも見受けられます。

　また、起こる可能性があった問題についてヒヤリ・ハット（利用者に被害を及ぼすことはなかったが、日常のサービスのなかで事業者が「ヒヤリ」としたり「ハッ」としたりしたもの）の情報収集や分析を徹底し、対応策を新たにつくる場合に材料にすることなどは、リスクマネジメントを充実させる手だてとなります。

# 第2節 実習教育マネジメントの内容と展開

## 1 養成校内のマネジメント内容
―――実習指導体制(実習依頼や実施決定等の責任と判断の仕組み)の形成

　くり返しになりますが、実習指導担当教員は厚生労働省が示す資格を満たしている者であり、学生数20人に教員1人の配置(延べ人数でも可)が必要です。実習指導の教員が規定要件を満たしているかどうかの確認や確保は科目開講の前提となり、多くの養成校では相談援助実習や相談援助実習指導の担当教員が複数になることが考えられます。そして、実習指導の教員配置、担当授業の相互すり合わせなど、一定の教育内容をすべての履修学生に提供できる相互連携や、相互研鑽が行うことが望まれます。さらに、学生に対する指導内容や実習施設機関に対する交渉、調整、連携などの内容を決定する際には、担当教員ばかりでなく、組織としての決定経緯には養成校内他教員が加わって決定に至ることも必要とされることがあるでしょう。

　また、実習指導や配属実習にかかわる実習業務は多岐にわたります。科目担当教員ばかりでなく、事務部局職員などがかかわり、実習事務がすすめられることも養成校の体制によってはあると思われます。ここでは、養成校内部の実習指導の環境を実習の必要に即してつくる要点を示します。

---

養成校内の実習指導体制のポイント

①実習指導業務、分担(指導にかかわる科目担当者の要件確認、指導担当教員の配属決定、事務部局等の業務分掌など含む)の確認

②実習プログラム、教材(実習手引き等)の作成(複数担当の場合は相互確認、相談援助演習等他科目の指導展開との連携、配慮)

③実習先への依頼・連携内容の決定と依頼にかかわる役割分担

④学生の安全管理体制(事故対応等)の確認と対応手続きの確認

## |2| 養成校と実習先施設・機関等間のマネジメント
――実習先施設・機関との契約(協定)等の取り交わし

### 1. 養成校と実習施設・機関間の契約(協定)の意義

　「相談援助実習」では実習先に学生が出向いて学習を行う機会を得ます。実習先施設・機関等は後継者養成や社会貢献という役割を意識して、実習指導を担っていることが少なからずあります。しかし、実習先施設・機関等が組織の本来業務に支障が出るような事態は社会的な責任を果たすことができないことにつながります。よって、実習施設・機関等において実習受け入れが組織として問題を抱えずに実施できることや、実習生の指導責任が明らかとなるように、かつ、期待される成果がもたらされる実習受け入れとなるための重要な要件を養成校と実習施設・機関間で明確にできる契約(協定)等が必要になります。

　契約(協定)の内容によって、養成校と実習施設機関の個別の状況に即して、実習実施にかかる具体的な条件や、約束、要件を確認します。そして、養成校、実習先施設・機関等、実習生、利用者それぞれの利益を害することのないとされる合意事項を明示し、併せて合意内容にない事態が起こった場合の対処と責任の所在も明らかにします。

### 2. 取り決め(契約/協定)の内容

　養成校は学生に対しては当該実習を行うことによって国家試験受験資格要件が得られるものとなるように、実習先の指導協力が得られるようにする責任があります。よって、養成校は実習協力に対して、社会福祉士国家試験が取得できる相談援助実習の目的や指導体制、実習内容、指導者や日程の要件について実習施設・機関の理解を得て、受け入れ承諾の手続きを踏む必要があります。

　実習施設・機関等に対しての実習依頼は、以下の要点を踏まえ、合意された承諾を得る手続きをとります。書類の様式は、社会福祉士養成に係る通知等で示されているものがある場合にはそれに従い、必要な申請手続きに用いることにもなります。

　また、特に公的に様式が定められていないものについては各養成校や実習施設・機関に必要とされるものを用います。

> 実習依頼の要点
> ①実習指導者の要件、日程、時間が資格付与の要件に満たしている証明が得られること
> ②指導上の必要や、リスクマネジメントから必要な対応を図るための情報や合意の明示

（必要書類例）
　　実習依頼書
　　承諾書
　　出勤簿、評価表等実習後の証明
　　健康状態証明書、個人票、誓約書等の学生個人ごとの提出書類

## 3. 手順と方法

**養成校内での合意**

　実習先との契約（協定）等の取り交わしは、社会における組織間での約束事になりますので、あらかじめ養成校内において公式に検討された実習指導内容等についての依頼、交渉、調整が図られるものでなければなりません。そして、実習指導担当教員は実習指導として取り交わされた内容に則して業務を行うこととなります。

**実習施設・機関に対する依頼、書類等の取り交わし**

　契約（協定）の取り交わしは、実習施設・機関等へ養成校の依頼を担当する者が訪問する、その他の連絡方法を用いて行います。
　実習の承諾には実習施設・機関内の調整が必要となることが多くあるので、その時間も配慮する必要があります。また、書類の送付や、養成校における説明会の開催などによって理解を多様な手段で促すことも考えられます。実習ノート上の指導、実習計画の変更、評価の扱い等、状況に応じた対応についても合意を図っておくことが必要です。

**実習先に対する学生の配属先を決定**

　実習依頼に対して承諾を得られた後、実習先施設・機関等に対して、実習履修を希望する学生の実習先配属先を決めていきます。
　留意すべきこととして、各学生の配属先を決める際に、実習先施設・機関等からあらかじめ、実習配属ができる学生の条件が出されることがあります。例えば、実習先施設・機関等の所在地に在住していることや出身の学生であることが条件であったり、また、実習先施設・機関等の状況から実習を宿泊形態のみで指定されることがあったりします。
　また、学生側の条件にも配慮が必要なことがあります。まず、学生の希望実習領域や、これまでの修得されている科目、経験、実習先への通勤や宿泊などの不可、実習に

対する意欲や目的の明確性、事前準備の状況が個々の学生によって異なります。加えて、配慮を必要とする心身状況がある学生がいることも少なからずあります。したがって、そのような学生のさまざまな状況と実習先の施設・機関種別、実習生の条件、地域、実習日程、プログラムなどのすり合わせをして、実習効果が期待でき、かつ、安全管理という面からも妥当な実習先に学生の配属を決めることが望ましいと考えられます。決定の過程では、学生と十分コミュニケーションをとり、最終的には実習先決定において実習に向かうことが学生自身の自己決定であることが自覚でき、かつ、責任をもつ状況ができると、後の実習指導にも良い影響を及ぼすことができます。

　加えて、配属希望学生の情報を実習先に伝え、実習の計画立案や施設・機関内において実習配属に関する一定の条件や決定に至るプロセスをあらかじめ養成校内で検討し、共有化しておくことは有効です。それが学生や実習先に対しても明確であることは養成校における実習指導内容やプロセスを相互に認識し、養成校では意図的な実習指導を配属先決定の段階から行っていることを理解しやすくするでしょう。さらに、実習指導効果として、実習先決定のプロセスから学生が主体的にかかわり、事前学習の充実や目標設定を明確にしていくことに役立つことが期待されます。

**実習実施中、後の指導連携と問題対応**

　実習受け入れの合意、承諾が得られた後は、実習指導の経過に沿って、必要な連絡調整を相互に行っていきます。実習生が実習施設・機関に出向き、説明を受け、実習を実施する過程に入ると、実習指導や事故の対応にかかわる相互連携や対応も視野に入れ、実習指導教員が実習指導を行う必要があります。また、学生の実習終了後の養成校、実習施設機関、学生とのやり取りについてもあらかじめ決定しておくことが必要です。

　特に、実習巡回や養成校における帰校日を設けての実習中指導などについては配属現場の調整などの必要から、実習中指導の意義の理解や日程の配慮をお願いすることに事前に留意する必要があります。

# 第3節 学生指導における担当教員の役割を理解する

## 1. 指導の展開と指導展開上で担当教員が担う役割

　実習指導内容・展開は、規定以上のものであることに留意し、指導計画を作成します。その際には、学内における講義展開、事前指導、巡回指導、中間指導、事後指導等について具体的なスケジュールを組み、それぞれの実施に必要な教材を準備し、行うことが必要です。また、他の科目同様に履修条件や評価についての基準をしっかりと明示しておくことが必要です。

　さらに、実習先に謝礼を支払ったり、実習施設・機関に呼びかけをして、実習説明会や実習報告会などを催したり、教材や実習報告書を作成する費用等も必要に応じて使われることについて、養成校内での合意や支出できる方法を確認し、求められる場合には説明を行います。

　そして、実習に関する組織内外の合意形成を必要とするような対処をしなければならない問題が起こった場合には、速やかに関係者や部局（実習運営を協議する組織等も含む）に対して報告連絡を行い、養成校組織としての判断を確認し、それに従った対処を行います。

## 2. 他の講義科目等との連携

　既修得科目との連携では事前学習の確認や相談援助演習については実習体験の活用などが学生の指導上有効となると考えられますので、他担当教員との学内連携を図ることを考える必要があるでしょう。そして、学生の養成校における教育カリキュラム上で実習科目の位置づけをどのように置くのか、実習履修前後の学習効果を確認することが期待されます。

## 3. 学生指導における役割

　学生指導においては、実習体制の説明を行い、学生が実習指導や指導（スーパービジョン）・相談を十分活用できる体制をつくる必要があります。特に、実習開始、継続、終了決定の過程において学生がスーパービジョンを必要としていたり、危機管理が必要であったりした場合に、学内の指導や体制を有効に活用できるよう支援することはとても重要なことです。

参考文献・引用文献
・宮崎民雄著『福祉経営選書2　福祉職場のマネジメント』エイデル研究所、2002年
・社団法人日本社会福祉士養成校協会『社会福祉士養成にかかる社会福祉援助技術関連科目の教育内容及び教員研修プログラムの構築に関する事業』2008年
・公益社団法人日本社会福祉士会編「社会福祉実習指導者テキスト（第2版）」中央法規出版、pp.97-114、2014年
・社団法人日本社会福祉士会現場実習研修カリキュラム構築事業委員会　『「現場実習」指導スキル向上のための研修カリキュラム開発に関する研究報告書』日本社会福祉士会、pp.46-52、2005年
・Marion Bogo and Elaine Vayda "The Practice of Field Instruction in Social Work Theory and Process second Edition" University Of Toronto Press, 1998.
・Julie M. Birkenmaier & Marla Berg-Weger "The Practicum Companion for Social Work : Integrating Class and Field Work Second Edition" Allyn & Bacon, 2007.

# 第3章
# 実習指導方法論・Ⅱ
## 実習指導の内容と方法

### はじめに

　本章は、「相談援助実習指導」の授業の方法と内容をまとめています。この授業は「相談援助実習」と並行して進められる授業ですが、これまでこの科目について体系的に論じた文献はありませんでした。第2版を発行するに当たり、「実習指導方法論Ⅱ」は全面改訂し、この授業を体系的に整理し、年間をとおした授業のモデルを示しています。

　本章の構成は、はじめにこの授業の位置づけと授業方法の特質、担当教員にもとめられる教育能力を述べます。また、授業展開を「事前指導」「実習中指導」、そして「事後指導」の三期にわけ、各期で指導すべき内容を具体的に示しています。

## 第 1 節 「相談援助実習指導」の意味と授業方法

### 1 「相談援助実習指導（実習指導）」の意味と養成校の責任

　社会福祉士養成ためのカリキュラムでは、「相談援助実習」とともに「相談援助実習指導」という科目を設け、この科目は同時履修することを位置づけました。本科目導入によって、実習教育はどのように充実したかを以下に述べます。

　「相談援助実習」は180時間（23日間）で実施されますが、その実習は「事前学習」と「実習中の指導」、そして「事後指導」をとおしてその成果がまとめられます。その教育システムを担保するのが「相談援助実習指導」です。事前の実習準備をしっかり行い、事後の指導によって体験の深まり、広がりを担保することで、実習での学びを学生に深めさせることが担保されたといえます。

　学生は「実習は資格を取得するために必修だから」といい、実習では「現場を知りたい」、「見てみたい」という表現をよくします。しかし「必修だから」という受身の姿勢や、「見てみたい」という傍観者的な姿勢で実習に臨むのでは、社会福祉士として求められる実践能力を高めるような実習にはならないでしょう。学生がそこで、誰に、何を、どのように行うことが「実習」なのかを知り、そして実際にそれを行うことが実習です。そのプロセスを通してソーシャルワークの技術を身につけ、社会福祉士像を知り、自分自身の将来像を描くことが、実習の学びです。しかし、それは180時間の実習体験だけでは不十分で、その体験を核にしながら、1年間をとおして体験を学び、深めていくことが必要です。そして、それを保障するのが「実習指導」の授業です。

　さらに、「実習・実習指導」は社会福祉士国家試験のための必修科目です。しかし、他の科目と違って、国家試験の科目ではありません。つまり、養成校がこの授業の単位を認定することは、国家資格に十分な資質を備えているということを保障することになります。さらに、この授業によって将来の進路選択を考えることになります。担当教員は、そういう位置にこの授業があることを認識しなければなりません。

　社会福祉士資格が制定される以前にも実習は行われていました。しかし、その当時の養成校側の認識では、「学生は実習に行くと成長して帰ってくる」という高い評価をする一方で、実際は実習先に「お任せ」的な実習だったという反省があります。

　実際、当時は養成校側では実習内容の「何がどのように学生の成長に影響しているのか」わからなかったと言えます。また、学生の成長にはばらつきがありました。成長著

しい学生は実習によって福祉実践への意欲を高め卒業していきますが、実習によってかえって「福祉嫌い」になる学生もいました。しかし養成校側は、「これらのばらつきは学生の問題」という認識に立っていたように思います。つまり、養成校は「学生に対し実習教育によって社会福祉士としての実践能力を高めさせる責任がある」という自覚が乏しかったのではないでしょうか。

しかし、「相談援助実習指導」の授業が導入されたことによって、実習教育によって「養「学生の成長を保障すること」が求められ、その責任は養成校（実習担当教員）にあることが明確になったのです。

## 2 「相談援助演習」と「実習」「実習指導」の関係

「相談援助実習指導」と「相談援助演習」は互いに関連性をもった科目です。実習教育の目的は、社会福祉現場で通用する「実践力」を養成することにあります。「実践力を高める」とは、社会福祉士として活用する知識や技術を身につけることです。そのためには、相談援助実習だけでそれを取得することは無理で、関連する講義や演習での学びを実習にインテグレート（統合）することで、それが可能になるのです。

それを、自動車免許取得のための講習にたとえて説明してみましょう。

自動車免許を取得するためには、いきなり自動車の運転を習うのではなく、はじめに交通ルールや自動車の構造などを学ばなければなりません。交通ルールを覚えていなければ、実際に路上を走ることはできませんし、自動車の構造を理解していなければ車のメンテナンスや故障をしたときの対応ができません。そして、これらの知識がないと自動車を安全に運転できないでしょう。

しかし、知識を得ただけでは自動車運転はまだできません。実際に運転するには、運転技術を身につけなければならないからです。そのために、実際に路上で運転する前の段階の教育を施される必要があります。そこで、自動車教習所では実際の路上と同じ道路や踏み切りなどを構内に設け、そこで自動車の運転技術を習わせます。講習は、指導教官が自動車に同乗し、段階を踏んで、交通ルールを守り安全運転ができるような技術力を駆使できるように指導します。そのうえで、一定の水準に達したならば「仮免許」を出し、「路上教習」が実施させます。このように、事前学習によって路上運転に必要な総合的な運転能力を高め、そのうえで試験を行い、自動車免許は与えられます。

社会福祉士の場合をこの例に当てはめると、交通ルールや自動車の構造を知識として学ぶことが専門講義科目を学ぶことにあたり、構内で自動車の運転を学ぶことが「相談援助演習」にあたるでしょう。そして、「路上教習」が「実習」に該当し、ここでこれ

まで知識や相談援助演習で取得した技術を、実習で活かせるように指導するのが「相談援助実習」と「相談援助実習指導」になります。

このように、相談援助演習と相談援助実習・実習指導の授業は関連しあっています。

なお、実際の各養成校における授業構成は、以下のように類型化できます。

モデル1　「相談援助演習」を事前に履修させ、その後「実習・実習指導」が開始される「前演習・後実習型」

モデル2　相談援助演習と実習が同学年で開講される「並行型」

モデル3　「実習・実習指導」の前と後に「相談援助演習」が開講される「サンドイッチ型」

どのタイプにおいても、演習と実習・実習指導の双方が互いに関連しあって教育効果を高めていくことが求められています。その際、実習指導の教員と相談援助演習の教員が同じ場合はそれぞれの内容や進度を考慮して授業を展開することは容易です。しかし担当教員が異なる場合は、それぞれのシラバスの作成段階から協議するなどして、両者の関連性や整合性を確認しておくことが大切です。

養成校の相談援助実習の担当者としては、まず実習指導90時間（45コマ）をどのように時間配分をして授業を組み立てていくかを考える必要があります。養成校といっても、4年制大学における3年次実習のように事前・事後学習に十分な時間を割ける場合もあれば、一般養成施設のように、入学してから実習までの事前学習期間が4か月程度しか確保できない場合もあります。また、それぞれの養成校の事情によって、45コマの構成も異なってくると思われます。例えば、3年次実習を実施するにあたって、1年次から実習指導を始める場合もあるでしょうし、3年次前期から集中的に行う場合もあるでしょう。

本書では、標準型として実習前に30コマ、実習後に15コマ分の授業を行うことを想定して解説を進めていきます。

# 3　授業方法の特徴と指導上の留意点

「相談援助実習指導」の授業方法には、以下のような特徴があります。

## 1．「実習指導」は演習的な授業方法である

本科目は、基本的に20名以下の人数で開講することが、厚生労働省から指導されています。これは、小集団によるきめ細かい指導ができるように配慮されたものです。また、実際には「集団指導」（講義、グループ指導）と「個別指導」を組み合わせて行う

ことが必要になります。ここでは、「集団指導」による実習指導の具体的な授業の実際と、その場合の教員の役割を事例的に紹介します。

実習指導は、実習で使用する「ツール」(計画書、記録ノート、評価票、実習総括レポートなど)の活用方法を教授します。ここでは、各ツールの意味と活用方法を教えますが、単に口頭で説明するだけではなく、実際にその活用方法を体験させて学ばせる必要があります。

例えば「実習記録の書き方」に関しては、説明だけではなく実際に書かせて学ばせることで実際の実習に臨む準備となるでしょう。

ここでは、ある養成校の記録の書き方の指導例を紹介します。

事前指導において、実習ノートの記述は、5W2H(5W=いつ、どこで、だれが、なにを、なんのために　2H=どのくらい、いくらで)という客観的な事実を書き込むことを指導します。また、それに対する考察をし、それも書き込むことが必要であることを指摘し、これを実際に書かせることによって学ばせます。

教員はこれを、記録テーマを「昨日の夕食の考察」とし、初めは自由に記述させます。ある学生は、「昨日は、遅く帰ったので9時くらいに鳥のから揚げを食べました。おなかがすいていたので、とてもおいしかったです」としか書けませんでした。「あとは？」と問うても、「別に……」と言って途方にくれるばかりでした。

そこで「5W2H」を示し、これにそって書くように指導しました。以下が、書き直した文章です。

「昨日は、少年サッカーの指導があったので、自宅に帰ったのは9時くらいになりました。夕食は、母がつくってくれた鳥のから揚げとポテトサラダ、みそ汁とご飯と漬物でした。遅い時間だったので母は先に夕食を済ませていましたが、私が食べるときに給仕をしながら食べおわるまで付き合ってくれました。私は、母に今日の子どもたちの様子や、気になる言動について話をしながら食事しました。母は、『ふん、ふん』とうなずきながら話を聞いてくれました。その日の夕食は、とてもおなかが空いていたので美味しく食べることができましたが、それだけではなく、母が一緒に食事に付き合ってくれたことで、その美味しさが増したのだと思います」

このように、5W2Hに沿って具体的な事実を書き、それによって考察を深めることができています。

この演習をもとに、実習記録では体験したことを5W2Hで書き、考察をすることを指導します。また、特に相談援助の実習指導ですから、相手(利用者や家族、職員など)と自分の「やりとり」に焦点化して書くようにと指導しました。

教員は、「書かせる指導」だけではなく、実習終了後に学生の実習記録をもとに授業

を行います。そのためには、教員は実習記録を読まなければなりません。その場合、次のような視点から実習記録をチェックします。

①事実とそれについての理解が書き分けられているか

　体験した事柄と、それについての考察が書かれているか、あるいは記録が事実の羅列だけになってはいないか、さらに、体験に基づかない（実習以外の過去の体験や知識による）事実が記述内容に混在していないかに注目し、もしそのような傾向があった場合は、それを指摘することが必要です。

②記録が一方的になっていないか

　実習記録が学生の一方的な思い込みで主観的に書かれている場合や、あるいは記録されている内容が利用者のことのみ、または職員の言動のみで、実習生自身の行動や理解、感情にまったくふれられていない場合には、そのことを指摘し、なぜそのような記録になってしまったのかを振り返らせることが必要です。

③記録者の理解力はどの程度あるか

　体験した内容を理解するために必要な基礎知識がどの程度あるのかを、記録内容から判断し、不足している場合や、間違った理解である場合には、それを指摘する必要があります。

④「書かなかったこと」「書けなかったこと」についての問いかけ

　学生が実習記録を書くときには、体験したことすべてを記録するのではありません。何らかの取捨選択を行い、選択された事項のみが記録されます。一方で「書かなかったこと」「書けなかったこと」も同時に学生には認識されています。そこで、「書かなかったこと」「書けなかったこと」はなぜ記述しなかったのか（記述できなかったのか）を自覚させることが必要です。ただし、これは書かなかったこと、書けなかったことを非難することではありません。実習生に、そのような自分の傾向に気づいてもらうことが重要なのです。そして、「書かなかったこと」「書けなかったこと」の意味を考察させ、もし「書きたかったが（書くべきだったが）書かなかった（書けなかった）ならば、どのようにして「書く」ことができるようになるかを指導します。

　このように、実習ノートを活用して授業を行うことは有効です。同じように、実習計画書、実習評価票なども、作成指導だけではなく各成果物が実習でどのように活用され、そこからどのような学びが得られたかを振り返ることができるような授業方法の開発が必要でしょう。

## 2. 相乗的な教育効果を生み出すグループ指導

　「実習指導」の授業方法には「講義」があります。それは、オリエンテーションやゲ

スト講師を招いた時などの場合、実習生全員に受講させる際に用いられる方法です。しかし、大部分の「実習指導」の授業では「グループ指導」が用いられます。

「グループ指導」では、学生同士のグループダイナミクスによって、学びの相乗効果（シナジー効果）が発生します。実習準備や、実習の振り返りを「同じ時期」に「同じ目的を持った学生」という同質集団で語り、またそれに耳を傾けることで、グループ内で学びを深めることが期待されます。

グループ指導の実際を、事例で紹介しましょう。

---

事例1　グループでの話し合いから「気づき」を引き出す指導1―「実習生の積極性とは何か」

　あるグループ指導の授業で、学生が事前訪問の報告をしました。その学生は、職員の案内で施設内を見学したとき、「積極的に見学することができなかった」と言いました。あるフロアーで職員さんに「どうぞ自由に利用者さんのお部屋を見学してください」といわれたので「本当はもっと積極的に利用者の方に話しかけたり、室内に入っていろいろ見学したりしたほうがいいとはわかっていました。でもどうしても部屋に入っていけないで、入り口でもじもじしてしまった。職員さんの目にも、消極的な学生だと思われたのではないかと思い反省した」と述べました。それを聞いたグループの学生が「どうしてそうできなかったのか」と問うと、「職員さんが私にだけ『どうぞ見てください』と言ったが、利用者さんには何も言わなかった。そのお部屋を見させていただくのに、利用者さんに同意をとっているのかどうかわからないのに、勝手に入っていいのかわからなかったし、自分だったら他人にズカズカ入ってこられるのはいやだなと思ったから」と述べました。

　この学生の発言をめぐって、グループ内ではいくつかの意見が交わされました。いわく「自分もそういうときは、やはり入室するのは躊躇する」「職員さんに、利用者さんに了解を得ているのかどうか、聞いてみればよかったのではないか」「いや、初めて行った施設で、初めてあった職員に聞くのは難しい」「実習指導者の方には言えることができたのではないか」等々。そして、「何も考えないで部屋に入るよりも、利用者さんの気持ちになって躊躇できたことは大事なことなんじゃないだろうか」という意見も出ました。

　それを聞いていた別の学生は、特別養護老人ホームでの経験を話し出しました。「私も、実習中に職員から積極的ではないと言われました。私は入浴介助の見学をするように言われたのですが、ひるんでしまって……」と言います。何をひるんだのか問うと、「女性の私が、入浴介助をするわけでもないのに、男性の裸を見ていいのだろうかと思った」と言い、さらに「私はいいとしても、裸を見られる利用者の方は、見られることをどう

思っているのだろうかということが躊躇の理由だった」と述べました。しかし、その結果職員から消極的と指摘されたと言います。

その発言に対し、別の学生が「その施設は異性介助なの？　私の実習した施設は同性介助が基本だったが」と問いかけたのです。そう発言した学生は、障害者施設で実習を終えており、自分の経験と引き比べ、そのような疑問を発したのです。

グループ内での話し合いで、学生の躊躇した理由が利用者視線からも検討する必要や、特別養護老人ホームで実習した学生は、自分が躊躇したことが自分自身の課題であるとともに、他分野では「同性介助」が原則ということを知らされて、それが利用者の立場からみるとどのような問題になるかという「気づき」を引き出したのです。

この日の授業では、初めは「実習に臨む際の積極性とはなにか」というテーマで話し合いがなされていたのですが、それは次第に「異性介助」の問題、そして「人権と人間の尊厳」という問題を話し合い、学ぶ場に発展しています。教員は最後に、授業や相談援助演習で学んだ「ソーシャルワークにおける倫理―原理に関する声明」（2004年国際ソーシャルワーカー連盟・国際ソーシャルワーク学校連盟）と結び付けて、さらに実習体験を深めることを助言しました。

事例2　グループでの話し合いから「気づき」を引き出す指導2―私は実習をやめようと思った

特別養護老人ホームで23日間の実習を終えた学生は、「実習はとても楽しいものだった」とニコニコしながら帰ってきました。グループ指導の時間にも「利用者はみな親切で、楽しい23日間だった」と報告しました。

グループメンバーには、この学生のように実習終了後の学生もいれば、実習中のもの、これから行く予定のものたちで構成され、また実習先も分野混合でした。

この学生の発言に対し、これから特別養護老人ホームに行く予定の学生が、「おむつ交換もした？」と質問しました。この学生は「はい、しましたよ」と答えると先ほど質問した学生は「うんこのおむつも交換したの？」とたたみかけ、さらに「それは臭くなかった？」と問います。学生は「臭くなかったよ」と相変わらずニコニコしながら返答しました。そうすると別の学生が、「うそだぁ、うんこは臭いよ、ねえ、先生？」と同意を求めてきたのです。教員は「そうだね、大人の便は相当臭いよね」と同意すると、実習を終えてきた学生はうつむいてしまいました。その学生の様子をみて、グループの雰囲気は緊張感に包まれましたが、学生たちはその緊張に耐えてその学生の沈黙を待ってくれました。

しばらくたつと、学生は目に涙をためて話し出しました。「実は、私は実習2日目に実習を辞めようと思ったんです。先生は『介護は手伝い程度で専門的なことはしない』とおっしゃっていたけれども、実際実習先で2日目に『社会福祉士の実習だっておむつ交換くらいできないのでは役に立たない』とその日担当の介護福祉士の人に言われ、いきなりおむつ交換をさせられたのです。どうしたらいいかもわからず、意地悪をされているような気がしたのですが、『できません』と言えず、おそるおそるおむつ交換をしたら、いきなり大便のおむつの交換で、この時はなんとかこなしたけれど、臭くて吐き気がして、帰るとき『もう今日で実習は辞めよう』と思ったんです」と述べました。

　しばらくの沈黙の後、教員が「でも、あなたは辞めないで、最後まで続けられたね、それはどうしてかな？」と尋ねると、「辞める勇気がなかったんです」と言いました。そして、「一度おむつ交換をすると、3日目からはそれを当然のようにさせられ、その週は毎日『どうぞ排泄をしていませんように！もし排泄していても大便ではありませんように！』と思いながら実習をしていました」と述べました。そして、またしばらく沈黙した後、「でも、その間実習を続けることができたのは、利用者さんの励ましがあったからです。今思えば、緊張してこわばった顔つきで排泄介護をしていたのだと思うのですが、ある日利用者さんが一生懸命不自由な体なのに、腰を浮かせて私のおむつ交換をしやすいように協力してくれていることに気が付きました。私が『おむつ交換下手でごめんなさい』と言うと、逆に『若いのにえらいよ』とか『初めはみんなそうだよ』、『一生懸命がんばってくれてありがとうね』と言われました」と述べ、さらに「最初はおむつ交換のことで頭がいっぱいだったのですが、そういって励ましてくれる利用者さんと会話をしたり、笑顔をみたりすることで励まされました。それに利用者さんを『下半身』だけではなく、顔と名前を一致させ『人間』として理解できるようになって、それからようやく実習が楽しいと思えるようになりました」と述べました。さらに最初に質問した学生に向かって「本当はうんこのおむつはとても臭かったです。でも、利用者さんのために臭いのは我慢できました」と述べました。

　質問した学生は、それを聞いて「あー良かった、やっぱりうんこは臭いんだ。でも我慢できるんだ」と言い、笑いました。グループの雰囲気は、緊張感から解放され穏やかな空気が流れました。すると、「臭くないのはうそだ」と発言した学生が「実は、僕も……」と話し出しました。

　この学生は、知的障害者入所施設で実習中です。ちょうど実習先には最近入所した利用者がいて、その方はあちこち動き回りながら便を垂れ流すのだそうです。そして、そのたびに職員を呼び、始末をさせるのだそうです。学生は、そのような彼を見て「彼には近づかないようにしていた」と述べました。しかし、ついにその利用者が、垂れ流し

> た後の始末を頼み、そばに誰もいなかった学生は便の始末をしたそうです。たまりかねた学生は、職員に対し「おむつをさせるなり、便を垂れ流さないような工夫をしたりしないんですか！」と訴えたそうです。
>
> 　それに対して職員は、「私たちは彼が排便をここで、たとえ垂れ流しであってもしてくれるのがうれしいんですよ」と言ったのです。実は、その利用者さんは入所してからその施設で排便することができず、週末帰宅するときに排便するだけで、ずっと便秘に苦しんでいたのだそうです。入所した施設になじめないまま、便秘症状に苦しんでいた利用者が、たとえ垂れ流しでもここで排泄できるようになったことは、利用者が徐々にではありますがこの施設になじみ、ここで暮らすことを受け入れてきているのだと、喜んでいたのだそうです。もちろん、学生の言うようにこれから排泄トーニングを始めるそうですが、今はトレーニングよりも利用者が施設になじむことを優先していることを説明してくれました。
>
> 　それを聞いて学生は「自然に排便ができる幸せ」を保障し、見守る援助だったのかと理解し、「自分も臭かったけど、我慢したんだ」と話してくれました。
>
> 　教員はそこで、「マズローの5段階の欲求」の第一段階「生理的欲求」である、「食べる」、「排泄する」「眠る」などの基本的欲求を充足することは、利用者の「尊厳」を保障することであり、大切な「権利保障」だということを指摘しました。そして学生が感じた嫌悪感や苦手意識は「自然な感情」であり、そのようなことを職員は最初どう感じていたのか、今はどう思っているのか質問してみてもいいのではないかと伝えました。

　事例1でも事例2でも、もしこれらの体験が教員と学生の個別指導の場で、別々に話されるだけだったとしたら、このような展開にはならなかったでしょう。しかし、グループ指導の場面では、学生同士の「語り」の力を借りることで、1つのインシデントが発展し、学生たちは意見交換しながら、考えや気づきを深めていきました。

　また事例2では、教員自身がこの授業を振り返って、もしこれが学生と教員の1対1の面接指導だった場合、教員はこのような率直な質問ができただろうかと振り返っています。また、学生がうつむいてしまったとき、教員はこの学生の「沈黙」に耐えられただろうかと振り返り、もしかしたら学生からこのような形で排泄介護をさせられたことを聞いて、自分のマネジメントミスだとあせり、学生に対して「弁解、言い訳」に走ってしまい、学生の話を聞く余裕を失ってしまっていたかもしれないと述懐しています。

　「実習指導」の授業では、教員は予期せぬ状況や展開に遭遇することがあります。その際、事例のようにグループの学生同士の支えあいによって、効果的な学びの展開がな

されることがあります。学生同士のグループダイナミズムの力を借りた授業ということができるでしょう。

まとめとして、このような授業を行う際の指導上の留意点を述べます。

教員は学生の自由な発言を引き出す役割を果たさなければなりません。学生が自ら考え、議論し、学びあう環境を保障するためのグループつくりを心がけなければなりません。また、学生の質問や疑問に対して教員が話を引き取って話し出したり、「正解」を解説したりせず、学生同士で学びあう「主体性を尊重する指導」を心がけなければなりません。ただし教員は、グループ指導の終わりには論点の整理や、これまで学んできた知識や技術と結びつけた理解を促すこと、あるいはこれから学ばなければならない諸点を指摘することが必要です。

## 3. 学外の指導者、講師との協同

「実習指導」は、担当教員だけではなく学外の指導者（実習指導者、ゲストスピーカーなど）により実施することのできる授業です。

実習指導者や社会福祉士として働いている卒業生をゲストスピーカーとして招き、自身の経験や学生たちへの期待を語ってもらうことは、実習への動機づけとして効果的です。また、実習報告会に実習指導者が参加していただくことは、配属実習後の学生の成長を確認していただく機会として有効でしょう。特に、実習体験が養成校における事後指導でどのように整理され、学生が成長しているかを確認してもらうことは、その後の実習教育の協同関係を良好にすることに効果があります。

さらに、ゲストスピーカーとして招くだけではなく、こちらから「施設見学」に出向き、そこで実習指導者から指導を受けることも、実習指導の授業方法として有意義です。ガイドラインでは、「施設見学」が事前指導時に位置づけられていますが、ここでは、ある養成校の「施設見学」の際の指導の実際を紹介しましょう。

事前に教員は実習指導者に、学生たちの自己紹介の練習の機会として施設見学を位置づけ、そのための協力依頼をしています。学生たちは相談援助演習で自己紹介の意味や大切さを学習しているはずですが、実際の場面になると多くの学生は所属と名前を述べただけで、後は「よろしくお願いします」と言って自己紹介を終わろうとします。そこで、引率した教員は「ダメだし」をし、ここでいう「自己紹介」とは、実習指導者に自分のことを理解してもらい、施設見学をより有意義にするために行うものだということを述べて、もう一度学生たちに自己紹介のやり直しを指示します。

そこで学生たちは、自分の実習（希望）先や実習動機、自身の実習準備状況とこの見学で何を学びたいかを、時には教員の誘導に助けられながら述べていきます。これは、

学生が実習先の事前訪問を行う際の練習の機会ともなるのです。

　また、学生には漠然と「行ってみたい、見てみたい」だけではなく、見学の視点をもつように事前に指導しておきます。その視点については、あらかじめ見学先の実習指導者にも伝えておき、施設を見学する際には実習指導者から問いかけてもらいます。

　例えば、児童養護施設を見学させる場合には、

①建物、設備を理解する視点を持たせる
- 自分の家と比べるとどうか、自分はここで暮らしたいかという視点
- 子どもたちの食器やスリッパ、1人ひとりの持ち物がどのように用意されているかという視点
- 子どもたちには安心できる空間が確保されているかという視点
- 職員が子どもに目を注ぐ空間が確保されているかという視点
- 音や匂い、光や温度など、施設には明るい環境が確保されているかという視点

などを学生に感じてもらい、これらの点について施設ではどのような配慮や努力をしているのかを説明していただきたいと依頼します。

②見学先で出会った職員の観察をさせる

　見学先では、実習指導者以外の職員にも出会います。その時の職員の表情や口調、雰囲気や見学者に注ぐ視線なども、その施設の雰囲気を知る貴重な機会です。そういう点にも気を配れるように指導しますし、それについて学生の感想を引き出し、職員の状況を説明していただくように指導者に依頼しておきます。

③利用者の雰囲気を感じさせる

　児童養護施設の場合、見学時間は子どもたちが幼稚園や学校に行っている時間帯に設定されることが多いのですが、さまざまな事情でその時間も施設にいる子どもたちがいる場合があります。学生たちが見学する際、たとえば初対面でも人見知りしないで近づいてくる子どもや、見学者を警戒して隠れてしまう子ども、中には「無視」をする子どももいるかもしれません。そのような子どもたちの様子や事情を、可能な範囲で説明してもらい、そこから子どもたちにとっての「実習生」の存在を考えさせることが必要です。

④実習指導者に実習受け入れの意味と期待を述べてもらう

　実習指導者には、施設の概要や利用者の説明とともに、職員の仕事の内容、方法に重点をおいた説明を依頼しておきます。また、学生たちに施設が実習を受け入れる意味を説明してもらいます。そのうえで、どのような期待を述べてもらいます。さらに、そのために事前に学習してきてほしいことを説明してもらいます。

⑤実習指導者は「社会福祉士」のモデルを示してもらう

実習指導者に自身が社会福祉士であることと、実習指導者の資格を持っていることを紹介してもらいます。その際、自身の実習体験を語ってもらい、さらに社会福祉士資格取を取ろうと思った動機、そして実際に社会福祉士として行っている仕事や、今後社会福祉士としてどのような抱負を持っているかを語ってもらいます。

　このように、施設見学では、漫然と「行って、見てくる」だけではなく、目的と視点を持たせて見学させることが重要です。そして、そのためには見学受け入れ先の実習指導者の協力が必要です。このような施設見学によって、学生たちは実習のイメージがより具体的になる効果があり、教室で、教員だけで指導するよりも有効な授業方法です。

## 4.「相談援助実習指導」担当教員の責任と求められる「力量」

　このように、実習指導の授業はさまざまな方法を用いて行います。そのために、相談援助実習指導を担当する教員に求められる「力量」は以下のようになります。

### (1) 授業の意味と位置づけを知る

　この相談援助実習では、ソーシャルワークの実践力を身につけることとともに、社会福祉士像を知り、自分自身の将来像を描くことができるようになることが目的です。しかし、それは180時間の実習体験だけでは不十分で、その体験を核にしながら、1年間をとおして体験を学び、深めていくことを保障するのが「実習指導」の授業です。また、授業の単位を認定することは、国家資格に十分な資質を保障することになります。さらに、この授業によって将来の進路選択を考えることになります。そういう位置づけがこの授業があることを、担当教員も十分認識しておく必要があります。

### (2) 教員の責任を明確にする

　「相談援助実習指導」の授業が導入されたのは、実習教育により「すべての学生の成長を保障すること」が求められ、その責任は養成校（実習担当教員）にあることが明確になったことを自覚しなければなりません。

### (3) 担当教員として持つべき「力量」を向上する

　担当教員として持つべき授業の力量は、以下の諸点です。
①関連する講義・演習をインテグレートできる力量
　実習体験の意味づけは主に実習指導の授業で行いますが、その際教員は、関連する講義や演習での学びを実習体験とインテグレートする力量が求められます。したがって、関連する講義・演習のシラバスに目配りし、また担当する教員とも情報交換をしておか

なければならないでしょう。

②「ツール」の理解と演習的な教授法を開発する力量

　実習指導は、実習で使用する「ツール」(計画書、記録ノート、評価票、実習総括レポートなど)の活用方法を教授する「演習」的な要素をもつ授業です。授業では、各ツールの意味と活用方法を教えるだけではなく、実際にその活用方法を体験させて学ばせる必要があります。ただし、このような教授法はまだ定型化されているとはいえません。担当教員には、各自がその教授法を開発し、定型化する力量が求められます。

③学生のグループダイナミクスを活用できる力量

　実習指導の授業方法は、小集団指導が中心になります。そこでは学生同士の相互学習が効果的であることを述べました。その際に教員は、学生の自由な発言を引き出す役割を果たさなければなりません。学生が自ら考え、議論し、学びあう環境を保障するためのグループつくりをする力量が求められます。

④外部講師(実習指導者・卒業生など)と協同する力量

　本授業では、教員以外に実習指導者や卒業生などの外部講師に指導をお願いすることが効果的であることを述べました。その際、教員はその授業の意図、果たしていただきたい役割や授業方法などを外部講師に伝え、役割分担や授業方法などを説明し、協力関係を形成する力量が必要です。

　以上の諸点を踏まえたうえで、第2節以降で具体的な授業展開を説明します。

# 第2節 実習前指導の内容と方法

本節では、相談援助実習が始まる前にどのような学習が必要となるのかを、厚生労働省通知とガイドラインを軸に考えていきたいと思います。

## 相談援助実習指導の流れ

養成校の相談援助実習の担当者としては、まず実習指導90時間（45コマ）をどのように時間配分をして授業を組み立てていくかを考える必要があります。養成校といっても、4年制大学における3年次実習のように事前・事後学習に十分な時間を割ける場合もあれば、一般養成施設のように、入学してから実習までの事前学習期間が4ヶ月程度しか確保できない場合もあります。また、それぞれの養成校の事情によって、45コマの構成も異なってくると思われます。例えば、3年次実習を実施するにあたって、早期から例えば1年次から実習指導を始める場合もあるでしょうし、3年次前期から集中的に行う場合もあるでしょう。実習指導がいつ始まり、半期なのか通年なのかにかかわらず、本書では標準型として実習前に30コマ、実習後に15コマ分の授業を行うことを想定して解説を進めていきます。そして、本節では実習前指導が中心となります。

なお、相談援助実習指導は、45コマの授業だけで完結するわけでありません。実習先の概要や利用者の特性を理解するためにも、他の講義科目と相互に学習内容の把握と確認を行いながら進める必要があります。また、実習前の技術の習得を目指した相談援助演習との関連は特に留意する必要があります。実習指導の担当者と相談援助演習の担当者が重なっている場合は、それぞれの内容や進度を理解して授業を展開することは容易です。しかしながら、担当者が異なる場合は、それぞれのシラバスの作成段階から協議するなどして、両者の関連性や整合性を確認しておくことが大切です。さらに、実習先選定のための相談や実習先に提出するための書類の添削など、個別指導の求められる場面も少なくないことも理解しておきましょう。

実習指導前指導の大まかな流れは、①配属先選定、②配属先決定後の事前学習、③現場体験学習及び見学実習、④実習で求められる行動、⑤実習計画書の作成、⑥実習記録の書き方、⑦事前訪問、となります。

### 1. 配属先選定まで

厚生労働省通知の「相談援助実習指導の目標と内容」として冒頭に挙げられているの

は「相談援助実習の意義について理解する」と「相談援助実習と相談援助実習指導における個別指導及び集団指導の意義」です。これに対応して想定される教育内容をガイドラインでは、「①実習前・中・後における実習指導の意義・方法と内容・到達点について理解させる、②講義、相談援助演習と相談援助実習が相互補完的であることを理解させる、③実習における評価の意義と方法について活用する評価表を参照しつつ、成績評価の意味、項目、評価尺度、評価視点を理解させる」と示しています。

学生は、実習先としてどのような施設・機関があり、どのように選択していくのかという具体的な内容に興味があると思われますが、その前にそもそもなぜ実習指導が必要なのかという点をしっかり理解させておく必要があります。

### ①実習への動機づけ

実習を履修する学生はどのような動機をもち、何を求めているのでしょうか。もちろん、相談援助実習は「社会福祉士」という国家資格を取得するための必須科目であり、国家資格取得が第一義的な目的となっていることは間違いないでしょう。しかしながら、学生それぞれが抱く実習先や利用者の状況はさまざまであり、実習で何を重点的に学びたいかという課題も異なるでしょう。そのような学生の思いや考えをふまえたうえで、実習の意味と実習指導の意義を理解させる必要があります。また、一方で社会福祉士という対人援助の専門職として自己と向き合う作業をさせて、学生が実習する自己の動機を明確化することを支援することも求められます。

厚生労働省通知「相談援助実習指導の目標と内容」の「ねらい」をまとめると、「相談援助のための実践的な技術を体得し、福祉課題に総合的に対応できる能力を習得し、具体的な実践を普遍化できる能力を涵養する」ということになります。つまり、相談援助実習は社会福祉士として相談援助を行うための、すぐれた実践力を身につけるということです。ですから、福祉現場を知るための単なる見学でもないし、利用者に接するためのケアのみに終わるような内容ではありません。すでに学んできた社会福祉の知識、技術を実習という場で自らが行動することによって検証するのです。さらに、検証したことを整理し、問題点を析出し、その問題点を改善するために新たに行動して検証するといった過程が連続することになります。このような過程を経て実践力を習得することが、相談援助実習の共通の目的となります。福祉現場を知らないから実習で「現場を知る」ことではなく、技術を体得するために「現場で行動する、試行する」ことができるように、実習指導という準備段階があるということを学生に伝える必要があります。そのなかで学生は、なぜ実習をするのか、実習で何を学ばなければならないかといった思考を積み重ねていくことになります。

また、その際には「相談援助演習」との関連性も理解させることが求められます。「相談援助演習」のねらいの1つは、「社会福祉士に求められる相談援助に係る知識と技術について、実践的に習得すること」であり、上記に示したような実習の「ねらい」と重なります。演習は現場ではなく教室のなかで展開されるものではありますが、具体的な課題や状況について自らが考え、感じ、動くことによって自分を見つめ直し、また利用者を取り巻く環境について理解を深めるための技術を身につけるトレーニングの場です。演習で身につけた技術をさらに自分のものにするために現場で行動し、試行するのです。そのためには実習で求められる技術を演習でトレーニングできるような内容が求められ、学生にもその点を理解させながら授業を展開していく必要があります。

### ②実習指導の意義

　上記のような「ねらい」を達成するために、準備期間としての実習前指導があります。実習前の指導では、学生自らの意識を現場に向かわせるとともに、実習先で求められる知識と技術の確認・整理を行います。その際には、第1節で述べられているように、集団指導と個別指導を組み合わせて授業が展開されます。

### ③実習先の選定

　実習先は児童福祉・高齢者福祉・障害者福祉あるいは地域福祉等さまざまな分野にわたっていますが、1人の学生が実習で体験できるのは限られた現場です。自分はなぜ実習を希望するのかという自己の動機が明確になった次の段階は、「どこで」実習をするのかを選定することになります。

　学生は実習先の範囲となる施設・機関について十分に理解しているでしょうか。各分野の施設については、それぞれの講義科目のなかですでに学んでいる場合もあるでしょう。講義科目のなかでどこまで学んでいるのかについても、講義科目の担当者に確認する必要がありますが、基本的な事柄を理解させる必要があります。

　例えば、どのような法律が根拠となり、どのような目的で、どのような援助を行うことがその施設・機関の機能なのかといったことを学生が理解するための授業内容が求められます。

　なお、実習先は厚生労働省告示によりその範囲が定められています。また、実習指導者に関しても、社会福祉士資格を有し、相談援助業務が3年以上という従来の基準に加え、実習指導者講習会を受講しなければならず、該当者がいない場合、その施設・機関は実習を受け入れることができなくなりました。また、すべての養成校が要件を満たす実習先を確保し、実習委託契約を結び、地方厚生局にあらかじめ届出・登録をしなけ

ればならなくなりました。さらに、おおむね週 1 回の巡回指導が規定されたために、例えば学生の帰省先のような遠方の実習先と実習委託契約を結ぶことは困難になってきました。

　これにより、養成校は地理的な条件も考慮しながら、実習受け入れ体制が整っている実習先を確保することが求められるようになりました。施設・機関の受け入れ体制が不十分であったり、実習プログラムがソーシャルワーク実習を実現できるようなものになっていなければ、実習生を送り出す必要がないということです。一方で、施設・機関側もより質の高い実習を目指すために、これまでの養成校の実習指導の取り組みや実習生の態度などを鑑みたうえで、実習委託契約を結ぶかどうかを判断できるようになりました。両者が実習の質をめぐって相互評価され、選ばれる時代に入ったといえます。

　多くの養成校はすでに指定施設・機関の届出を終えており、学生は基本的にはそのなかから希望の実習先を選定することになります。しかし、年度によっては、限られた実習先では学生の希望にすべて応えられないということも想定されます。学生には希望に沿わない場合もあることや、その際の決定基準や決定過程を明確にして伝えることが重要です。また、養成校は毎年指定施設・機関の見直しを行い、必要であれば新たな実習先を開拓する必要があります。その際には、社会福祉士会が公開している実習指導者講習会修了者の名簿が参考になりますが、よりよい実習先を求めるためには実習担当教員の情報収集力や現場との関係調整能力も求められます。

　実習先の決定ルートにはいくつかのパターンがありますが、配属を最終的に決定する教員が学生と実習先の両方をよく理解してマッチングを行うことが重要です。多くの養成校は複数の教員が実習指導を担当していますので、協議をすることでお互いの情報を補いながらマッチングを行うことができます。

〈実習先選定までの流れ〉

ⅰ）教員と学生の面談⇒調整⇒決定

　このパターンでは、まず教員が学生と面談をして、「なぜ社会福祉士を目指すのか」を再確認しながら、「なぜその実習先を希望するのか」を明らかにしていきます。この時点でしっかりと答えられないようであれば、課題を提示するなどして、自らの問題関心、学習目的を再整理させる必要があります。そのような作業を終えた後、教員間で協議・調整を行い決定します。

ⅱ）希望調査票⇒調整⇒決定

　このパターンでは、養成校が委託契約を結んでいる施設・機関の一覧を提示したうえで、学生に希望調査票（希望先、希望動機など）を記入させ、それをもとに調整します。その際には第三希望くらいまでを記入させますが、できる限り第二希望くらいで調

整できるように協議します。
ⅲ）希望調査票⇒教員と学生の面談⇒調整⇒決定

　このパターンは、ⅱのパターンに教員と学生との面談を加えた、より丁寧なプロセスになります。調査票をもとに教員が面談をして、希望動機などを確認します。また、面談を行うことによって、学生の実習に対する意欲を把握することができるとともに、実習や実習に対する偏った認識を修正することもできます。さらに、実習にあたって学生の不安や配慮が必要な点などを理解することもできます。時間や労力が必要となるプロセスですが、ここを丁寧に行うことで、実習指導や実習中に起こり得るトラブルや問題を想定し、対処に備えることができるのです。

## 2. 実習先決定後の事前学習

　実習先が決定した後は、厚生労働省通知の「内容」に示されているように、「実習先で必要とされる相談援助に係る知識と技術に関する理解」のための指導が求められます。「ガイドライン」の「想定される教育内容」では、「実習機関・施設における相談援助の場面で活用されている知識と技術を理解させる」「実際に相談援助で用いられるツール（アセスメントシート等）を活用させる」となっています。

　では、「必要とされる相談援助に係る知識と技術」とは具体的にはどのような内容なのでしょうか。実習先を選定する前に実習分野全般についての学習は終えていますから、ここでは、実習現場となる「その施設・機関」の状況について理解することが必要です。

　例えば、実習先に関する基礎知識として以下のような内容を理解しておく必要があります（宮田ほか　2005：57）。
ⅰ）実習先の沿革、設置目的や理念、事業内容、職員体制、日常の援助内容
ⅱ）法的基盤、設置基準
ⅲ）地域の特性
ⅳ）利用者の状況
ⅴ）実習分野にかかわる制度・施策

　これらについては、学生各自で調べ学習を行い、レジュメにまとめて授業で発表させる等の方法をとおして、学生の主体的な学びを深めていきます。養成校で必要な項目を整理し、ワークシートを作成しておくのも学生が学びを進めるために効果的かもしれません。

　文献資料のみでは得られない情報については、次項に述べる現場体験学習や見学実習で得ることになります。実習先についての学習を進めていくなかで「見学によって知り

たいこと」「実習指導者に質問したいこと」を整理しておけば、訪問する際にも何を見ればよいのか、何を聞けばよいのかが明確になり、有意義な訪問になります。

次に技術に関する学習です。これには以下のような内容が含まれます。
・相談援助の知識と方法
・社会福祉士としての価値・倫理

これらについては、これまで述べてきたように、講義科目「相談援助の理論と方法」及び「相談援助演習」との連動がより必要になります。

ⅰ）相談援助の知識と方法

相談援助の理論については講義科目で学習していますので、テキストや資料を読んで復習させると同時に、実習施設・機関における相談援助の場面で活用されている知識と方法に焦点を合わせる必要があります。厚生労働省通知で示されている「相談援助実習の目標と内容」のなかには、「利用者理解とその需要の把握及び支援計画の作成」が含まれています。つまり、担当させていただく利用者（特定ケース）について、アセスメント及びプランニングを実施するということです。そのために必要な知識は、まずアセスメント及びプランニングの概念です。アセスメントとは何か、プランニングとは何かという基本的な内容を復習しておく必要があります。

アセスメントをどのように実施するかについては、アセスメントシート等を活用する方法があります。介護保険制度におけるケアプラン作成のためのアセスメントシートのように、職能団体等で規定された様式のシートもあります。また、障害者個別支援計画・児童自立支援計画のためのアセスメントシートのように、施設や機関が独自に開発した様式もあります。それぞれの様式を手に入れて授業で実施する、あるいは課題として提出させることで、学生は社会福祉士として利用者の何を把握しなければならないのかを理解することができます。ただし、規定された様式が入手できない場合でも、養成校独自のアセスメントシートを開発することで代替できます。実際に活用されているシートほど項目は細かく設定できないかもしれませんが、重要なことは利用者のどの側面を把握しなければならないかという点です。さらに重要な点は、アセスメントシートを埋めることがアセスメントではないということです。アセスメントでは、その対象となる利用者個人に関する情報を収集するのみではなく、個人とその環境との相互作用を考慮に入れ、多面的に問題を捉えることを目指しています。また、利用者の弱さや問題点から踏み込んで強さ（ストレングス）をも見いだしながら、それを伸ばしていけるようにプランニングに組み込んでいきます。利用者の年齢や抱える問題に関係なく、個人を統合的に理解するためのツールとして、養成校独自のアセスメントシートを開発しておけば、どの種別のクラスでも活用することができます。

次にプランニングの方法です。これについてもアセスメントと同様にそれぞれの施設・機関で活用している様式があります。しかし、実習指導の段階では、プランニングの方法の理解が求められますので、これも養成校独自の援助計画書を作成してみるのも効果的かと思います。プランニングでは、援助が何を目指して行われるのかという援助の目標を明確にすることが必要です。その際には、抽象的な大目標から実践可能な小目標を導き出すことが求められます。

アセスメントやプランニングはソーシャルワークのプロセスの中核となっていることから、相談援助実習においても重点が置かれます。したがって、これらの項目は実習前に十分に理解し、アセスメント面接に係る技術についても習得しておく必要があります。そのためには、実習指導の授業と相談援助演習の授業で、これらの項目をどのようにどの程度扱うのかを担当教員同士で予め調整しておくことが大切です。

ⅱ) 社会福祉士としての価値・倫理

厚生労働省通知の「相談援助実習指導の目標と内容」では、「価値・倫理」という文言は直接には示されていませんが、社会福祉士として行動する際の根幹となる部分ですから、実習指導の授業でも確認しておく必要があります。

価値・倫理を学ぶ際には、日本ソーシャルワーカー協会、日本社会福祉士会、日本医療社会福祉協会、日本精神保健福祉士協会が合同で定めている「倫理綱領」が指針となります。講義科目「相談援助の基盤と専門職」「相談援助の理論と方法」でも繰り返し解説されることになりますが、実習指導では実習先で起こったジレンマ事例などを取り上げて、何が問題なのか、実習生あるいは職員の行動をどう捉えるのかなどについて議論するような時間も必要です。

「倫理綱領」にも掲げられている「プライバシーの尊重」と「秘密の保持」については、シラバスの「内容」にも含まれており、実習指導の授業でも時間をかける必要があります。前項で述べたように、相談援助実習では1人の利用者を担当させていただき、ソーシャルワークのプロセスを学び実践します。その際には利用者の個人情報やプライバシーに深く触れることになります。そこで、プライバシーを尊重すること、守秘義務を遵守することが大きな課題となるのですが、実習指導者の指導のもとだからこそ、このような体験ができるのです。利用者の生活と権利を守り、支えていくためには、自分がどのように個人情報と向き合い、いかに保護し、活用するのかを学生が現場で考え実践することが求められます。そのためにも、利用者のプライバシーを尊重し、秘密を守ることによってより深い援助関係が成立するといった、守秘義務を遵守することの積極的な意味を、事例等をとおして理解させることが重要です。

近年、インターネットの普及によって、日々の出来事をSNSなどで発信することが日常的になっています。気軽な気持ちで書き込んだことが全世界に拡がり、後から削除したり修正しても一旦拡がった情報は消せません。この点については特に強く指導する必要があります。

### 3. 現場体験学習及び見学実習

　実際に配属先を訪問して利用者との交流の時間を設けていただいたり、施設・機関の構造や設備を見学することは、利用者の状況や配属先の環境などを理解するために有効です。また、職員がどのように利用者とかかわっているのかということを直接見ることができ、自分の行動のモデルとすることができます。

　教員が引率をして、見学や体験のポイントを解説するという形式は理想的ですが、困難な場合もあります。その場合は、実習指導者との連携が重要になります。配属先を理解するためにも訪問したうえでの学習が必要であること、利用者とかかわる時間を設定してほしいこと、実習指導者の利用者へのかかわり方を見せてほしいことなど、何を見学しなければならないのか、何を体験させなければならないのかを明らかにして実習指導者に伝えることが大切です。そして、学生に対しても、利用者とのかかわりや実習指導者のかかわり方から何を学びたいのかといった目標を設定させる指導が必要です。

　また、学生が自分で訪問することで、アクセスの状況を理解することもできます。公共交通機関の時刻表や現地までの経路などはインターネットやアプリを活用して調べられますが、自分の足で歩いてどのくらいかかるのか、負担の少ないルートはあるのかなど、学生が実際に確認することで少しでも不安を軽減できます。さらに、施設・機関の立地条件によっては、自家用車やバイクで通勤しなければならないところもあるでしょう。そのような場合も、学生自身が通ってみることによって渋滞状況や危険な箇所を把握することができます。

　現場体験学習及び見学実習終了後は、学習したことをレポートにまとめさせます。様式は各養成校それぞれ異なると思われますが、基本項目として、「目標」「体験内容」「見学内容」「考察」「目標達成度」「今後の取り組み」は含まれるでしょう。まとめた内容をクラスのなかで発表させ、それぞれの学びを共有するといった授業展開もできます。それを通して、各配属先の固有性・独自性とともに、ソーシャルワークが実践されている場としての共通性・普遍性を理解できるような指導が求められます。この現場体験学習及び見学実習は、第5項の実習計画書を作成する際の貴重な材料となります。

　なお、実習先を理解するための事前訪問とは別に、実習計画書作成後に実習プログラムのすり合わせの事前訪問も実施する必要があります。これについては110頁で解説

します。

## 4. 実習で求められる行動

### ①学習者としての行動

　相談援助実習は、講義や演習で培ってきた知識や技術を活用し、職員の指導のもとで「現場」で利用者・住民や職員等との相互作用をとおして「学び」を深める授業です。実習プログラムは用意されていますが、学生自身が主体的に考え、動いていかなければ相互作用は生まれません。たとえ発生したとしても密度の濃いものとはいえないでしょう。

　学生が自分を取り巻く人々との相互作用を活発にしていくためにも、何のために実習をするのかをしっかり認識させ、謙虚さと積極性をもって取り組ませることが必要です。謙虚さとは「指導を受ける」という態度です。実習指導者や職員の行動を批判したり評価するのではなく、行動の意図を尋ねたり確認することです。また、積極性とは「学ぼう」という態度です。そのためには、何が分からなくて何を学びたいのかを明確にする必要があります。それを文書化したものが第5項で説明する「実習計画書」なのです。つまり、実習計画書を丁寧に作成することが積極性を発揮させることにもつながるのです。

### ②組織の一員としての行動

　前項で述べたように、現場体験学習及び見学実習において、学生は実習指導者や他の職員の行動を観察することをとおして、社会福祉士として求められる行動の基準を学びます。その行動の意図とともに、行動した結果、利用者がどのように反応しているかを把握することによって利用者との相互作用の実際を学びます。このような行動が専門技術であり、学生は実習場面でこれを意識することが期待されます。

　社会福祉士という専門職としての行動のなかには、社会人・組織人としての行動も含まれると思います。学生は利用者の立場からは組織の一員としてみなされていると考えられるからです。社会人としてまず求められるのは、挨拶や言葉遣いなどのソーシャルマナーです。社養協のガイドラインを作成する過程において、挨拶や言葉遣いについては、相談援助実習以前に初年次教育などで指導しておくべきであるという意見も出されました。そのような意見もふまえて、相談援助実習のガイドラインのなかでは、「挨拶をする」や「言葉遣いに留意する」といった内容ではなく、「出会いの場面において関係形成のための適切な対応ができる」や「相手の状況に合わせて会話を継続できる」と

いう文言になりました。しかしながら、この文言が「挨拶」や「言葉遣い」を表していることは理解していただけると思います。つまり、挨拶や適切な言葉遣いは実習で学ぶ内容とはいえないものの、実習先では必ず求められる行動であるということです。また、実習先施設・機関からはこれまでも「挨拶ができない」「職員に対して若者言葉で話している」などの苦情が養成校に寄せられていることから、「挨拶」や「言葉遣い」は着目される行動であるということです。したがって、実習指導の授業においても、この点を確認しておく必要があります。

なお、ソーシャルマナーには、服装や髪型、携帯電話の扱い、時間厳守なども含まれます。それぞれの養成校において、どこまで指導が必要となるのかを担当者間で協議しながら、「実習の手引き」に記載しておくことも大切です。

### ③社会福祉士としての行動

学生はまだ学習中の段階であり、専門職としてのレベルまで到達していないことは当然のことですが、現場では社会福祉士として行動しようと試みることが求められます。その行動の基本となるのは、利用者との信頼関係です。平岡（1998：25）は、信頼とは、人が他の人とかかわるときに抱く安心感だと述べています。自分がありのままの姿でいられること、見かけを気にする必要がないと感じるときに、この安心感が生まれてきます。このような信頼感は、利用者との最初の出会いから存在するものではありません。援助者からの意図的な働きかけによって形成されていきます。つまり、学生は利用者に「意図的に」働きかけることを通して、利用者との信頼関係を構築することを求められているのです。したがって、実習指導では、そのために必要な技術を理解させることが大切です。

その前提になるのが、利用者を徹底して尊重するという社会福祉士としての価値です。社会福祉士として「人と向き合う」ために、どのような人に対しても畏敬の念を持つことが、利用者との信頼関係につながります。これは、利用者のことを絶えず気遣い、心配りを示すこと、利用者の言動を援助者の価値観で判断するのを控えること、利用者の話に十分に耳を傾け、理解しようと努めることといった行動で表されます。特に利用者の話のなかで感情に耳を傾け大切にすることの重要性について、バイステックの原則においては、「意図的な感情表出」のなかで、感情の表出がケースワーク関係を深めることが述べられています。また、「受容」の原則においては、利用者のありのままの姿を受け入れ、「現実のものとしての善なるものではなく、真なるものを把握し、処遇する」ことによって、利用者の潜在能力を理解することが専門職の職務とされています。

社会福祉士は、常に言語化された言葉の裏にある感情に注意し、またそれを引き出すための適切な質問の技術も求められます。利用者を多面的に総合的に理解するという目的をもって、開かれた質問、閉じられた質問を活用するということです。その焦点は利用者に合わせられるのであり、時期尚早の助言や提言、解決方法の伝達をするようなことは避けなければいけません。小西（2004：37）は、援助者が利用者の感情の表出を促し、受け止めるための留意点として、①非言語的コミュニケーションを十分に観察する、②注意深く、反応を見ながら、目的を持って聴く、③どのような感情も安心して表出できるように支える、④早すぎたり多すぎる解釈をしない、⑤援助者の感情を転嫁しない、⑥クライエントの欲求に焦点づける、の6点をあげています。学生は実習場面において、利用者との信頼関係を深め、利用者の「真なるもの」を把握するために、コミュニケーション技術を活用するという行動が求められます。そのためには、実習が始まる前に、それらの技術を理解し、習得しておく必要があります。この点は、相談援助演習との連動が特に求められます。コミュニケーション技術の習得を目指して、演習ではどの時期にどのような内容で授業が展開されるのかを把握しておけば、それを踏まえた指導が可能になります。それぞれの養成校でシラバスを作成する段階で相談演習との摺り合わせができれば理想的ですが、少なくとも、お互いのシラバスの内容は把握しておくことは必要です。

　次に、求められるのがアセスメントを実施するための行動です。これは上記の質問の技術にも関連します。アセスメントとは、利用者と利用者の置かれている状況を把握し、どのような生活ニーズが生じているのかを明らかにするプロセスのことです。実習では厚生労働省シラバスに示されているとおり、「利用者理解とその需要の把握及び支援計画の作成」が内容に含まれています。「利用者理解とその需要の把握」がアセスメントにあたると考えます。アセスメントは、個人と個人を取り巻く環境の相互作用に着目し、何が起こっているのか、なぜこのようなことが起こったのか、対象者のもつ問題対処能力はどのようなものかなどを考慮して行われます。そして、このような状況を把握するために多面的に情報を収集する必要があります。

　その際に求められるのが、上述したようなコミュニケーション技術です。利用者の感情面への適切な配慮を行いながら、情報をバランスよく収集することが重要です。利用者の話をしっかり聞き、その話の意味を理解したうえで多くの情報の間にある関連性が理解できるようになるための訓練が必要です。したがって、アセスメントについても相談援助演習との連動が求められることになります。

## 5. 実習記録ノートの書き方

ⅰ）実習記録の意義

　社会福祉の現場では、記録は不可欠のものです。副田（2006：4-5）は、ソーシャルワークにおける記録の目的を以下のようにまとめています。

①クライエントの利益や権利擁護を目指し、より適切な支援活動を実施すること
②他機関・他職種との情報共有を円滑に行うこと
③適切な支援活動の継続性の保障をすること
④クライエントとの情報を共有しコミュニケーションを促進すること
⑤公的活動としての適切性を示すこと
⑥支援活動の内容と結果（影響・成果）を資料として蓄積すること

　相談援助実習の記録はこれらと別の側面も備えますが、学生は実習において支援活動を体験し実践していくことを考えると、実習記録の目的と重なる部分もあるということです。

　では、実習を記録することの意義はどのように捉えればよいでしょうか。上記に示されている目的を踏まえると、実習生として重要なのは、⑥の「支援活動の内容と結果（影響・成果）を資料として蓄積すること」と捉えられます。

　実習の目的は、大学の講義で学んだ知識・理論を現場の体験をとおして検証することです。自らの体験を整理し、文章化することをとおして、自分の行動が利用者や周囲の人々にどのような影響を与えたのか、どのような変化をもたらせたのかをふり返ることができます。また、その日の目標をどれだけ達成できたかを確認することをとおして、改善点を見いだすことができるようになります。これは上記の目的の①にもつながります。文章化し意識することによって、より適切な行動を目指そうという意欲につながります。そして、それを蓄積することで学生は自らの目標に近づくことができるのです。

　次に、実習記録ノートは、実習生の立場で体験したこと、観察したこと、それに対して学んだこと、疑問に思ったこと、考えたことを実習指導者に伝えるツールにもなります。実習指導者は、実習中も学生とのコミュニケーションを図りますが、四六時中一緒にいるわけではありません。体験の場所によっては、実習指導者が外れる場合もあります。また、利用者とのかかわりについては、敢えて1対1の環境を整えてくれる場合もあるでしょう。そのような場合に学生がどのような意図でどのような行動をとり、どのような結果が生じたか、それをどう捉えたのかといった詳細は、実習記録ノートでしか知りえることはできないのです。これは上記の目的の④にも関連します。クライエントとではありませんが、実習記録ノートが実習生と実習指導者とのコミュニケーションを促進する媒体ともなります。

また、実習記録ノートは、実習生と実習担当教員とのコミュニケーションも促進します。担当教員は実習場面での学生の様子を直接観察することはできません。したがって、学生がどのように行動し、どのように考えたのかは実習記録ノートで把握することになります。

　さらに、特に実習における記録はコミュニケーションのツールとなるとともに、スーパービジョンのツールにもなります。

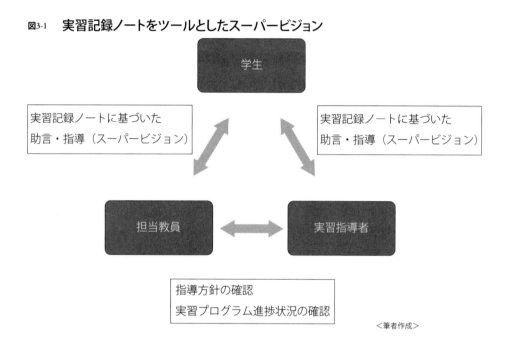

図3-1　実習記録ノートをツールとしたスーパービジョン

＜筆者作成＞

ⅱ）実習記録ノートの様式

　実習記録ノートの様式は、養成校によって異なりますが、以下の内容が含まれることが必要です。

①年月日
②学生番号、氏名
③本日の目標
　実習プログラムに沿った、その日の目標を書きます。
④実習内容（時間、概要、実践・観察内容）
　1日の流れ・体験内容を時系列的に整理します。大切なことは、概要には体験した事実を正確に記録するということです。実習場面で何が起こっていたのかということを、4W1H（いつ、どこで、誰が、何を、どのように）に留意して客観的な事実を書き込むように指導します。客観的な事実を的確に伝えるには、文章作成上、5W1Hの構成要

素を押さえることが大切ですが、実習記録ノートにおいては、そのなかの「何のために（Why）」は、体験した事実に対する分析・解釈になると考えます。それを記入するのが、「実践・観察内容」の欄です。客観的事実と学生の分析・解釈を明確に分けることが重要です。解釈には学生の判断や意見も含まれるので、その根拠についても記述するように指導します。

⑤本日の目標に関する場面の詳細および考察

　実習記録ノートの中心となる部分です。ここは「実習内容」のなかから、「本日の目標」に照らして、その場面を詳細に記述し、考察を述べる欄です。体験した内容をふまえて「本日の目標」がどの程度達成されたのか、達成されなかったのか、それはなぜかといった要因を分析し具体的に記述します。その要因を明らかにすることをとおして、次の課題が見えてくるのです。

⑥実習課題について学んだこと

　ここは、本日の課題以外に実習計画書で掲げる実習全体のテーマ・課題について理解したことを記述します。

⑦明日（以降）の課題

　⑤での考察をふまえて翌日以降の課題をあげ、その課題を達成するためにどのように取り組むべきかについても記述します。

⑧実習指導者からのコメント

　学生の考察に対して、実習指導者が指導・説明・進化の促しなどを記入する欄です。実習指導者は自ら専門職としての業務を抱えながらの指導となることから、コメントを記入する時間を確保することも困難ではありますが、可能な限り速やかに学生に返却してもらうように教員から伝えることが必要です。

　なお、養成校によっては「質問」の欄を設けているところもあるでしょう。多忙な実習指導者にその場では質問しづらいという理由で、学生がこの欄を活用することを考えると、敢えて設けないということも考えられます。疑問を解決しないままに実習を続けることは、学生の学びが深まらないばかりではなく、利用者に対して不適切にかかわりが続いてしまうことも考えられます。学生が疑問に感じたことはその場で質問するように指導することが大切です。

ⅲ）記述上の留意点

　事前の実習指導においては、学生が実習記録ノートの意味を理解し、実習中に適切に管理し記述できるように指導しておく必要があります。その指導の要点は、概ね以下のとおりです（日本社会福祉士養成校協会　2014：235）。

①正確性

記録が実習を行ったという何よりの証拠になります。スーパービジョンや評価のためにも正確に読みやすい文章で記述することが求められます。そのためには主語と述語との関係を明らかにすること、誤字・脱字に留意すること、流行語・省略後の使用は避けることなどについて十分に指導する必要があります。

②訂正の方法

　実習記録も公的な文書に準ずるものとして扱われます。したがって、鉛筆書きではなくボールペン等を使用し、通常修正は行わないものとします。何らかの訂正が必要な場合には、公文書の訂正方法にならい、修正液等は使用せず、訂正部分に二重線を引き、訂正印を押すなど正式な手続きをもって、訂正箇所が明らかに残るように処置をとるように指導します。

③プライバシーへの配慮

　記録の記述に当たっては、利用者のプライバシーに細心の注意を払い、利用者の権利侵害にならないような配慮が必要です。特に、利用者の氏名を記述する必要がある場合は、アルファベットに置き換える、もしくはイニシャルを用いるなどの処置を講じます。具体的な方法については、実習指導者の指示を仰ぎ、それに従うように指導します。また、実習記録ノートの取り扱い・管理についても十分に留意するように指導します。

④メモの活用

　実習中に気がついたこと、考えたことなどを忘れないようにメモに記録しておくことも、実習記録ノートを記述する際に役に立ちます。ただし、利用者の前でメモをする際には承諾を得ることなど、時と場所をわきまえる必要があることは指導します。

## 6. 実習計画書の作成

　実習計画書とは、実習教育の意義・目的や自分の問題意識に照らして、その施設・機関の実習で学びたいこと（実習課題）とそれを学ぶための方法（体験内容）、すなわち実習のイメージを具体的に表したものです（宮田ほか　2005：61）。実習計画書といっても、180時間の毎日の体験内容をすべて書き込むのではありません。「職場実習」「職種実習」「ソーシャルワーク実習」それぞれの段階で学びたいことを明確に記述することが大切です。

　実習プログラムは組織内外とのさまざまな調整を図りながら、実習指導者が社会福祉士としての業務からソーシャルワークを抽出し分析・整理する作業をとおして作成されます。このようにして作成されたプログラムを「基本プログラム」と呼びます。養成校は、配属先が決まった段階で基本プログラムの作成に取り掛かるように依頼をします。

日程や詳細な時間配分など確定できないという理由で基本プログラムの作成が実習開始直前になってしまうような実習先も見受けられますが、実習計画書作成の指導のためには必要となります。速やかに作成してほしいということを実習指導者に適切に伝えることが大切です。

　実習指導者のなかには、「ソーシャルワークの内容をどう配置すればよいか分からない」「順位づけや流れを作れない」という方もいます。そのような場合には、基本プログラムの作成（実習プログラミング）を養成校の教員と協働して行うこともできるでしょう。「大学等において開講する社会福祉に関する科目の確認に係る指針について」（19文科高等917号、厚生労働省社援発第0328003号）においても、「各実習施設における実習計画が、当該実習施設との連携の下に定められていること」と明記されています。

　このように実習指導者が実習担当教員と連携して作成する「基本プログラム」が「実習計画」の詳細を表すものとして準備されているのに、実習生が改めて実習計画書を作成しなければならないのはなぜなのでしょう。それは、学生の問題意識や学習関心を引き出し、実習に向けての自発性・主体性を高めるためといえるでしょう。実習計画書を作成するプロセスをとおして、学生は自分が「何を学びに実習を行くのか」「どのような体験ができればそれを学べるのか」といった、実習先での行動や態度の方向性を明らかにすることができます。また、そのためにはどのような事前学習が必要になるのかを自ら理解し、取り組めるようになります。

　また、実習計画書は、実習指導者が作成した「基本プログラム」と実習指導者が作成した「基本プログラム」をすり合わせて学生1人ひとりに対する「個別プログラム」を完成させるための素材でもあります。学生は自分の実習課題と体験内容を実習指導者に伝え、「基本プログラム」と適合することで、実習イメージと実際のプログラムのズレを理解することができます。一方で、実習指導者は学生の問題意識や学習関心を把握するとともに、できるだけ学生の希望を反映できるように、「基本プログラム」のアレンジが必要になっています。このようにアレンジされカスタマイズされたものが、「個別プログラム」となります。学生が実習計画書を実習指導者に提出する際に、大きなズレがあると「個別プログラム」の作成が滞ることにもなるので、養成校教員は、実習指導者が作成した基本プログラムを予め読み解き、実習先が学生に何を求めているのかを学生に伝える力も必要になります。

　実習計画書の書式は養成校によって異なりますが、盛り込まれる事項としては、以下の内容が考えられます。

①実習機関・施設選択の動機・理由

なぜ自分がその実習先を選んだのかという選択動機を明らかにします。

②実習テーマ・実習課題

選択動機と関連させて、自分が実習をとおして学びたいことを表現します。

③実習テーマ・課題に対する準備・事前学習の状況

実習に臨むにあたり学習した内容とその方法、参考文献等を記述します。学習を進めていく際に生まれた仮説についても記述しておきます。

④実習テーマ・課題を達成するために実習中に体験したい内容

自己の実習テーマ・課題を達成するために、実習中にどのような体験内容を提供してほしいのか、どのような学習をすればよいのかという具体的な内容を記述します。可能であれば、「職場実習」「職種実習」「ソーシャルワーク実習」の三段階に整理します。

以上の点を踏まえ、実習計画書の様式の例を示しておきます。

**表3-1 実習計画書の例**

| 氏名 | | 学籍番号 | |
|---|---|---|---|
| 実習先 | | 実習期間 | |
| 実習機関・施設選択の動機・理由 | | | |
| 自己の実習テーマ・課題 | | | |
| 実習テーマ・課題に対する準備・事前学習の状況 | | | |
| 実習テーマ・課題を達成するために実習中に体験したい内容 | 職場実習段階 | | |
| | 職種実習段階 | | |
| | ソーシャルワーク実習段階 | | |

実習計画の作成については、厚生労働省通知の内容で「実習生、実習担当教員、実習先の実習指導者との三者協議を踏まえた実習指導の作成」と規定されています。三者が顔をつき合わせて協議できればよいのですが、個別に対応することは困難です。したがって、実際には、まず実習指導者が作成した基本プログラムを担当教員が受け取り、その内容を把握します。それぞれの段階で社会福祉士としての実践力を高められるような体験内容が盛り込まれているかを検討し、不十分な点などがあれば補足してもらうように伝えます。直接実習先に訪問して行うことが困難であれば、電話やメールのやりとりで実施できます。

次に教員は学生が実習計画書を作成する際に、基本プログラムの内容を説明し、そのうえで何を学びたいかという実習課題を見いだせるように指導します。個別に文章の書き方の指導が必要な場合もあるでしょう。最後に、学生は自分が作成した実習計画書を

持って実習先への事前訪問を行います。事前訪問については次項で説明しますが、事前訪問の際に提示された実習計画書について学生と実習指導者が内容の摺り合わせを行います。そのうえで、個々の学生の課題に対応する個別プログラムが完成することになります。すなわち、三者協議は以下のような形態で実施されることが多いと思われます。

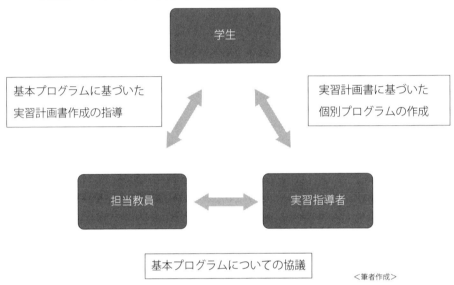

図3-2　実習プログラミングに関する三者協議

＜筆者作成＞

## 7. 事前訪問

　実習計画書が完成した段階で、学生はそれを持って事前訪問を行い、実習指導者に自分の問題意識や希望する実習体験等を伝えます。この事前訪問は、上記の図に示したように、実習指導者が実習計画書に基づいて基本プログラムを調整し、学生の関心や課題に応じた個別プログラムを作成するための重要な場面となります。

　なお、事前訪問は、実習プログラムの摺り合わせのためだけに行うものではありません。現場体験実習や見学実習でそれまでに施設の実際を見る機会がある場合もありますが、それは実習先ではない現場での体験や見学の場合もあるでしょう。そのような場合には、事前訪問が実習先の実際を見て様子を把握できる貴重な機会になります。その際には、実習先までの経路や時間を確認しておくことも指導する必要があります。

　次に、実習生と実習先との間で実習にかかわる約束事を確認します。多くの実習先では「実習受け入れマニュアル」を作成しているので、それに基づいて実習指導者から説明があります。学生が確認しなければならない事項は、実習先の概要のほか、準備物や実習中の過ごし方、必要経費、通勤方法などがあります。

また、事前訪問は学生と実習指導者が顔を合わせることで、お互いの波長合わせやアセスメントを行う機会になります。実習指導者は学生の服装や態度、そして個人票や実習計画書を見ながらどのような学生なのかを判断し、どのような指導が必要なのかを見極めます。学生も実習先の指導方針や実習指導者の思い・要望などを把握します。

　以上のように、事前訪問は実習プログラムを確定させるための機会となるばかりではなく、学生の実習指導者とのスーパービジョン関係の基盤となる信頼関係を形成する非常に重要な場面ともなります。実習初日のオリエンテーションとは位置づけが異なるので、少なくとも実習開始の1か月前には終えておく必要があります。したがって、事前訪問の重要性は学生にも実習指導者にも十分に伝えることが求められます。実習指導者が「多忙である」という理由で、事前訪問の日程を設定しないような場合は、教員が積極的に介入して実施できるように支援することが大切です（『前掲書』152）。

## 8. 個人のプライバシーの保護と守秘義務の理解

　厚生労働省通知の「内容」に、「実習における個人のプライバシーの保護と守秘義務等の理解（個人情報保護法の理解を含む。）」と示されているように、実習指導では実習における個人のプライバシー保護と守秘義務の必要性について具体的に指導する必要があります。

　個人情報保護法は一定規模以上の個人情報取り扱い事業者を対象としていますが、社会福祉士のように個人情報がなければ成り立たないような対人援助の業種・業務には、法令や専門職の倫理横領など、さまざまな守秘義務規定も課せられています。社会福祉士及び介護福祉士法では守秘義務違反に対して罰則規定があります。

　◆社会福祉士及び介護福祉士法（抜粋）

（秘密保持義務）

　第46条　社会福祉士又は介護福祉士は、正当な理由がなく、その業務に関して知りえた人の秘密を漏らしてはならない。社会福祉士又は介護福祉士でなくなつた後においても、同様とする。

　第50条　第46条の規定に違反したものは、1年以下の懲役又は30万以下の罰金に処する。

　2　前項の罪は、告訴がなければ公訴を提起することができない。

　また、日本社会福祉士会の「社会福祉士の倫理綱領」においても秘密の保持が提示されています。

　◆社会福祉士の倫理綱領（抜粋）

倫理基準
1）利用者に対する倫理責任
7.（プライバシーの尊重）社会福祉士は、利用者のプライバシーを最大限に尊重し、関係者から情報を得る場合、その利用者から同意を得る。
8.（秘密の保持）社会福祉士は、利用者や関係者から情報を得る場合、業務上必要な範囲にとどめ、その秘密を保持する。秘密の保持は、業務を退いた後も同様とする。
9.（記録の開示）社会福祉士は、利用者から記録の記事の要求があった場合、本人に記録を開示する。
10.（情報の共有）社会福祉士は、利用者の援助のために利用者に関する情報を関係機関・関係職員と共有する場合、その秘密を保持するよう最善の方策を用いる。

　さらに、2013（平成25）年3月には、厚生労働省から「福祉分野における個人情報保護に関するガイドライン」が示されました。このガイドラインは、「社会福祉事業を実施する事業者が行う個人情報の適正な取り扱いの確保に関する活動を支援するため、当該分野の実情や特性等を踏まえ、福祉関係事業者が講じる措置が適切かつ有効に実施されるよう具体的な指針として定めるものである」とされています。そのなかでは、「従業者の監督」として、「福祉関係事業者は、その従業者に個人データを取り扱わせるに当たっては、当該個人データの安全管理が図られるよう、当該従業者に対する必要かつ適切な監督をしなければならない」と示されています。その従業者には実習生も含まれています。つまり、実習生が利用者の個人データを取り扱う際には、教育や指導の内容や頻度を充実させることが求められています。したがって、養成校においても、文書や文献を読ませるだけではなく、具体的な守秘義務違反の事例等を用いた学習を進める必要があります。
　なお、事前指導における学習のほかにも、学生の問題意識を高める準備として、学生に対して実習受け入れ先において知り得た個人情報に関する守秘義務について、受け入れ先に対する誓約書とすることも求められます。また、実習指導及び実習履修が不可となる基準を証明するものとして、養成校の責任者（学長など）対する誓約書も別途用意することも考えられます。

## 9. 実習直前の指導
　少子化、消費社会の影響を受けて、若者のマナーについて論じられる機会も少なくありません。教員が常識的なマナーとして捉えている行動も、学生は身についていないこともあります。時代によって求められるマナーは変遷していくにせよ、対人援助の場面

では、利用者やその周辺の人々を不快にさせるようなことは慎まなければなりません。具体的には、挨拶・言葉遣い・服装・態度などです。この点に関しては、養成校で作成する「実習の手引き」などに詳しく記載するとともに、十分な指導が必要です。

また、学生といえども実習場面では職員として扱われます。職員は組織のなかでさまざまな規程・規則のもと働いています。学生もその規程・規則に沿って行動することが求められます。その点を実習指導でも十分に理解させる必要があります。特に、遅刻・早退・欠勤しなければならない時の対応の仕方を学生・教員・実習指導者の間で徹底させることが求められます。

参考文献・引用文献
・岡本榮一ほか『福祉実習ハンドブック』中央法規出版、2000年
・小西加保留「保健医療領域における対人援助技術―「面接技法」と「アセスメント」を中心に―」『桃山学院大学総合研究所紀要』30（2）、31-44、2004年
・副田あけみ「第1章ソーシャルワーク記録とは何か」副田あけみ、小嶋章吾編著『ソーシャルワーク記録』誠信書房、2006年
・公益社団法人日本社会福祉士会編『社会福祉士実習指導者テキスト第2版』中央法規出版、2014年
・社団法人日本社会福祉士養成校協会監、長谷川匡俊・上野谷加代子・白澤政和・中谷陽明編『社会福祉士　相談援助実習第2版』、中央法規出版、2014年
・平岡蕃ほか『対人援助―ソーシャルワークの基礎と演習』ミネルヴァ書房、1998年
・宮田和明ほか『四訂社会福祉実習』中央法規出版、2005年

# 第3節 実習中指導の内容と方法

## 1 はじめに

　実習巡回指導は、相談援助実習中に、相談援助実習指導担当教員（以下、実習担当教員）が行う実習スーパービジョンであり、その内容は厚生労働省が定めた教育のねらいに基づいて実施しなければなりません。つまり、実習担当教員は、実習巡回指導の意味や目的、そして巡回した際に行う教育指導の内容について、十分に理解しておく必要があります。

　そこで本節では、実習巡回指導で実施する教育内容と留意点、また実習巡回指導の方法について確認します。

## 2 相談援助実習における個別指導の位置づけ

　相談援助実習は、社会福祉士となるためには欠かすことのできない教育実践であり、体験をとおして支援の実際を学ぶ重要な科目です。しかしながらその学習は、実習機関・施設において、単に日常業務や実践を紹介的に学習させて、福祉の現場を「見た」「知った」「わかった」というレベルで留めるものではありません。むしろ、ソーシャルワークについて「説明できる」「実践できる」「言語化できる」といった、実際の相談支援プロセスを理解したうえで「〜ができる」という段階にまで実習生の能力を引き上げることが目的となります。したがって、相談援助実習の目的は、実践をとおして学んだ知識や経験を、理論としてまとめる能力を涵養することにある、といえます。

　この目的を達成するために厚生労働省は、相談援助実習のねらいとして「(1) 相談援助に係る知識と技術について具体的かつ実際的に理解し実践的な技術等を体得する。(2) 社会福祉士として求められる資質、技能、倫理、自己に求められる課題把握等、総合的に対応できる能力を習得する。(3) 関連分野の専門職との連携のあり方及びその具体的内容を実践的に理解する。」の3つを掲げ、具体的な教育事項については、「実習指導者による指導」と「相談援助実習指導担当教員による巡回指導等を通した個別指導」をとおして教育するよう定めています。つまり、相談援助実習とは、実習指導者の下で定められた実習プログラムにそって展開するものであり、実習機関・施設にすべてを任せるものではありません。そのため実習担当教員は、相談援助実習が効果的な学び

の機会となるよう、実習指導者と協力しながら実習中、計画的に個別指導を実施する必要があります。

## 3 二重のスーパービジョン体制

　実習生が実習関連科目の履修をとおして直面する多くの場面や出来事は、学びの機会であり、専門職として成長するには必要な過程であるといえます。しかし、経験の浅い実習生は、往々にして学びの機会を焦点化することができず、単なる気づきで終わらせてしまったり、深い学びへと繋げられなかったりしてしまうことがあります。そのため、実習生は、スーパーバイザーによる実習スーパービジョンを受ける機会を常に持っており、このことによって学習効果を向上したり、自らが抱える不安や悩みを解消したりして、成長することができるようになります。したがって、実習スーパービジョンは、実習を遂行するうえで困難を抱える実習生に限定するものではなく、すべての実習生に対して等しく実施されなければなりません。

　また養成校による実習スーパービジョンは、相談援助実習指導の教育実践の一環であることから、実習中はもちろんのこと、実習前、実習後にも実施されなければなりません。つまり、実習生は、年間をとおして養成校の実習スーパービジョンを受けながら、実習中については、実習指導者の実習スーパービジョンを受ける、という二重の実習スーパービジョン体制の下に置かれていることに留意する必要があります。

　そのため、養成校と実習機関・施設の指導内容が異なると、実習生に混乱をもたらしてしまいます。そこで、養成校と実習機関・施設は、実習生のアセスメントや実習スーパービジョンの内容、双方が担う役割について確認し、整合性と連動性を図ることが重要となります。

## 4 実習巡回指導と帰校日指導

　180時間の相談援助実習中に、養成校は厚生労働省通知に基づいて「巡回指導等を通した個別指導」を行うことが義務づけられていますが、その実施については、「少なくとも週1回以上の定期的巡回指導を行」わなければなりません。例えば、1日8時間の実習をした場合、実習日数は22.5日間となりますが、週2日の休日を挟むと実質31日間が実習日数となります。したがって、実実習日の概ね5日間に1回程度の割合で巡回をし、実習期間中、最低4回程度の個別指導を実施する必要があります。また実習日程にもよるところですが、一定の間隔で巡回指導を行うことが効果的であるとい

えます。

　しかし、地域によっては実習機関・施設の確保の状況等により、定期的な巡回指導を実施することが難しい場合もあります。その場合は「実習期間中に、少なくとも1回以上の巡回指導を行うことを前提に、実習施設との十分な連携の下、実習期間中に学生が養成施設等において学習する日を設け、指導を行うことも差し支えないこと」とされています。これは、いわゆる帰校日指導と呼ばれる個別指導の方法であり、実習生が養成校等に登校し、実習担当教員との面談をとおして実施する形態です。巡回指導を1回とした場合、3回は帰校日指導を実施する必要がありますが、帰校日指導は、巡回指導に代行する方法であることから、電話やFAX、文書、メール等、対面しない指導で代替えすることは適切ではないので、注意を払う必要があります。

　いずれの方法にしても、実習中の個別指導であることを理解し、実習プログラムの一環として実施されることを十分に留意したうえで、実習の進行に合わせて巡回する機会や回数を計画的に配当し、また必要に応じて実施しなければなりません。

## 5　実習巡回指導のねらい

　巡回指導が週1回以上に義務化されたことによって、実習生は、実習スーパービジョンをうける機会が大幅に増加したことになりますが、その目的は厚生労働省が定めた相談援助実習の教育のねらいを徹底化させることにあります。

（ア）利用者やその関係者、施設・事業者・機関・団体等の職員、地域住民やボランティア等との基本的なコミュニケーションや人との付き合い方などの円滑な人間関係の形成

（イ）利用者理解とその需要の把握及び支援計画の作成

（ウ）利用者やその関係者（家族・親族・友人等）との援助関係の形成

（エ）利用者やその関係者（家族・親族・友人等）への権利擁護及び支援（エンパワメントを含む。）とその評価

（オ）多職種連携をはじめとする支援におけるチームアプローチの実際

（カ）社会福祉士としての職業倫理、施設・事業者・機関・団体等の職員の就業などに関する規定への理解と組織の一員としての役割と責任への理解

（キ）施設・事業者・機関・団体等の経営やサービスの管理運営の実際

（ク）当該実習先が地域社会の中の施設・事業者・機関・団体等であることへの理解と具体的な地域社会への働きかけとしてのアウトリーチ、ネットワーキング、社会資源の活用・調整・開発に関する理解

実習生は、これらのねらいを達成するためには、実習中に抱いた疑問を可視化したり、また実習をとおして深める課題と、実習後に取り組む課題とを区別したりしなければなりません。ただし、このことは実習生１人の力で達成するのではなく、実習指導者や実習担当教員による実習スーパービジョンをとおして行われます。そのため実習担当教員は、実習生から漠然と悩みを聞いたり、実習指導者から、実習状況について口頭での説明を受けたりするだけではなく、実習プログラムの進捗状況や実習日誌などを活用し、その時点における実習生の学びを確認しなければなりません。

## 6 実習巡回指導の指導内容

　実習生は、相談援助実習をとおして、支援の実際や専門職としての使命など多くのことを学び、課題を発見しつつ、社会福祉士に必要な能力を獲得していきます。また、実践現場の職員が実習生を受け入れるのは、より高い実践力を獲得した福祉専門職の養成に対する責務があるからです。さらに、利用者にとっての実習生は、これからの日本の福祉を支える人材としての期待と、一定水準に達した力量をもった専門職の広がりを求めているからだといえます。

　しかし、一方で実習生は、未だ社会福祉専門職としては潜在的な存在であり、実習をとおして自己の適性や進路についての理解や、社会の期待に応え得る専門的力量の獲得が求められています。したがって、巡回指導を実施する視点には、「自己覚知を促す要素」「人材養成の要素」「社会的な要素」という３つの側面があるといえ、これらを総合しながら実施する必要があります。

　このことに留意しつつ巡回指導で実施する個別指導の内容について参考までに示すと、以下の項目が考えられます（出典：日本社会福祉士養成校協会編『相談援助実習指導・現場実習教員テキスト』中央法規出版、2009年。174頁の表６―10 実習中実習スーパービジョン（巡回指導時）のミニマム・スタンダードを一部改編・追加）。

**実習生に対する巡回指導の内容（参考）**
**1. 実習生の健康状態や不安を確認する**
　① 実習生の身心の状態について確認する
　② 実習生の気がかりなことや困ったことなどを確認する
　③ 実習生の不安等の気持ちを受けとめる

相談援助実習での学びは、実習生にとってはじめて経験すること、不慣れな場での学習することなどから、実習初期段階（特に巡回指導の1回目）では、健康状態や不安の確認に重点をおく必要があります。ただし、中盤、後半でも新たな気づきや課題との直面などにより、不安を感じていることもあるので、時期にかかわらず巡回指導を実施する際には、常に健康状態や不安の確認をする必要があります。

## 2. 実習生の行動を確認する

① 職員・利用者との関係形成に関する問題の有無を確認する
② 実習目標や課題に照らしたプログラム上の体験事項を確認する
③ 実習中にあった具体的なトラブルや口頭で受けた指導等を確認する
④ 利用者とのコミュニケーション場面を観察する

　実習先機関・施設は、利用者やその家族にとってサービス提供の場であり、実習生といえども支援者の一員であるといえます。したがって、実習生としての立場は言うに及ばず、社会人としての行動ができるか、という点も大切な確認事項になります。また、限られた実習期間において、利用者や施設職員と、いち早く関係形成をするための行動が適切であるか、確認しておくことは大切なことです。

## 3. 実習生の学習状況を確認する

① 実習生の実習先に関する理解について確認する（特に第1週目）
② 実習生の週間目標について確認する
③ 実習中に発生した諸問題について確認して、対処方法を話しあう
④ 利用者理解やかかわりの状況について確認する
⑤ 新たな発見や気づきについて確認する
⑥ 疑問を受けとめて、解決する
⑦ 実習生の自己覚知が深まっているかを確認して指導する

　相談援助実習は、実習プログラムに則って計画的に、また段階的に展開されるため、それぞれの段階における学びの状況の確認は重要です。例えば、実習初期段階では、実習先、また実習先が所在している地域の特性などを十分に把握しているか、といった学習が深まっているのか、また、実習全体の学びの効果を高めるためには、週間目標が適切に立てられているのかなど、学習の進捗に応じて確認する必要があります。

なお、実習が進むにつれ、観察の視点などが深まることから、それぞれの段階において、学習状況を確認し、必要に応じて学習項目の変更を検討した方がよい場合もあります。

## 4. 実習日誌の内容を確認して、指導する

① 実習日誌の提出状況を確認する
② ノートの記入状況および内容を確認して指導する
③ 指導者からのコメントを確認して指導につなげる
④ 「実習のまとめ」の進捗状況、早めに項目立てをして、書き始めるように促す
⑤ ケーススタディの進捗状況を確認する
⑥ 最終日の日誌の提出および返却方法について、指導者と実習生に確認をして3者の合意を得る（最後の巡回指導）

相談援助実習での学習を焦点化するために、実習生は、実習での気づきや学びをメモに留めています。実習生はこのメモを体系的にまとめることと並行しながら、日々の学習を実習日誌に記録をしていきます。つまり、実習メモや実習日誌は、実習中の学びの過程であるといえ、これらをとおして巡回までの間の学びを確認することができます。

また、実習日誌に記述されている実習指導者からのコメントは、実習生の学びをさらに深めるために大切な助言であることから、実習生とともにその内容や意味を理解することが大切です。さらに、実習日誌の内容や実習中の提出物の到達度をとおして、単にアセスメントシートを埋めることが目的になっていないか、さらには個別援助の実際について理解しているのか確認することが大切です。

## 5. 実習内容に対する実習生の評価を確認する

① 実習プログラムの満足度を確認する
② 指導者の指導方針に対する満足度を確認する
③ 指導者への要望事項等を確認して、必要に応じて指導者に伝える

相談援助実習に臨むにあたって、実習生が掲げた実習テーマが、実習機関・施設が用意した実習プログラムと必ずしも同調しているとは限りません。そのため、相談援助実習が、自らの学びを深める内容であったか、また十分な指導体制の下で、実習が行われていたのかを実習生に確認する必要があります。また必要に応じて、実習プログラムの修正を実習指導者に依頼しなければなりません。

### 実習指導者との打ち合わせ

相談援助実習における巡回指導は、実習指導者との二重の実習スーパービジョンの下に置かれているため、実習指導者との情報共有やすりあわせはとても大切です。また、実習生の実習態度や学びの力量などは、実習指導者からの確認が必要です。したがって、巡回指導の際は、実習生のみならず、実習指導者とも十分な時間をかけて、相互に必要な事項について確認することが大切です。

### 実習指導者との打ち合わせ項目（参考）
## 1. 出席簿について確認をする
① 欠席や早退などの有無を確認して、実習時間の確保に支障がある場合は、必要に応じて、実習期間の延長を依頼する。
② 出席簿記載の実習時間が適切かどうか確認をする
③ 出席簿の押印を確認する
④ 合計日数と時間の計算方法について再度確認をして必要に応じて指導する
⑤ 実習指導者に出席簿の最終的な取り扱いについて依頼する

相談援助実習は定められた時間数及び日数を満たさなければなりませんが、その確認は出席簿の押印と、実実習時間の合計に基づいています。そのため、欠席、遅刻、早退などにより実習時間・日数に不足が生じた場合は、その分の延長をお願いする必要があります。ただし、実習先機関・施設によっては、時期や実習の受け入れ予定などにより延長が出来ない場合や、実習プログラムの組み直しが必要となる場合があるので、十分な確認と協議をする必要があります。

なお、出席簿は実習時間数の根拠資料となることから、その取り扱いや返送方法などについては実習指導者と十分に確認しておくことも大切です。

## 2. 実習指導者から実習生の実習内容を確認する
① 実習生の態度やマナー等に関する意見や要望を聞く
② 実習の達成度について指導者から見通しを聞き、くわえて助言をもらう
③ 実習プログラムの評価項目の記入を確認する
④ 実習指導者・責任者から学校への要望を聞く

実習巡回指導は、概ね1週間に1回程度であることから、その間の実習内容や学習

態度を実習指導者に確認することは、とても重要なことになります。その際の視点は、実習指導者からの聞き取りはもちろんのこと、実習日誌の記述内容、および指導者からのコメント、また当該期間に実習生が作成した資料、さらには実習プログラムの進捗と中間評価などを参照しながら、多角的な側面から実習生の実習状況が把握できるように努めなければなりません。

また、実習プログラムが、急遽変更になった場合などは、代替えのプログラムなど組むように依頼することも大切です。その際、実習プログラムが単なるスケジュールとならないよう、実習指導者に確認をします。

その他、実習機関・施設によっては、複数の実習指導者が担当している場合もあることから、実習指導主任などから総括的に確認する場合は、実習生の実習状況が可視化できるよう、確認する項目をあらかじめ資料として用意しておくなどの準備が大切です。

## 3. 養成校の教育方針と教育方法を実習指導者に説明する

① 実習プログラムや指導方法について指導者と調整をはかる
② 養成校の実習目標・評価方法について指導者に再度確認し、より深い理解を求める
③ 実習指導者と実習指導のあり方について協議する

養成校の教育方針や教育方法などを説明し、実習プログラムに反映させるための協議は、相談援助実習前のスーパーバイザー会議などで十分に実施する必要があります。そのうえで、実習が始まり、実習プログラムのなかで、養成校が目指している教育方針が正確に伝わっているのか確認します。とくに養成校の教育目標や評価項目については、実際の実習をとおして場面ごとの状況を用いて説明した方が効果的な場合があります。また、はじめて実習を依頼した実習機関・施設の場合は、実習をとおして見えてきた課題などを伺い、今後の実習指導のあり方に反映します。

## 4. 個別指導の内容を指導者に伝える

① 必要に応じて実習生の要望事項や悩みを指導者に伝達する
② 必要に応じて実習内容やプログラムの調整を指導者に依頼する
③ 必要に応じて適切なスーパービジョンの実施を指導者に依頼する

実習生との個別指導の内容を率直に実習指導者に伝えます。その内容は、実習をとおして深まった学びや、実習中に抱いた悩みなど、また今後、事後学習するうえで必要と

なる項目や新たな視点など、実習生の目線に立つことが重要です。なお、実習生が抱えた課題や実習テーマと実習プログラムが適合していない場合は、実習プログラムの見直しを依頼する場合も考えられます。

## 5. 巡回後の課題や要望について確認する
① テーマや課題の変更、追加の有無を確認する
② 今後の実習のあり方や取り組み方について協議する
③ 実習担当教員から実習生へ伝えてほしいことがないかを確認する
④ 指導者からのそれまでの評価や要望事項を確認する

実習巡回指導は概ね1週間に1回程度となるため、次の巡回指導までの間に学ぶ内容の確認を行います。

実習のテーマは、実習生が専門職となるために学習する視点を焦点化したものとなります。したがって、実習をとおして新たな課題の発見や、学習視点の変更などが生じた場合は、事後学習で進めることとなります。また、実習指導者から見た実習生の特性や課題なども確認し、事後学習に取り入れる必要があるでしょう。

## 6. 実習内容を共有化する
① 実習指導者と実習生と実習担当教員の三者で実習の様子や実習内容を確認する。
② 実習生に対し実習指導者と共同でスーパービジョンを行う
③ 今後の実習の進め方を三者で共有する。

実習巡回では、実習生に対する個別指導となりますが、あわせて実習指導者からは、実習生の学びや取り組み姿勢などについて、伺います。実習生、指導者から聞いた内容を、三者で共有することで、新たな学びの視点や課題が明らかになります。また、実習生は積極的に実習に取り組んでいるつもりでも、実習指導者には伝わっていないなど、両者で齟齬が生じていることあります。それらの違いを早い段階で修正しておくことで、より実りのある実習となります。

## 7. 実習終了時の確認事項について
① 実習にかかった諸費用の支払いを忘れないことを確認する
② 責任者や実習担当者をはじめ職員および利用者へのお礼のあいさつをすることを確認する

③ 実習評価表と出席簿の返送方法を確認する。
④ 実習後の実習生の個人票などの取扱について確認する。
⑤ 実習報告会に出席するよう依頼する。

　相談援助実習は、単に実習を行えば修了するのではなく、関係の書類や修了に関する手続きなども重要な確認事項となります。養成校の実情に応じて確認すべき項目を明らかにし、実習関係書類などが紛失しないように確認することも重要です。

## 7 実習巡回指導における指導の進め方

　実習巡回指導は、実習担当教員が実習先に出向き、実習生、実習指導者のそれぞれと面談し、また実習担当教員含めた三者で実習のふり返りを行います。その内容は、実習計画等の進捗状況を確認しつつ、必要な助言・指導を行うことであり、その目的は、より深化した実習ができるように導くことにあります。したがって、実習生は、実習の三段階モデルによる実習プログラムの展開を意識しつつ、自らの実習テーマや実習課題を、「実習カンファレンスシート（参考）」「実習計画書のふり返り（参考）」などの資料にまとめて、巡回指導を受ける準備をしておく必要があります。

　その上で、実習生は、用意した資料を用いながら、実習中に学習をした内容を発表し、指導を受けるといったカンファレンス形式での実施が効果的であるといえます。

　実習カンファレンスは、三者同席の場でカンファレンス資料に基づいて実習生が発表をおこない、実習指導者と実習担当教員はそれを受けて、その週のふり返りと翌週への取り組みを確認し、指導を行います（なお、最終週においては、全体のまとめと実習後の継続学習の方向性を指導します）。また、実習担当教員は「実習日誌」を確認して必要な指導を行います。事前学習で作成した資料（「実習先分析シート」「実習先施設・機関地域基礎データ」「実習先地域社会資源把握シート」など）があれば、実習序盤で完成させて、第１回目の巡回指導において発表させます。

　カンファレンスは実習生・実習指導者および実習担当教員の三者で行いますが、実際に実習指導をした職員や施設長あるいは事務長などの関係者が同席することでより内容が深まる場合があるので、状況に応じて出席依頼を検討することも大切です。

　なお、相談援助実習では、週に１回以上の巡回指導を行わなければなりませんが、１回あたりの巡回に要する時間についての指定はありません。しかし、巡回指導が、実習生に対する実習スーパービジョンであり、また実習指導者との打ち合わせを行うことを踏まえれば、①実習カンファレンス、②実習生への個別指導、③実習指導者の打ち合わ

せ・確認、④実習内容やこれからの課題について三者での共有、のそれぞれに20分～30分程度の時間を要することから、おおよそ1人あたり60分～90分程度が目安となります。

**実習巡回指導における各週の取り組み（参考）**

　実習巡回指導で実施する個別指導は、巡回指導を重ねるごとに、学びの焦点を深める必要があります。そこで各段階で実習生に実施する個別指導の具体的内容を参考までに挙げれば、下のとおりとなります。

　あわせて、実習生も巡回指導の各段階で、何を学ぶのか、またどの段階まで到達しているべきなのか理解しておくことで、成長の道行きを確認することができるようになります。

＜第1回目＞
- 実習先への意識づけや実習プログラムの確認をする。
- 職場実習についてのふり返りを行い、実習機関・施設の理解を深めるための助言をする。
- 実習機関・施設の各専門職が担う役割や機能の理解度を確認する。
- 職場実習段階の目標達成の状況について確認する。
- 実習序盤の不安や悩みを取り除く。
- 実習日誌のチェックを行い、記述方法などの指導・助言をする。
- 自己作成したレポートなどがあれば、実習生に発表させ、助言する。

＜第2回目＞
- 実習計画書の進捗状況を確認し、指導する。
- 実習先専門職の専門性についての学習状況を確認する。
- 職種実習の振り返りを行い、実習指導者が実践している周辺業務や関連業務についての理解を確認する。
- 職種実習段階の目標達成の状況について確認する。

＜第3回目＞
- ソーシャルワーク実習の進捗状況を確認し、指導する。
- 実習計画書のソーシャルワーク実習の項目を確認し、具体的な目標をたてられるように指導する。

- ケーススタディ（事例研究）の進め方を確認する。

<最終週>
- ケーススタディ（事例研究）の進捗状況を確認し、まとめを促す。
- ソーシャルワーク実習のまとめを行い、残された課題を整理するよう指導する。
- 最終日の「実習日誌」と「実習のまとめ」の取り扱いについて、実習指導者に確認する。
- 実習後の学習課題を確認し、実習指導者との協議のうえ明確にする。

帰校日指導の留意点

　実習中の個別指導は、巡回指導が原則ですが、施設の所在地その他の理由により実習巡回指導が難しい場合は、最低1回の巡回指導を実施したうえで帰校日指導に代えることができます。したがって、帰校日指導で実施する内容は、巡回指導と同程度の指導内容を担保しなければなりません。また、帰校日指導は実習時間に該当しないため、注意が必要となります。

　帰校日指導を実施する場合、実習指導者が同席することは難しいことが考えられるので、実習指導者と事前に指導する内容の打ち合わせを行い、また個別指導を実施した後は、実習機関・施設に訪問するなどして、指導内容の共有化を図ることが大切です。

---

**参考文献**

厚生労働省社会・援護局福祉基盤課『社会福祉士養成課程及び介護福祉士養成課程における教育内容等の見直しに関するQ＆A』、2008年
社団法人日本社会福祉士養成校協会編『相談援助実習指導・現場実習教員テキスト』中央法規出版、2009年
加藤幸雄・小椋喜一郎・柿本誠・笛木俊一・牧洋子編集『相談援助実習』中央法規出版、2010年
米本秀仁・久能由弥哉編著『相談援助実習・実習指導』久美出版、2011年
松本葉子・中野陽子・中川正俊『相談援助実習指導における巡回指導について』田園調布学園大学紀要第7号、57-71、2012年
社団法人日本社会福祉士養成校協会監、長谷川匡俊・上野谷加代子・白澤政和・中谷陽明編『社会福祉士　相談援助実習第2版』中央法規出版、2014年
公益社団法人日本社会福祉士会編『社会福祉士実習指導者テキスト第2版』中央法規出版、2014年

カンファレンス記入シート

第　　週目　実施日　　月　　日　氏名＿＿＿＿＿＿＿＿＿＿

今週の目標

今週の目標の達成度
　できたこと

　できなかったこと

　今週の総評（自己評価）

次の目標（最終週においては事後学習に向けて残された課題）

実習中に生じた疑点や気づき

実習担当者および教員への質問等

カンファレンスにおける助言（指導）内容〜学生メモ欄〜

出席者氏名

## 実習計画書のふり返り

実習テーマ _____ (氏名　　　　　　　)

| 職場実習の計画と実践および達成度 | | | |
|---|---|---|---|
| 実習計画 | | | |
| 1週目の進捗状況 | | | |
| 2週目の進捗状況 | | | |
| 3週目の進捗状況 | | | |
| 最終週のまとめ | | | |
| 評価 | | | |

| 職種実習の計画と実践および達成度 | | | |
|---|---|---|---|
| 実習計画 | | | |
| 1週目の進捗状況 | | | |
| 2週目の進捗状況 | | | |
| 3週目の進捗状況 | | | |
| 最終週のまとめ | | | |
| 評価 | | | |

| ソーシャルワーク実習の計画と実践および達成度 | | | |
|---|---|---|---|
| 実習計画 | | | |
| 1週目の進捗状況 | | | |
| 2週目の進捗状況 | | | |
| 3週目の進捗状況 | | | |
| 最終週のまとめ | | | |
| 評価 | | | |

実習テーマの達成状況（まとめ）
----------------------------------------------------------------
----------------------------------------------------------------
----------------------------------------------------------------

注：実際は A3 の用紙を使用

# 第4節 実習後指導の内容と方法

## 1 実習後指導の内容

### 1. 実習後指導の位置づけ

　実習生は、実践現場での実習期間を終えると、「実習が終わった」という安堵感から力が抜けてしまい、実習後指導の取り組みに力が入らないことがあります。また、実習生のなかには、実習期間中の強いストレス体験や傷つき体験、倫理的ジレンマ体験により、将来、社会福祉士として働く自分のことをイメージできなくなり、実習後指導に取り組むモチベーションが低下してしまう場合も少なくありません。実習が実践そのものに近い内容になり、実際の社会福祉士としての支援に実習生として参画する機会が増えれば、ストレスを感じたり、傷ついたり、倫理的ジレンマにぶつかる可能性も高まります。実習生が、実習期間中に強いストレス体験や傷つき体験、倫理的ジレンマ体験を回避することが難しいという現実は、一方で、社会福祉士が活躍する現場の現実も表していると考えられます。実習生は、将来の社会福祉士として、その現実に押しつぶされず、どう対処し、乗り越えていくかを学ぶことも重要です。実習前及び実習中、実習後指導のなかで、ストレス体験や傷つき体験、倫理的ジレンマ体験といかに向き合うべきかを実習生に伝え、実習生と実習指導者、実習指導担当教員が協働して対処し、乗り越えていくことをとおして、社会福祉士としての学びへと体験を昇華できるようなかかわりや信頼関係づくりが求められています。このようなかかわりが実習前及び実習中からどの程度行うことができたか、そして、実習後も継続して行うことができるかが、実習後指導の効果的実施の成否を左右していると考えられます。

　実習期間中における成功や達成の経験、クライエントとの信頼関係構築経験などは、実習生のモチベーションを高めることにつながります。これらのポジティブに意味づけられた経験が、実習後指導への積極的な取り組みにつながる可能性もあります。しかし、これらの経験の解釈・意味づけを、「良かった」「感動した」「やりがいを感じた」「うれしかった」というような個人的な価値観に基づく振り返りに終始させてしまうと、残念ながら社会福祉士という専門職としての成長は期待できません。社会福祉士という専門性から、「どのような価値に基づいて『良かった』と言えるのか」を説明できるように、実習生自身のクライエントへのかかわりやアプローチを、専門的な価値・倫理や理論、知識に基づいて解釈や意味づけしていくことが必要です。しかし、実習期間中

は、日々の実践の忙しさや課題への対応、知識の吸収に時間が割かれるため、「このジレンマは、どのような価値のぶつかり合いによって生じているのだろうか」「このアプローチはなぜうまくいったのか」「どのような専門的価値・倫理や理論、知識に基づいてアプローチを選択して、その結果得られたものは何だったのか」など、落ち着いて振り返り、整理する時間的・精神的余裕は十分とは言えません。また、時間の経過や振り返りを行う場、相手が変化することにより、実習での経験に対する新たな解釈や意味づけが追加されることも考えられます。

　実習中にネガティブに意味づけられた体験もポジティブに意味づけられた体験もどちらも社会福祉士としての学びへと昇華させていく取り組みは、実習期間中のみで完結することはありません。つまり、社会福祉士になるための「実習」の学びは終わっていません。

　次の項で実習後指導が目指すものを考えるにあたり、社会福祉士になるための「実習」は実習期間の終了とともに終わるのではなく、実習後指導が実習前及び実習中指導と一体的・継続的に行われることで「実習」が成立していること、そして、実習後指導も社会福祉士としての成長の一過程として位置づけられることを、再確認する必要があります。

## 2. 実習後指導の目指すもの

　それでは、実習後指導は何を目指して行われるのでしょうか。「相談援助実習・実習指導ガイドライン（以下、ガイドライン）」では、ガイドライン策定の基点・考え方に触れるなかで、「相談援助実習」において特定の施設及び機関、分野におけるスペシフィックなソーシャルワーク実践を見聞・体験したとしても、実習生は、将来、社会福祉士として必ずしも実習先と同じ施設・機関等に就労するとは限らず、「相談援助実習」におけるスペシフィックな体験・知識を、実習生が将来どの分野で働くことになったとしても通底するジェネリックな知識・技能に再び変換し、定着される必要があると記述されています。また、厚生労働省通知で示されたねらいのうち、特に、「具体的な体験や援助活動を、専門的援助技術として概念化し理論化し体系立てていくことができる能力を涵養する」ことが、実習後指導に期待されていると考えられます。

　実習後指導は、「実習」という社会福祉士養成プロセスにおける最終局面にあたり、実習前指導や実習中指導での学びや気づきの1つひとつを、社会福祉士という専門職として基づくべき専門的な価値や倫理、理論として整理し、理解を深められるよう指導していくことが求められていると言えます。そして、同時に、実習後指導をとおして、実習生が社会福祉士として通底するジェネリックな知識・技能、価値・倫理をどの程度自

分のものにすることができたか、その実習生は将来の社会福祉士として認めうる水準にあるか、評価することも求められていると言えます。

### 3. 実習後指導の内容

　実習期間中に得たスペシフィックな体験・知識を、相談援助の専門職である社会福祉士に通底するジェネリックな知識・技能に変換していくために、実習後指導ではどのような内容を含む必要があるでしょうか。

　ガイドラインでは、厚生労働省通知の「コ　実習記録や実習体験を踏まえた課題の整理と実習総括レポートの作成」に対しては、「（1）実習成果の確認及び整理を行う」「（2）実習総括レポートを作成する」「サ　実習の評価全体総括会」に対しては「（1）実習全体を通しての学びを発表し、評価を受ける」とされています。

　実習成果の確認及び整理を行うためには、実習における目標、計画の達成度を確認すること、実習体験を振り返り実習指導担当教員及び実習生同士で共有すること、実習における個人的価値と専門的価値のジレンマから自己覚知を進めること、実習体験を社会福祉士の専門的技術・知識の学びに変換して理解を促すこと、実習体験とソーシャルワークの理論モデルや価値・倫理を結び付けて理解を深めることなどをとおして、実習生本人が理解し、自ら言語化できるように指導していくことが、実習指導を担当する教員に求められています。一方で、実習指導担当教員はすべてを知っている存在ではありません。実習生が実習体験から得た学びを、さまざまな科目で得た知識とも連動させて理解を深めていくことが必要ですが、それぞれの授業科目を担当する教員の協力を得ることも効果的です。

　実習生は、これらの過程をとおして実習期間中及び実習後実習の成果の確認及び整理の結果に基づいて実習体験を言語化し、その成果として、実習総括レポートの作成及び実習全体を通して得た学びや気づきの発表に臨み、評価を受けます。

　厚生労働省が示したシラバスでは、実習指導はこの評価（「サ　実習の評価全体総括会」）をもって終えます。しかし、実習後指導を進めていくと、実習でのかかわりの後、実習生が担当した事例がどのように変化したか、実習期間中のかかわりはどのような効果があったのか、グループづくりを支援した住民の自主グループの活動は続いているのか、地域住民のネットワークがどのように変わったのかなど、社会福祉士としての学びをより一層深めるために、「実習後実習」のような実習体験を再確認する機会が必要性になります。

　現行のカリキュラムでは、実習時間が180時間以上とされていますが、180時間で社会福祉士としての実践力及び専門的力量を身につけられるという意味ではありませ

ん。この180時間は、社会福祉士という専門職としての専門性を高めるスタートラインに位置づけられます。養成校に在籍している間に、少しでも社会福祉士としての実践力及び専門的力量を高められるような努力が必要です。例えば、実習後実習による「実習体験の再確認」の機会を持ち、その体験を再び実習体験として繰り返し振り返ることで、180時間の実習期間をより効果的に実習生の実践力及び専門的力量を高めることにつなげることができます。そして、より質の高いスタートラインとして、180時間を機能させることができます。

　実習後指導内容の構成を図にまとめると、図3―1のようになります。実習体験の振り返りとして、「実習体験の整理」「実習体験の共有」「実習体験の評価」「実習体験の意味づけ」を順不同に繰り返しながら、「実習体験の再確認」及びその振り返りの機会を得て、「実習体験の発表」、「実習全体の評価」へとつなげていくことを表しています。

図3-3　**実習後指導内容の構成**

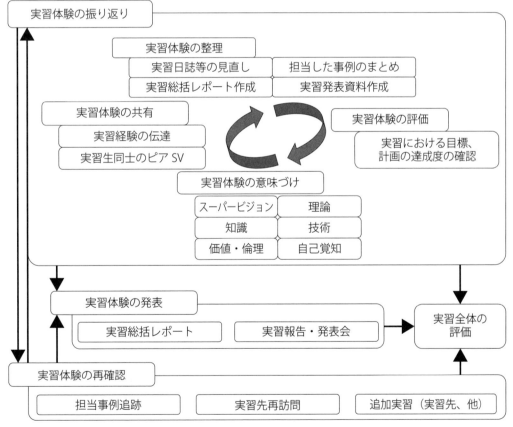

＜筆者作成＞

## 2 実習後指導の方法

### 1. 実施の形態

　実習後指導は、個別指導と集団指導のどちらの形態による実習後指導も、実習指導の「授業」として位置づけられます。両方の授業形態を柔軟に活用して実施することにより、両形態がより効果的に機能することが期待できます（図3—4）。

　個別指導では、主に実習日誌の見直しや実習総括レポートの作成指導、実習報告会での発表の指導をしながら、「実習体験や実習期間中及び実習後に実施した実習内容の振り返りをどのような言葉で説明しようとしているか」「その説明は本人の学びを適切に表現したものになっているか」を確認します。また、個別指導では、実習総括レポートや実習報告会で発表する事例・場面の選定理由などを実習生本人に確認することをとおして、意識化されていなかった学びや自己・他者への気づきに向き合うよう働きかけます。

　個別指導は、実習指導担当教員が実習生本人及びその本人の実習体験に焦点化して向き合い、実習後指導を行うことができる機会です。実習体験を整理し、まとめる作業の指導、また、その過程で明らかになった実習体験に関する疑問やジレンマに向き合うかかわりを中心に行います。特に、実習中に気づいた社会福祉士としての学びを改めて実習生が自らの言葉で言語化し、自分のものとして理解を深めること、実習期間終了後に気づいたことの意味づけを再確認することができるよう留意して進めていきます。

　集団指導では、実習期間中及び実習後指導の個別指導等で整理・評価・意味づけが深められた実習体験を実習に向けて共に取り組んだクラスのメンバーと分かち合います。実習体験を共有する内容の深さは、実習前及び実習期間中の指導をとおしたクラスメンバー間の関係性が強く影響します。実習前及び実習期間中のクラスの取り組みによって受容的な雰囲気を醸成し、安心できる安全な空間を形成することができれば、クラスのメンバー間のコミュニケーションが活性化し、効果的に実習体験を共有できることが期待されます。

　集団指導では、メンバーにとって安心できる空間の形成を前提に、実習体験を効果的に共有し、自己を第三者的な位置から見ること、自らの個人的な価値を仲間に受容されること、また一方で、他者の実習体験への気づきから、他の実習生の価値に気づいて受容すること、自らの実習体験を一般化することなどにより、社会福祉士としての学びを深めていきます。

　集団指導を実施する際、同一クラス内に実習期間「中」の学生と実習「後」の実習生

が混在することがあります。場合によっては、そこに実習「前」の実習生が混在することもあります。すべての実習生の実習期間が同じ日程にならなければ、実習生間で学びの進み具合に差がある状態は避けられません。この表面的な進み具合の違いにより、実習に対する緊張感やストレス度、実習に向き合う積極性に違いが生まれ、実習体験の共有に向けたモチベーションの低下を招くことがあります。

同じクラスであっても、実習生の間にはもともと実習の学びの進み具合、深さに違いがあります。実習指導を担当する教員は、もともとクラスのメンバー間には学びの進み具合に違いがあることを踏まえ、実習生を個別化して理解する必要があります。実習の進み具合、自己や他者の実習体験の共有が実習生1人ひとりにどのような影響を与え、どのような意味を持ち得るかを検討し、その内容を実習生本人と共有することが必要です。このやり取りを個別指導につなげていくことや、実習の進み具合の違いによる学びの違いを他のメンバーと共有することにより、メンバー間の違いを強みにしてより効果的な実習後の指導を展開できるよう工夫します。

定期的な集団指導と同時に、実習生が実習体験をどの程度整理し、振り返りや意味づけが深まっているかなどのタイミングを計り、個別指導を効果的に組み合わせて実施します。個別指導の成果を集団指導の際に発表することも、実習生本人による個別指導で得た学びの言語化につながるとともに、集団での学びの共有を促します。

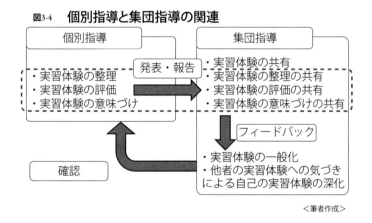

図3-4 個別指導と集団指導の関連

＜筆者作成＞

## 2. 実習後指導に活用できる方法

厚生労働省通知及び社養協ガイドラインを参考にしながら、実習後指導に活用できる方法を具体的に考えていきます。ここで示す実習後指導の具体的な展開方法は、いくつかの例に過ぎません。より効果的な方法となるよう創意工夫をもって授業内容を検討し、準備を進めてください。また、授業内容を検討する際には、実習生の状況等も踏ま

える必要があります。実習生への課題提示や説明の程度などは、その実習生の状況に応じて、より効果的な展開や授業のあり方を検討してください。

　1つひとつの方法は、その作成や実施自体が目的ではなく、実習生が、実習後指導での取り組みをとおして社会福祉士としての専門性及び実践力を向上させることが目的です。実習後指導の取り組みをきっかけとして、気づきや学びが深まることを期待しています。

　次の①～⑥に示す具体的な実習後指導の展開方法の例と厚生労働省通知との対応関係を整理すると、①～④は「コ　実習記録や実習体験を踏まえた課題の整理と実習総括レポートの作成」、⑤・⑥は「サ　実習の評価全体総括会」にあたります。

**①実習記録や実習体験を踏まえた課題の整理**

　実習中には、実習体験に関するさまざまな記録等を行っています。実習中に行う記録等の種類として、①実習日誌（実習ノート）、②担当（陪席）した面接の記録、③出席した会議やケースカンファレンスの記録、④実習した部署内での打ち合わせの記録、⑤観察記録、⑥その他（随時行ったメモも含む）が挙げられます。実習中の記録の活用にあたっては、それぞれ個人情報が含まれる可能性が高く、実習後指導で扱う際には配慮が必要です。

　記録は、実習での出来事のメモをまとめたものや面接の逐語録を作成したものなど、形式に違いがありますが、実習中に起きた出来事や得られた情報をアウトプットしたものであり、実習後指導では重要な役割を果たします。実習生は語彙力や文章力が発展途中であることなどから、実習期間中に起きた出来事や得られた情報、思ったことや感じたことをうまく伝えられないままになっていることも少なくありません。また、アウトプットの内容とインプットされた情報との間に大きなずれや歪みが生じていることに気づくこともあります。実習後指導で、実習生本人がインプットとアウトプットのずれや歪みに気づき、そのずれや歪みが生じた背景には何があったのか、自ら理解できるようかかわっていく必要があります。

---

**【実習中の記録等の活用方法と展開①：実習日誌の活用（例）】**

<u>①「最も印象に残っている日」の選定</u>

　実習指導担当教員は、実習生に「最も印象に残っている日」の日誌を1日分選ぶよう指示します。合わせて、その日が最も印象に残っている理由やその日の体験（成功、失敗、ジレンマなど）の意味づけを説明できるよう、準備を指示します。

<u>②集団指導での「最も印象に残っている日」の語り</u>

実習生は、集団指導の際、他の実習生に向けて「最も印象に残っている日」の体験や意味づけを具体的に語ります。具体的な場面への対応などが含まれる場合には、ロールプレイなどを活用して、その場面を再現します。ただし、強い傷つきが含まれる体験など再現することが適切ではないこともあり、注意が必要です。実習指導担当教員は、語りをはじめる前に、話したくないと思う内容は話さなくてよいことを実習生に伝えます。

③他の実習生及び実習指導担当教員からの質問と応答
　実習生の「最も印象に残っている日」の語りやロールプレイに対して、他の実習生や実習指導担当教員は、実習生の学びが深まるよう質問をします。実習生があまり注目していないが重要と思われることや、体験に対する意味づけが説明されなかったこと、説明の抽象度が高かったことを質問することによって、「最も印象に残っている日」の学びを深め、他の実習生と共有します。質問は、「私だったら〜するが、なぜしなかったのか」「この対応は不適切ではないか」など、実習生を責めるようなものは必要ないことを集団指導の最初に、他の実習生に説明します。また、実習生が応答に困る場面では、実習指導担当教員は検討課題としてメモを取るよう指示し、次の質問に移るよう促します。

④他の実習生及び実習指導担当教員からの受容的・肯定的フィードバック
　他の実習生や実習指導担当教員から、受容的・肯定的なフィードバックを行います。実習生は、「最も印象に残っている日」について、他者の視点から実習生本人が気づいていなかった実習体験の価値に気づきます。

⑤実習生からの新たな気づきの発表
　実習生は、①〜④のプロセスで、日誌を書いた時点では気づいていなかった「最も印象に残っている日」の実習体験の価値や得られた学びについて、他の実習生に発表します。

---

【実習中の記録等の活用方法と展開②：担当（陪席）した面接の記録（例）】
①面接場面の応答の逐語及び観察の記録作成（シートの例参照）
　実習生に、自分が担当（陪席）した面接の記録を、記憶をたどりながら面接の流れに沿って逐語録を書き起こし（面接の一部でよい）、そのときのクライエントの様子などの観察記録シートを作成するよう指示します。
※逐語録作成の対象となるクライエントには、実習でのかかわりに加えて実習後指導で扱わせていただくことについて、承諾を得ておく必要があります。

②面接場面の応答の意味の考察
　実習生は①を作成し、その応答などの1つひとつの意味や意図について、シートの「か

かわりの根拠と考察」欄に書き加えます。
③実習指導担当教員の個別指導による意味づけや意図の確認
　実習指導担当教員は、①・②の内容を実習生とともに、実習生の応答の意味や意図、その考察が、社会福祉士の価値や倫理、理論的な根拠に基づいたかかわりやアプローチとなっているかを確認します。
※「自分が担当（陪席）した面接の記録」シート参照

【自分が担当（陪席）した面接の記録】

| 面接の逐語録 | 観察 | かかわりの根拠と考察 |
|---|---|---|
|  |  |  |

### ②実習中に出会った事例のまとめ

　実習では、実習指導者のスーパービジョンを受けながら、実習生がクライエントと直接かかわりを持ち、担当として相談援助を担当したり、実習指導者が担当しているクライエントを模擬的に担当したりします。実習期間中には、実習受入先によって取り組み方法の違いはありますが、実習生がクライエントに向き合い、相談援助を実践する機会があります。実習中は、実習受入先が日常的に使用している書式に合わせて、記録や情報の整理を行い、クライエントの支援を検討します。実習期間中の実習生とクライエントの出会いは、実習生が社会福祉士として成長していくための学びや自己覚知の貴重な機会となります。実習後指導では、社会福祉士の専門性に照らし合わせながら、この貴重な機会によって得られた学びや自己覚知を深めていくことが重要です。

　そこで、実習後指導では、実習で担当した事例について、①自分（実習生）とクライエントの関係は、出会いから実習期間が終わるまでどのように変化していったのか、また、その変化に伴って変化したことは何か、②自分（実習生）はどのようにクライエントを理解し、どのようなニーズに気づいたのか、③ソーシャルワークの各プロセス（例えば、インテーク、アセスメント、プランニング等）で、自分（実習生）は何を目指してどのようにクライエントとかかわったか、また、そのかかわり方や支援の方法はどのような価値や倫理、理論モデルに基づいていたか、④自分（実習生）とクライエントはどのような環境や関係性のなかで、何の影響を受けていたか、などを振り返り、解釈し

ていく必要があります。

　上記の①〜④を意識して事例をまとめることにより、実習中のスーパービジョンでの振り返りに加えて、実習後にはじめてクライエントや実習生自身の価値観や思い、抱えていた「何か」の存在に気づくことがあります。

　なお、相談援助演習の厚生労働省通知に、「②相談援助実習後に行うこと」として「相談援助に係る知識と技術について個別的な体験を一般化し、実践的な知識と技術として習得できるように、相談援助実習における学生の個別的な体験も視野に入れつつ、集団指導並びに個別指導による実技指導を行うこと」とされています。相談援助実習指導の授業では、「実習体験を踏まえた課題の整理」を目的とした個別指導の展開方法として、具体例を示します。

　相談援助演習では、この「実習体験を踏まえた課題の整理」の進捗状況を十分に踏まえて実技指導を展開していく必要があります。

---

【実習中に出会った事例のまとめの展開方法：事例のまとめ作成（例）】

①実習中に出会ったクライエントを1人、事例として選定する。

※事例のまとめ作成の対象となるクライエントには、実習でのかかわりに加えて実習後指導で扱わせていただくことについて、承諾を得ておく必要があります。

②『事例として選定した理由』を記述する。

③『自分（実習生）自身とクライエントとのかかわり』を「日時」「かかわりの内容」「考察」に整理して記述する。

④『エコマップ』を作成する。

⑤『クライエントに関する情報』『クライエントを取り巻く環境に関する情報』『クライエントと環境の関係に関する情報』を整理する。

⑥『アセスメント（事前評価）』『支援の方針』『具体的なアプローチのアイディア』『アプローチのねらい』『根拠となる価値・倫理、理論モデル』を記述する。

⑦『まとめ』を記述する。

※「事例のまとめ」シート参照

【事例のまとめ】　　　　　　　　　　　　　　　　平成　　年　　月　　日（　）

　　　　　　　　　　　　　　学籍番号：　　　　　氏名：

| 対象者（仮名等） | |
|---|---|
| 事例選定の理由 | |

| | 日時 | かかわりの内容 | 考察 |
|---|---|---|---|
| 対象者とのかかわり | | | |

| エコマップ | |
|---|---|

| | 対象者本人 | 対象者の環境 | 対象者と環境の関係 |
|---|---|---|---|
| 対象者の情報 | | | |

| アセスメント（事前評価） | |
|---|---|
| 支援の方針 | |
| 具体的なアプローチのアイディア | | | |
| アプローチのねらい | | | |
| 根拠となる価値・倫理，理論モデル | | | |
| まとめ | |

③総括レポート（実習報告書等）の作成

　実習生は、実習中の最後に作成するまとめとは別に、総括レポート（実習報告書等）を作成します。総括レポート（実習報告書等）には、実習計画から実習中、実習後の取り組みも含め、総括記述します。しかし、総括レポート（実習報告書等）に実習体験のすべてを記述することはできません。印象深い実習体験を中心にしながら、①実習目標は何だったのか、②実習目標の達成に向けて何を行ったのか、③実習目標をどの程度達成し、その過程でどのような考察を得たのか、④今後、社会福祉士としての専門性及び実践力を高めるために、どのような課題に取り組んでいくべきか、を検討し、そこから得た社会福祉士としての学びを言語化する取り組みとなります。

　実習生は、総括レポート（実習報告書等）の作成過程で、実習中に傷ついた体験の言語化を試みる場合があります。実習指導担当教員が受容的にサポートしていくとともに、冷静かつ慎重に取り扱う必要があります。

---

【総括レポート（実習報告書等）の構成要素と含まれる項目の例】
- 実習先情報（種別、実習施設・機関名、実習先の概要、実習の期間、他）
- 実習目標（実習テーマ、実習課題、実習の目標・課題、他）
- 実習計画（実習日程、実習プログラム、他）
- 実習内容（実習で印象に残ったこと、実習をとおして心に残った体験、実習で印象的だったこと、実習内容の概要、実習概要、取り組み、他）
- 実習達成度（実習で学んだこと、実習課題の達成、実習課題の達成状況、実習の成果、課題に対する自己評価、実習の振り返り、学び得たこと、他）
- 実習の考察（全体的な考察、実習をとおして考えたこと、他）
- 今後の課題（明らかになった課題、今後の自分自身の課題、まとめと今後の課題、他）

---

　上記の総括レポート（実習報告書等）の書式や執筆にあたっての方法・ルールを定めた執筆要領を作成し、実習生には執筆要領に従って総括レポート（実習報告書等）を作成するよう指示します。ここで示された構成要素をすべて含まなければならないという意味ではありません。他の実習後指導のプログラムとの連動を意識し、総括レポート（実習報告書等）に含むべき構成要素を検討する必要があります。

　実習生が一定の書式で総括レポート（実習報告書等）を作成したのち、実習指導担当教員は内容の確認を行います。以下のチェックリストを活用して、総括として実習生の気づきや学びが深まっているかどうか、言語化の技術が高められているかを確認します。実習指導担当教員による添削と実習生の書き直しの往復により、気づきや学びを深

め、言語化の技術を高めていけるよう働きかけます。

---

【添削する際のチェックポイントリスト】
□情報が正確に記述されているか。
□事実や考察の記述内容に矛盾はないか。
□事実に加えて、その事実への考察、気づき等が十分に記述されているか。
□考察や気づきを、より深めて記述する必要はないか。
□価値・倫理、理論モデルは適切に使用されているか。
□倫理的な配慮(個人情報保護、他者への影響への配慮等)は行われているか。
□引用は適切に行われているか。
□書式は守られているか。
□誤字・脱字はないか。
□語尾(です・ます調、である調)は統一されているか。
□書き言葉で表現されているか。
□主語・述語が明らかに示されているか。
□一文の長さは適切か。
□指示語が指し示すものが明確且つ適切か。

---

養成校によっては、実習総括レポート(実習報告書等)の原稿を集め、実習総括レポート集(実習報告集など)として印刷・冊子化されています。また、CD化・DVD化により、実習総括レポート集(実習報告集など)を作成しているところもあります。冊子化の取り組みは、実習生本人にとって、自らの原稿の掲載による達成感の醸成と他の実習生の学びの分かち合いにつながります。また、次に実習に取り組む実習生たちにも学びを伝えていくことにつながります。

記録として印刷され、冊子化されるということは、一方で、情報が拡散する可能性を高めます。印刷の有無にかかわらず、もとより求められていることですが、個人情報や他者への影響への配慮など、倫理的な配慮を慎重に検討することが必要です。

### ④実習期間後の実習他の取り組み

実習生にとって、実習期間終了後も実習先は引き続き実習先です。実習期間をとおして得たつながりや信頼関係は、実習期間の終了後も、実習生の社会福祉士としての専門性及び実践力を高める役割を果たすことが期待されます。養成校における実習後指導による実習体験を踏まえた課題の整理を、より一層深めることができます。

実習生が実習期間終了後も継続的に実習先に訪問することにより、担当したクライエントのモニタリングや評価を行うことができます。例えば、実習期間中にアセスメント及びプランニングまでかかわったクライエントの実習期間終了後の変化に向き合い、実習後の実習指導で得られた気づきを確認する機会となります。また、クライエントの所属しているグループやコミュニティの環境の変化も含めて、確認できることがあります。実習中にグループづくりの支援を担当した場合には、実習期間終了後、継続的にグループにかかわることもできます。実習生の実習期間中の達成度に応じて、実習期間後の実習の課題設定を行い、取り組む必要があります。

　実習生は、再度実習先を訪問する機会が設定されていることにより、「まだ実習は終わっていない」ということを明確に意識し、実習後指導への取り組みへの真剣さや積極性が高まる可能性もあります。

　しかし、この実習期間終了後も実習先に継続的に訪問するプログラムは、実施にあたっていくつかのハードルを超える必要があります。

　1つ目に、実習先及び実習指導者との協働関係の形成です。実習開始前から、実習期間終了後も実習生の訪問の受け入れについて相談するとともに、その意図・狙いについても共有しておく必要があります。実習指導者には、このような取り組みをしていくために、施設・機関としての受け入れ態勢づくりをはじめとするマネジメント機能を発揮していただく必要があります。

　2つ目に、実習受入施設・機関との契約の問題についてです。契約に基づいて実施した実習期間を終えた後の実習について、多くの養成校が使用している契約書の書式では規定されていません。実習期間を終えた後の実習が契約に含まれていない場合、実習生が訪問した際の保険適用の問題と実習受入への謝金支払の問題が生じます。実習受入先の実習指導者と十分に相談しながら、養成校として対応可能な方法を模索していくことになります。例えば、実習後の実習に関する契約を別に定め、実習受入先施設・機関と養成校の間で取り交わすことなどが考えられます。

　3つ目に、実習生が施設に訪問した際の立場の問題です。実習期間終了後は、実習期間を終えているため、養成校と実習施設・機関の間の契約に基づく実習生としての立場と同じではありません。契約に基づく実習生という立場で許可されていたケースファイルや記録の閲覧、クライエント宅への訪問、面接やカンファレンスへの陪席などは、同じように実施することはできません。

　これらの他にも、実習後実習の実施に至るまでには確認しなければならないことがあると思いますが、実習受入先施設・機関の実習指導者との協働に基づいて、取り組んでいくことが期待されます。

## ⑤相談援助実習評価表の活用

　実習期間の終了後、実習指導者から相談援助実習評価表（以下、実習評価表）が送られてきます。実習評価表の内容については、社養協ガイドラインにも示されていますので、参照してください。実習指導者による評価は実習指導者が主観的に評価を行うため、ポイントのつけ方にはばらつきがあります。評価得点の高低そのものが、実習生の学びや実践力の高低を評価するものではありません。その評価を、実習生の学びや成長にいかにつなげていくか、いかに活用するかが重要です。実習評価表の扱いについては実習指導者と事前に打ち合わせ、実習生と共有することを確認しておくことも必要です。次に、具体的な実習評価表の活用方法と展開の例を示します。

---

【実習評価表の活用方法と展開（例）】

※実習評価表を実習後指導で活用する場合は、実習評価表を実習生本人に開示することを、実習指導者に対して評価表作成前に確認しておく必要があります。

①実習生自身による自己評価の実施

　実習指導者からの実習評価表を実習生と共有する前に、同じ実習評価表を使用して実習生本人が自己評価を行います。実習生は、実習指導者が行うのと同じように、自己評価とその理由を記入します。

②実習生の自己評価に関する実習指導担当教員との個別面接の実施

　実習指導担当教員は、実習生本人と個別面接を実施して自己評価を確認します。自己評価の理由が十分に説明できていない点について、補足するよう促します。この過程で、実習生本人は評価に関係すると思われる場面を複数思い出しながら、その記憶に基づいて評価とその理由を述べます。

③実習指導者による実習評価表の開示

　実習指導担当教員は、実習指導者が作成した実習評価表を実習生に開示し、実習生は、①・②で作成した自己評価との一致点や相違点を確認していきます。実習生本人が「自分は自信がある」「高く評価されているはずだ」という評価項目で、実習指導者から低い評価が提示されていた場合などには、その相違が生じた背景や意味を考察するよう促します。

④実習指導者による評価に関する実習指導担当教員との個別面接の実施

　実習指導担当教員は、③で実習生本人が考察した内容について説明を受け、言語化を促します。また、実習指導者の評価を受けた実習生の率直な思いを受容し、その思いを継続的な専門性の向上へのモチベーションに変換していけるようにかかわります。

⑤実習目標の達成度の評価及び共有
　実習当初の実習計画を再確認し、この時点での実習目標の達成度を実習指導担当教員と実習生でともに評価します。
⑥実習評価から得た学びの共有
　実習生は、集団指導の際に実習指導クラスのメンバーに、実習評価から得た学びを発表します。他の実習生は、発表した実習生の思いを受容するとともに、自らの学びとして発表した実習生の学びを受け取ります。

⑥**実習報告会**

　実習を最終的に評価し、総括する実習報告会を開催します。このような実習報告会の趣旨から考えて、実習指導の授業の最終局面に企画・実施されます。実習報告会は、それまで実習に取り組んできた実習生たちにとっての1つの区切りの行事に位置づけることもでき、実習での学びを報告するとともに、社会福祉士としての今後の成長に向けた課題を宣言する重要な機会となります。実習報告会の開催に向けた準備やスケジュールについては、その一例を「実習報告会開催準備チェックリスト」にまとめていますので、参考にしてください。

【実習報告会開催準備チェックリスト】

※以下のスケジュールや準備内容は、一例です。養成校ごとの規模や報告会の持ち方（形態・形式）、使用機材等に合わせて、追加や削除、準備スケジュールの調整を検討し、ご活用ください。

<前年度>
- □予算の確保（□大まかな実施計画の検討）

<6か月前>
- □担当責任者の決定（□担当役割の決定）
- □日時の決定（□養成校内の他の行事との重複確認）
- □会場の予約（□発表機材・設備の確認、□実習生や参加者の動線の確認、□会場の全体図入手、□来賓控室の確保、□スタッフ控室の確保）
- □当日までの準備スケジュールの決定
- □手話通訳他情報保障関連の依頼
- □実施要綱の作成・承認（□日時・場所、□実施形態、□実施形式、□実施内容（プログラム）、□参加呼びかけの範囲、□その他）

<4か月前>
- □実習受入施設・機関の実習指導者への出席依頼
  - □出席依頼及び派遣依頼の作成・送付
  - □出欠席確認シートの作成・送付（返信期限の確認）
  - □会場案内図の作成・送付
  - □実習生への発表へのコメント依頼
- □養成校内の管理者や関係部署責任者などへの出席依頼（□出席者選定、□挨拶依頼）
- □発表する実習生への発表資料等提出締切の提示（開催の2週間前ごろを締切とする）

<3か月前>
- □養成校内の参加者への開催案内・周知
- □スタッフの募集
- □お茶・お弁当の確保

<1か月前>
- □出席者数の仮決定
- □出席者・参加者の座席割り当て
- □当日の担当役割の決定（□受付、□来賓対応、□誘導、□司会、□マイク渡し、□照明、□空調）

<1～2週間前>
- □会場に関する打ち合わせ
  - □使用機材の使用方法及び動作確認（□マイク、□プロジェクター、□スクリーン、□演台、□照明）
- □発表者及び参加者の動線の最終確認（□発表位置の確認、□発表までの動き方確認）
- □出席者数の決定
- □資料等の印刷・準備（□コメント依頼者への資料の事前送付）

<前日>
- □案内板設置
- □担当者ミーティング（□当日の段取り確認、□当日の役割確認、□備品準備確認）

<当日>
- □担当者・スタッフ最終確認

実習報告会の実施形態は、実習生に加えて実習指導者や実習指導担当教員などの多くの人の参加を得て大規模に開催する場合と、クラスで小規模に開催する場合が考えられます。大規模に開催する場合は、1つの区切りの行事として、行事開催への実習生の緊張感も高まり、実習体験の振り返りや考察の深まりに貢献できる可能性があります。また、実習受入施設・機関の実習指導者等の参加を得ることによって、実習期間中の体験やアプローチが実習後指導でどのように深まったのか、どのような学びへと昇華させていったのかを実習指導者と共有することができます。

　報告の形式は、全体発表形式と少人数グループでの懇談及びワークショップ形式などが考えられます。養成校の規模や内容などを考慮しながら、実施の形態及び形式を検討します。例えば、発表と懇談を組み合わせて開催することにより、実習生の実習体験の振り返りや将来への思いに関する語りを引き出すことも期待できます。また、これから実習に取り組む人たちを懇談やワークショップの参加者として加えることによって、発表や語りの内容に変化が起きる可能性も考えられます。

　報告を発表形式で実施する場合は、発表形態として個人発表とグループ発表が考えられます。実習報告会に向けた発表作成のプロセスは、個人発表の場合とグループ発表の場合で大きく異なります。

　個人発表の場合は、前述した実習総括レポート（実習報告書等）の再言語化（発表原稿化）及びビジュアル化をとおして、発表を作成するプロセスです。ビジュアル化の過程や実習指導担当教員とのやり取り、発表練習に対する他の実習生からのコメント等によって発表内容を深めるのに合わせて、実習の学びを深めていくことができます。個人発表は、このようなプロセスを経て、個人の実習体験をまとめ、深めていく点に特徴があります。

　グループ発表の場合は、他の実習生とのディスカッションをとおしてお互いの学びを出し合い、その共通点や共有される点、共感が得られる点を探し、それをストーリーとしてまとめていくプロセスです。グループで発表を作成するなかで、実習生同士がお互いに自らの実習体験とそこから得た学びを伝え合うことや、その学びへの感想や考えを伝え合うことから、個別の学びを共通する学びへと変換したり、発表すべき内容を取捨選択したりするためのディスカッションが行われます。グループでの発表準備は、実習後指導の目的である、「実習期間中のスペシフィックな体験・知識を、相談援助の専門職である社会福祉士に通底するジェネリックな知識・技能に変換していく」に効果的な役割を果たすことが期待されます。

　また、グループでのディスカッション自体を振り返り、考察することによって、意見の通りにくさや通りやすさには何が影響していたか、意見がぶつかり合ったときにはど

のように合意形成を図ったのか、グループメンバー間の関係は意見の言いやすさや言いにくさにどのような影響を与えていたか、グループメンバーの意見に変化が見られたのはなぜか、グループづくりから発表までの間にグループメンバー間の関係にはどのような変化があったか、等のグループに関する学びにもつながります。

　実習報告会の発表作成等にあたって留意しなければならないのが、倫理的な配慮です。例えば、発表の内容に特定の事例を含む場合には、クライエントの同意を書面でいただく必要があります。また、例えば実習先での虐待事例、職員から利用者への虐待や不適切なかかわり、権利侵害に向き合った実習生の体験を実習報告会でどのように扱うか、慎重さが求められます。

　実習生の状況によっては、この手続き等に実習指導担当教員が積極的にかかわる必要が生じますが、一方で、実習生本人がクライエントの個人情報や権利の問題に気づくような働きかけが求められます。

# 第4章
# 実習指導方法論◆Ⅲ
## 実習教育スーパービジョン

**はじめに**

　相談援助実習担当教員に求められる能力の1つに、実習教育スーパービジョンの能力があります。教員に求められるスーパービジョンの能力とは、学内におけるスーパービジョンシステムを確立すること、現場実習指導で行われるスーパービジョンとの二重構造のもと、実習先のスーパーバイザーとの役割分担と、実習先のスーパービジョン情報の把握とを行うためのマネジメント能力、実習前・中・後の一貫したスーパービジョン展開を行える教育能力、その際のスーパービジョンスキルの熟達です。

　本章では、その概要について論じていきます。

# 第1節 スーパービジョンの基礎理解

　筆者は、社会福祉のスーパービジョンについて、社会福祉が専門ではない大学の同僚に説明する際、次のような「迷路」の例を使いました。

　ある人（スーパーバイジー）が、迷路にチャレンジする際、どうやってこの迷路を抜けたらいいかを教えてほしいと頼みます。頼まれた人（スーパーバイザー）は、その迷路を俯瞰しており、どのような通路をたどったら無事に出口にたどり着けるかを知っています。しかし、それを相手に教えるのではなく、相手に「自分で試行錯誤しながら出口にたどり着くこと」にチャレンジするように薦めます。そのチャレンジは試行錯誤を伴いますが、もし彼が間違った通路をたどったら、再チャレンジしたときにそれと同じ間違いをしないようにするにはどうしたらよいかを考えさせます。また、全体を見わたして危険がないように見張ってやります。そして、自分でやり遂げられるように励まします。その一連のプロセスがスーパービジョンであり、その経験によって相手が自立していくことを促すことが目的であると説明しました。スーパービジョンのイメージを描いていただけたでしょうか。

　実習スーパービジョンの実際は、職員に対して行っているスーパービジョンと原則的には同じです。そこで、はじめに「スーパービジョン」の基礎的な理解を共有するために、スーパービジョンが日本に導入された歴史を概観します。また、スーパービジョンの意味と構造、機能についてまとめます。

## 1 スーパービジョンの潮流と日本の現状

### 1. スーパービジョンとは

　スーパービジョンの潮流は大きく以下の2点に分けられます。

　ひとつは、精神分析の影響を強く受け、医師やカウンセラー等他職種からケース理解やスーパーバイジー自身に焦点を当てたスーパービジョン、もうひとつは、社会福祉専門職によるスーパービジョンで、スーパーバイジーとクライエントの相互関係に焦点を当てたスーパービジョンです。さらに、最近の理論的動向をみると、スーパービジョンはスーパーバイジー・スーパーバイザー・クライエントの3者の関係のみにとどまらず、実際の業務は所属機関やスタッフとも作用しながら行われているという認識から、環境としての組織もスーパービジョンの対象として取り上げ、その内容も組織管理・運

営を含むようになってきています。

　概括すると、スーパービジョンとは、「専門職育成および人材活用の過程」[1]で、「ワーカーの養成とクライアントへの処遇の向上を目的として、スーパーバイザーがワーカーとのスーパービジョン関係の中で管理的、教育的、支持的機能を遂行していく過程」[2]であり、それによって、スーパーバイジーが専門家として成長、自立していく過程だということができます。

## 2. 日本におけるスーパービジョンの発展過程

### 1960〜1970年代の動き

　日本に「スーパービジョン」が導入されたのは、第二次世界大戦後の1950（昭和25）年前後です。1951（昭和26）年に福祉事務所制度がつくられましたが、1955（昭和30）年の「生活保護指導職員制度」のなかでスーパービジョンが制度的に位置づけられました。そこでは、スーパービジョンは「査察指導」と訳され、組織内において係長職が査察指導員（スーパーバイザー）として「現業員（スーパーバイジー）が成長・発達するよう援助する」こととされました。しかし、実際には現業についての知識・経験がまったくない者が査察指導員に任命される場合もあり、制度としては確立しましたが、機能としては限定されたものでした。

　児童福祉分野では宮城県の児童相談所にスーパービジョンが導入されたことが報告されています。これは、GHQの主導による全国の研修会の一環として宮城県でスーパービジョン研修会が開催され、それ以後、宮城県では人材を得て1960年から1970年代にかけて児童相談所内でスーパービジョンが展開されました。しかし、1970年代に入るとスーパービジョンは停滞していきます。その理由として、行政機関における人事政策が、スーパービジョン遂行のための人材配置となじまなかったこと（専門性の維持・継続ができなかったこと）、スーパービジョンの管理的機能に対する抵抗が強かったこと、公務員に対しては精神分析的アプローチによるスーパービジョンの内容に無理があったことなどが挙げられています。

　公的機関以外でも、1960年代から1970年代にかけて社会福祉の各領域でスーパービジョンの導入が試みられています。医療ソーシャルワークの領域では、葵橋病院や淀川キリスト教病院などの一部の病院や東京都医療社会事業協会などが、個人あるいはグ

---

1　福山和女編著『スーパービジョンとコンサルテーション―改定版―』(有)ＦＫ研究グループ、p.11、2000年
2　岩間伸之「第5章　スーパービジョン」大塚達雄、沢田健次郎、井垣章二、山辺朗子編著『ソーシャル・ケースワーク論―社会福祉実践の基礎 (minerva社会福祉基本図書)』ミネルヴァ書房、p.190、1992年

ループスーパービジョンを実施していました。また精神医学ソーシャルワークの分野では、日本精神医学ソーシャル・ワーカー協会（現・日本精神保健福祉士協会）が組織としてスーパービジョン体制の導入を検討しています。

しかし、当時のスーパービジョンは精神医学や心理学の影響を受けており、医師や心理士など近接他職種から困難事例についての心理的分析方法やアセスメント、援助計画立案等の指導を受けることが中心でした。

1970年代を、福山は「スーパービジョンの展開期」と定義し、専門家養成の過程としてスーパービジョンをとらえる動きが高まり、かつ現場におけるスーパービジョンの必要性が注目された時期であったと述べています。また、職能団体における「スーパービジョン研修」に関する取り組みが広がりはじめた時代でもありました。しかし同時にその取り組みは、「スーパービジョンの普及にあたり、啓蒙の第一段階にあった」といえます。

また、スーパービジョンは社会福祉サービスを提供している専門家による職員の養成・訓練の方法と認識され、その内容も「事例とスーパーバイジーとの相互関係」「スーパーバイジー自身の自己覚知」「スーパーバイジーとスーパーバイザーの相互関係」を含む内容へと変化してきました。

**近年における発展**

1990年代に入ると、社会福祉を取り巻く状況の変化に伴い、多様化されたニーズに対応するためのより高度な知識や技術をもつ専門職養成と、実践的なスーパービジョンを求める時代に突入します。

各職能団体のスーパービジョンへの取り組みを紹介すると、日本ソーシャルワーカー協会は1985（昭和60）年から継続的にスーパービジョン研修に取り組んでいます。日本医療社会事業協会でも、「業務検討委員会報告」（1993（平成5）年）でスーパービジョンについてふれ、その留意事項として、スーパービジョンに接する機会がない場合には、「各都道府県医療社会事業協会や近隣の病院のソーシャルワーカーなどでサポートグループを作り、共に学びあうことが望ましい」としています。このように、各都道府県医療社会事業協会は、スーパーバイザーの養成に努力し、会員が随時スーパービジョンを受けられるようシステムを整えていきました。

さらに、日本社会福祉学会の調査（1992（平成4）年）によると、会員の約2割が福祉現場のスーパービジョンにかかわっているという結果が出ています。そのなかで、約2割以上の会員は福祉施設所属であり、「ようやく現場からスーパーバイザーが一定の機能を発揮しはじめたことを意味すると考えられる」と評価しています。

しかし、すべての職能団体が同じような理解をしているわけではなく、むしろその必要性や実践に対する認識や態度には差があり、スーパービジョンの浸透にはまだ課題が多いことがわかります。

## 3. 日本におけるスーパービジョンの現状と課題

スーパービジョンの実践について、日本ソーシャルワーカー協会が行った総括（1999（平成11）年）をまとめると、以下のようになります。

> i 職場外に個人的レベルでスーパーバイザーを得ている例が多い
> ii スーパーバイザーは大学教員が圧倒的に多い
> iii その場合、管理的機能について明らかに限界がある
> iv 自己覚知の側面を強調されると、ワーカーは外部のスーパーバイザーに向かう傾向を持つ。ワーカー側がスーパービジョンを自らの心理的問題の解決に結び付けているとすると、職場の上司・先輩はスーパーバイザーの役割を果たすことができない

これによると、いまだスーパービジョンシステムが未定着である現状がうかがわれます。その根本には、スーパービジョンに対する「組織の承認」の未成立とスーパーバイザー養成研修の機会の少なさが指摘できるでしょう。

「組織の承認」の未成立は、これまでスーパービジョンが、単に「個人の資質向上」と誤解されてきたことが影響しています。近年の社会福祉サービスは、利用者によるサービス評価や苦情処理を行うことが重視され、それに応じるためにはサービスの質の担保は不可欠のものです。そのために、スーパービジョンが組織のサービス水準を担保し、利用者の利益を図るためのシステムとして認識されることが必要です。

さらに、現場においてスーパービジョンの必要性は浸透しつつあるものの、スーパーバイザーを育成する研修が少ないという指摘があります[3]。この指摘の通り、実践レベルでスーパーバイザーを育成する研修は多くはありません。今後のスーパービジョン研修は、より実践にあった研修プログラムを立て、スーパーバイザー養成という視点に立ち、研修を展開する必要があると黒川（1992年）は主張しています。

それと共に、実際にスーパービジョンを学び、その経験をもとに職場におけるスーパービジョンの必要性についてスタッフ間の共通理解を得ていくことが、より有効なスーパービジョンを提供できる環境整備という側面でも必要なことです。

---

3 黒川昭登『スーパービジョンの理論と実際』岩崎学術出版社、1992年

## 2 スーパービジョンの構造と機能

### 1. スーパービジョンの目標と効果

スーパービジョンで期待される効果は、以下の5点です。

#### 1）サービス水準の確保

専門職として社会福祉実践を行ううえで、サービスの質は常に一定水準を担保していなければなりません。経験1年目の社会福祉士であろうとも、その施設・機関の定める一定の援助技術レベル（スタンダード）を最低限維持したうえで援助を行うことが求められます。施設や機関は、スーパービジョンを通じてサービス水準の維持を保障する責任を負っているのです。

#### 2）施設・機関の信頼性の確保

サービス水準が確保されれば、利用者や利用者の家族からの信頼を得ることにつながり、最終的には、その組織の社会的認知度の向上につながります。

#### 3）専門性の自己覚知

スーパービジョンは、社会福祉専門職が専門職として充分に機能できるように支援することであり、スーパーバイザー、スーパーバイジー双方の専門家としての自己成長につながります。

#### 4）職員のモチベーションの維持と向上

適切なスーパービジョンは職場における職員の"燃えつき"（バーンアウト）を防止することも可能です。また職員相互の関係性を潤滑にし、業務に対するモチベーションの維持、向上につながります。

#### 5）施設、機関、組織の質の向上

上記各項目は、最終的には施設・機関全体の質の向上につながります。

### 2. スーパービジョンの構造・形態と機能

基本的にスーパービジョンは、スーパーバイザーとスーパーバイジーの相互関係で成り立ち、その構造下において機能することを理解しておく必要があります（図4-1）。

**図4-1　スーパービジョンの構造**

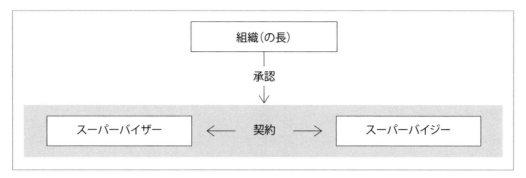

### ①スーパービジョンの構造

　スーパービジョンは、スーパーバイザーとスーパーバイジーが契約を交わすことによって成り立ちます。この契約は、両者の合意によって成立するものです。また、この契約関係は、所属組織（の長）の承認を得る必要があります。なぜならば、スーパーバイザーには以下のような権限が与えられるからです。

---

スーパーバイザーの権限
・（組織の）管理、運営上任命され、スーパーバイジーに対して公に承認された権力を兼ね備える。
・スーパーバイジーと組織の関係を仲介する。
・通常スーパーバイジーの雇用や解雇の決断を行う役割を負う。
・スーパーバイジーの報酬の増額や昇進、実績に表される記載事項の判断についての統制を行う。
・スーパーバイザーの影響は、スーパーバイジーの在職期間の延長につながる。

---

　さらに、スーパービジョンの契約をすることによって、スーパーバイザーとスーパーバイジーの間には「力関係」が生じます。スーパーバイザーはこのことを自覚し、この「力関係」で必要以上にスーパーバイジーを萎縮させたり、スーパービジョン関係以外の場で両者の関係に不必要な圧力として影響を及ぼしたりしていないかを、常に留意する必要があります。

### ②スーパービジョンの機能

　カデューシン（Kadushin, A.）は、スーパービジョンの機能を、管理的スーパービジョン、教育的スーパービジョン、支持的スーパービジョンの3機能に分類し、我が国

においてもこの分類が定着しています。

管理的スーパービジョン

　スタッフの採用や配置、業務の企画、確認、観察、振り返りと評価、業務割り当てといった業務遂行上の管理にかかわる、上司から部下への業務管理が中心機能が含まれています。

教育的スーパービジョン

　所属施設、機関の定める一定水準の業務を遂行するためにスーパーバイジーが何を知るべきかを教え、それを学ぶための援助を行うことを意味しています。専門職として教育的視点からスーパーバイジーの学びの過程を司る機能といえます。

支持的スーパービジョン

　スーパーバイジーの心的ケアを中心としたもので、業務遂行上起こるストレスへの適応や不安や罪悪感の軽減、業務に対する確実性や確信の増加、不満の減少、心的苦痛の緩和等が挙げられます。

　もちろん、これらの機能は単独で用いられるだけではなく、1つのスーパービジョン場面で、スーパーバイジーの必要に応じて多様にアプローチされることになります。例えば、スーパーバイジーが利用者とのかかわりで課題を抱えていた場合、管理的スーパービジョンとしてはスーパーバイジーに課せられている業務がその経験や力量に対して妥当であるかどうかを判断することが必要です。また、教育的スーパービジョンにおいては利用者とのかかわりで求められている知識や技術が何であるかを示唆し、それを獲得するための援助を行うことが必要でしょう。さらに、この経験による自信喪失や心的苦痛を理解し、それを緩和するための支持的スーパービジョンも必要です。各々の必要性のうち、どれを優先すべきか、その後他の機能はどう発揮すべきかについては、スーパーバイザーの裁量に任せられています。

### ③スーパービジョンの形態

　スーパービジョンの形態には、以下の4つがあります。

　1）「個人スーパービジョン」
　2）「グループスーパービジョン」
　3）「ピア・スーパービジョン」
　4）「セルフ・スーパービジョン」

　「個人スーパービジョン」とは、スーパーバイザーとスーパーバイザーが一対一で行うスーパービジョンで、これはスーパーバイジーが新人の時期や、自立的に業務を遂行できるようになったスーパーバイジーであっても、彼らの必要に応じて行われるスー

パービジョンの形態として有効です。もちろんその他の場合にも、スーパーバイザーやスーパーバイジーの必要に応じて用いられる形態です。

「グループスーパービジョン」は、複数のスーパーバイジーに対して行うスーパービジョンの形態です。その場合には、共通のキャリアや共通のテーマをもつメンバー、あるいは同一チーム内のメンバーなどがスーパーバイジーとなります。

「ピア・スーパービジョン」は、同じような経験と力量を備えたメンバー間で、スーパーバイジーとなるメンバーに対して、他のメンバーがスーパーバイザー役を受けもち行うスーパービジョンの形態です。また、「セルフ・スーパービジョン」とは、自分自身がスーパーバイジーであるとともに、それをスーパーバイザーの立場に立ってスーパービジョンの視点から分析する形態をいいます。この２つの形態は、それまでのスーパービジョン体験を踏まえ、自分の実践経験を整理することができる能力を要するので、それ以前にスーパービジョン体験を有するメンバーが用いることが、妥当な形態でしょう。

# 第2節 実習教育スーパービジョン体制と教員の役割

　実習担当教員に求められるのは、学内におけるスーパービジョンシステムを確立する能力、現場実習指導で行われるスーパービジョンとの二重構造のもと、実習先のスーパーバイザーとの役割分担と、実習先のスーパービジョン情報の把握するマネージメント能力、実習前・中・後の一貫したスーパービジョン展開を行える教育能力、その際のスーパービジョンスキルの熟達です。ここでは、教員に求められる「実習スーパービジョン能力」について論じます。

## 1　実習スーパービジョンの特質

　実習教育において実習担当教員が行う実習スーパービジョンには、次のような特質・要素があります。
　①「相談援助実習指導」履修により実施される
　②実習担当教員と実習生との間で実施される
　③すべての実習生に対して行われる
　④定期的に、また必要に応じて行われる
　⑤実習先の行うスーパービジョンと連動する
　⑥実習生の権利を擁護する責任をもつ

　実習スーパービジョンは、「相談援助実習指導」の履修により行われます。つまり、相談援助実習指導の授業内容にスーパービジョンは組み込まれており、その科目を担当する教員は同時に実習スーパーバイザーとなります。実習担当教員は、学生の成長を見守り、その成長に責任をもちます。その具体化がスーパービジョンなのです。

　実習スーパービジョンは、すべての学生に対して行われます。これまで、実習スーパービジョンは「実習遂行上で困難を抱えた実習生に対して行われるもの」という認識がありました。しかし、実習スーパービジョンはすべての実習生対象に行われなければなりません。

　実習生に関して、堀之内（2001年）は、「自己成長モデル」（標準的には全体の約2割）、「現状維持モデル」（標準的には全体の約6割）、「保護モデル」（標準的には全体の約2割）という3つの実習生モデルを示しました。[4]

「自己成長モデル」の実習生は、自分で気づき、自らが変化し成長していくタイプで、いわゆる「優秀な実習生」といわれるタイプの実習生です。「現状維持モデル」は、気づいてはいるが自分だけでは変化しづらいタイプで、何らかの支援が必要になりますが、標準的な実習生といえるタイプです。「保護モデル」の実習生は、気づきがなく変化もしないタイプで、多くの実習スーパーバイザーが指導困難を感じ、悩まされるのはこの保護モデルの実習生でしょう。しかし、現状維持モデルや、自己成長モデルの実習生も、もちろん保護モデルの実習生も、実習スーパーバイザーはすべての実習生に責任をもち、そのモデルに応じたスーパービジョンを行うことが必要なのです。

　実習スーパービジョンは、実習プログラムの進行に対応して、定期的または必要に応じて行われます。実習の展開にあわせて実習前・中・後の年間を通じてスーパービジョンの機会が設定されていなければなりません。

　養成校では「相談援助実習」と「相談援助実習指導」という科目が並行して開講されています。「相談援助実習指導」の時間にスーパービジョンが実施されることは前述したとおりです。また、養成校の教員は配属実習中に実習先に訪問してスーパービジョンを行います。その際、配属実習先でも実習スーパービジョンが行われますから、実習生にとっては、配属実習期間は二重のスーパービジョンシステムが設けられていることになります（図4－2）。実習先のスーパービジョンと整合性のないスーパービジョンは、実習生に混乱をもたらしますので、両者間の連動性が求められます。

　さらに、養成校のスーパーバイザーである実習担当教員は、実習における実習生の権利を擁護する責任ももちます。実習生が実習先で秘密保持を求められるのは当然ですが、同時に実習生の個人情報も保護されなければなりません。また、実習生がセクハラ・パワハラの被害にあった場合にも、実習スーパーバイザーとして実習生の権利擁護を行います。

## 2 実習教育スーパーバイザーとしての教員の役割

　現場における実習教育は、実習生（養成校）の利益（「教育的要請」）を満たすとともに、現場の利用者の利益（「福祉的要請」）、さらには、社会が求める社会福祉従事者の養成への期待を満足させること（「社会的要請」）といった3つの要請に基づき行われます。実習担当教員は、主に「教育的要請」に対して責任をもたなければなりません。

　「相談援助実習」を行う実習生は、専門的な社会福祉職員としての進路を選択する以

---

4　堀之内高久「2001年度社会福祉士会現場実習指導者養成講座」における講義による。

**図4-2　実習教育における二重のスーパービジョン構造**

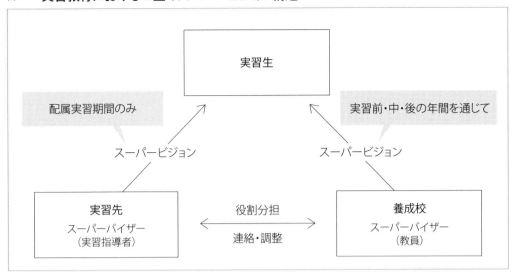

前の存在です。将来社会福祉の専門家となる可能性を秘めながらも、進路選択の途上にある彼らに対しては、専門家になるための進路指導的な側面に重点をおいたスーパービジョンが要請されています。

　また、実習受け入れ先と養成校が連携してスーパービジョンを行うために、養成校教員のスーパービジョンではどのような内容を担っているのかを、あらかじめ双方で確認しておく必要があります。特に、実習中に実習生が混乱し、一度実習先を離れたほうがよい場合や、実習以外で実習の進行を妨げるような状況が確認できたとき（例えば家族問題や実習生の心身の病気等）には、養成校担当教員のスーパービジョンに任せたほうがよいケースもあります。そのような場合の役割分担をあらかじめ取り決めておきましょう。

# 第3節 実習教育スーパービジョンの機会

　実習スーパービジョンは、実習の進行に合わせ、実習開始前の事前訪問時、配属実習中、配属実習終了後に定期的に行われます。ここでは、各時期の実習展開に合わせたスーパービジョンの特質について述べます

## 1 実習開始前のスーパービジョン

　配属実習を開始する以前に、実習生に以下のことを確認することから実習スーパービジョンは始まります。

### 1. スーパービジョンの知識と経験の確認

　実習生が実習を開始するにあたって、スーパービジョンの概念や構造を理解させる必要があります。特に、実習教育においては、養成校と実習先で二重のスーパービジョンが実施されることを、あらかじめ実習生に伝えておく必要があります。

　また、実際にこれまでスーパービジョンを受けた経験があるかどうかも確認しておきましょう。多くの実習生は、スーパービジョンを知識として得ているが、実際の経験はしていない、あるいは少ないことが想定されます。しかし、なかには社会人経験がありスーパービジョン体験を有している者もいるかもしれません。それぞれの実習生のスーパービジョンに対する理解を確認し、その理解を踏まえたうえでスーパービジョンを開始することが必要です。

### 2. 実習生（スーパーバイジー）として果たすべき責任と態度の涵養

　実習生（スーパーバイジー）は、自己の実習展開上に生じてくるさまざまな疑問・問題を解決するために、スーパーバイザーに対して積極的に相談をもちかけることができますし、そうすることが期待されます。指導教員は、実習生としてこのような態度をとること、そのための責任があることを確認し、もし理解できていなければ、責任と態度について伝えなければならないでしょう。

　さらに、実習生のコンピテンスを確認しそれを高めておくことも、実習開始前のスーパービジョンの課題です。コンピテンスとは、ある特定の目的を遂行するために必要とされる特定の知識・技能の内容をいいます。ここでは、実習を遂行するうえで必要な自

己理解・判断傾向・行動傾向・各種知識・各種技術・現場に関する知識などの諸項目を指しています。

## 2 配属実習中のスーパービジョン

　配属実習中に教員が行うスーパービジョンの機会は、巡回訪問指導時と帰校日の実習指導の授業時です。また、実習生や実習先からの要請によって、随時スーパービジョンを行うこともあります。

　ここで重要なことは、いずれの機会においても実習先のスーパービジョンとの整合性を図ることです。それが図られなければ、実習生は混乱します。配属実習中のスーパービジョンは、実習先のスーパーバイザーとの連携、役割分担の確認がポイントになります。

　ここで、実習を中断する際のスーパービジョンの必要性を強調しておきます。実習は、予定された実習期間を有効に過ごすことが重要です。別の表現をすると、実習が受け入れ先や実習生自身にとって効果的に展開していない場合は、思い切って一旦実習を中断し、養成校に戻してじっくりスーパービジョンを行う必要があるのです。

　その際重要なことは、実習中断の意味と必要性を3者で合意することです。実習生は、実習中断によって単位が取得できなくなることへの不安や不満、また、それによって自己を否定されたと受け取る傾向が強いように思われます。しかし、実習を効果的に進めるための実習中断の必要性を、実習先と養成校、そして実習生本人とが確認し、合意することがスーパービジョンの課題といえるでしょう。特に実習生にそれを理解させ、合意形成を図る必要性があり、その責任は主に教員が担う必要があります。

## 3 配属実習終了後のスーパービジョン

　配属実習終了後にこそ、スーパービジョンが重要になります。養成校に戻ってきた実習生は、そこで実習レポートの作成や実習報告会の準備を行いますが、そのプロセスがスーパービジョンなのです。

　レポートを作成するために、実習生は実習体験を振り返り、意味づけをしていきます。そのとき、それが良かったか悪かったか、できたかできなかったかを論じることに意味はありません。できなかったことや悪かったと思われる体験にも、そこから学ぶべき成果は多くあります。それを「リンケージ」という考え方で説明します（図4－3）。

図4-3 リンケージ（実習後における学びのプロセス）

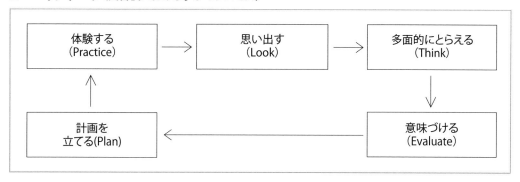

### ①体験を意味づけし直す

リンケージを用いたスーパービジョンは、次のように進めます。

まず、実習生が実習で体験してきたことを「思い出し」てみます。体験したときから少し時間を置いて、改めてその体験を思い出すのです。その際、相手の言動だけではなく、自分の言動、周囲の動きも思い出すこと、さらにそれは相手と自分との相互作用によって展開していることを思い出してもらうことがポイントとなります。次に、その思い出した体験を、「多面的にとらえる」ことをします。体験当時にとらえていた自分の解釈だけではなく、相手にとって、あるいは周囲にいた人にとってそれはどのような意味があるのか改めてその体験をとらえ直すことを求めましょう。そして、その後に「意味づける」、すなわち「評価」を実習生にさせることが重要です。そうすれば、実習体験にはすべて意味があり、「できたこと、わかったこと」だけではなく、「できなかったこと、わからなかったこと」にもすべて意味があるということを実習生自身が理解していくでしょう。

### ②ある実習生の体験

具体的な事例で説明しましょう。

ある実習生はスーパービジョンの授業で実習期間中のできごとを話しました。本人は、特別養護老人ホームで入所者の食事介助をしようとしたら、入所者が「怒って」食器をお盆ごとひっくり返された体験をしました。そのとき、実習生は「自分の介助の仕方が悪いから利用者が怒った」と理解しました。

そこで、スーパービジョンの場でもう一度その場面を「思い出して」もらいました。そこでは、利用者にどう話しかけたのか、利用者はどう反応したのかを具体的に語ってもらいました。また、その場面にいた職員や他の利用者の反応も思い出して語ってもらいました。そのとき教員は、実習生が思い出すことを手助けするために、「具体的にど

んな言葉で怒ったの？」とか、「そのとき周りにいた職員や利用者はどのような反応だった？」といった言葉かけをし具体的に場面を思い出させます。

　この事例では、実習生は「ほとんど何も言葉かけをする暇もなく、いきなり相手が怒り出したこと」、そのとき自分は「あわてて謝ったけれども、なぜ怒られているのかわからなかったこと」、周囲の人は「このできごとにあまり関心を払っているようには見えなかったこと」を思い出しました。周囲にいた職員も、特に介入することもなく見守っているだけでした。後で、何人かの職員が「気にすることはない」とか、「あの人は難しい人だから」と言葉をかけてくれましたが、実習生にはその言葉を受け止める余裕がなく、「うまくいかなかった」という気持ちと、「なんであんなことをするのだろう」という利用者に対する不快感だけが残っていました。また、このことを知った施設長から「利用者がお盆をひっくり返した」ことは、「最近『大人しく』なった利用者は、決して納得したわけではなく、『あきらめた』のだろう。最近、職員にとって『扱いやすくなった』ことが、実は利用者の『あきらめ』からのものだとしたら、それは問題だ」と感じていたことや、「実習生相手に不満をぶつけることは好ましいことではないが、まだ『あきらめていたわけではない』という利用者の気持ちを確認できたのでよかった。職員にも問題提起したい」というコメントをもらっていました。そのことも併せて思い出しました。その後、利用者は不本意な入所で職員に反抗し、職員も手を焼いていたこと、しかし入所後半年が経ち、このごろは大人しくなっていたが、他の利用者とはなじもうとしていないことなどがわかってきました。（※ここまでが「体験する」（Practice）、「思い出す」（Look）という場面）

　そこで、このような経過を「多面的にとらえる」ことをします。そうすると、さまざまな疑問が出てきます。利用者は実習生の「介助」に怒ってお盆をひっくり返したのだろうか？　食事介助の前の利用者がどのような言動をしていたのだろうか？　周囲の方はなぜこの利用者の言動に無関心なのだろうか？　職員はなぜ「気にすることはない」と言い、また「難しい人だから」というのはどういうことなのだろうか？　このように疑問を出していくと、当初の「自分の介助に腹をたててお盆をひっくり返した」という理解だけではなく、「介助を始める前になにか腹を立てるようなことがあって八つ当たりをされた」という理解、「実習生だけではなく職員にとってもかかわりの難しい人だ」という理解、「他の職員にもよくこのような行動に出る人だ」という理解、「他の利用者からもあまり理解されていないようだ」という理解が出てきました。（※ここまでが「多面的にとらえる」（Think）という場面）

　そして、この体験を「意味づける」ことをします。ここで実習生に、この体験から何を学べばいいのだろうかと問いかけました。実習生は、「自分ができなかった」という

思いと相手に対する「怒り」を感じてしまい、相手の理解を深めることをしていなかったことに気づいたと述べました。ここで、教員は「できなかったこと」ではなく、「気づいたこと」を評価します。実習体験は、できたことやわかったことだけではなく、できなかったことやわからなかったことからもさまざまな気づきや学ぶことがあることを喚起します。

最後に、これから何をするべきか「計画を立てる」を確認します。実習生は、将来、同じようなことがあったとしたら利用者の事情や対人関係、職員がどのような対応をしているのかを学びたいと答えました。

ここで、実習指導教員の果たす役割は、体験を思い出させるために自由に語る場を保障すること、体験したことを多面的に理解するために必要な知識、技術を実習生に喚起し、それと結びつけて理解させることを促すことです。そのうえで、課題を明確にし、次の計画に進ませることが必要です。

# 第4節 スーパービジョンの基本スキル

## 1 「語り」の保障と非審判的態度

　実習スーパービジョンの基本的視点は、実習生自身をスーパービジョンの対象とすることです。表現を変えれば、「実習課題」が対象ではなく、「実習課題」を抱えそれを達成しようとする実習生に焦点を当てることがポイントです。

　そのためには、実習生自身が「実習課題」をどのように認識し、それをどう達成しようとしているか、そしてスーパーバイザーには何を求めているかを「語る」ことが必要です。実習生は、自分の話を熱心に聴いてくれる人（スーパーバイザー）に対し、実習体験を言語化することで、改めてその体験を思い出し、気づき、考えをまとめることができます。そして、それを活用してスーパービジョンを行うことが有効です。

　そのために、実習担当教員はまず実習生の「語り」を促しましょう。実習体験を語る場合のポイントは、「できたこと、わかったこと」だけでなく、「できなかったこと、わからなかったこと」にも意味があり、それも実習の成果であることをくり返し実習生に伝えることです。実習生は、どうしても「できたこと、わかったこと」が実習成果であり、それ以外の体験は否定的にしかとらえることができない傾向にあります。しかし、多くの学生にとってはじめての現場体験では、できないことやわからなかった体験が多いのは当然です。そこからも学ぶべき成果が得られるということを伝え、その語りを促します。また、「語り」がなされた場合には、そのことを認め、評価することも必要です。

　実習生の「語り」に対して、その是非や正誤をスーパーバイザーが指摘するのではなく、本人が考え、結論を導き出すような指導も重要です。そのために、実習担当教員は実習生の「語り」に対して非審判的態度で臨むことが必要です。

　ある実習生は児童養護施設で実習し、「自分の家に比べて、施設の子どもの食事や小遣いは贅沢だ」と発言しました。これは、実習生が施設の子どもの生活を自分の生活体験と単純に比較しただけだということがわかります。施設のサービスの仕組みや、施設で暮らす子どもたちの生活背景を十分に理解しないまま、表面的な理解で発せられた言葉です。しかし、彼のこのような理解も「ひとつの理解」として尊重することが必要でしょう。

## 2 「語り」を促す実習生への問いかけ

　実習教員は、実習生に語りを促す言葉として、「具体的な体験を述べてください」「そのとき、それをどう思いましたか」「今、それを思い出してどう理解しますか」「話してみてどんなことに気づきましたか」などと問いかけをし、実習生の話に耳を傾けることが必要です。

　「施設の子どもは贅沢だ」と語った実習生には、そのような理解について、本人が具体的にどのような体験からそう理解するに至ったかを話してもらいました。彼は「施設の食事は毎食果物が出されていた。自分の家ではまだ食べられない高価な初物も出されていた。一般家庭では食せないようなものを普通だと思って食べる感覚はおかしいのではないか」、さらに「小遣いも小学生にしては多すぎるのではないか」とも述べました。さらに具体的に聴いたところ、自分の家では食事の品数は1品か2品くらいが普通であるが、そこの施設では副菜が3品必ずついていたし、自分の小学生のときの小遣いは1週間に100円であったのに、施設の子どもたちは小学生でも月に数千円もらっていた」と語りました。自分の体験と比較して、施設の子どもは「贅沢だ」と感じたことがわかりました。

　実習生の「語り」によって表現された体験は、その時点では主観的であり、偏りがあります。しかし、それを実習担当教員が指摘し、否定することは効果的ではありません。もしそうすれば、実習生は教員の求める「正解」に合わせ、自分自身の「語り」を止めるでしょう。

## 3 実習生間の関係を活用するスーパービジョン

　グループスーパービジョンの場においては、実習生同士が語り合うなかで、自分の体験を客観的に理解していけるように導いていくことが効果的です。特にこの方法は、実習生が実習中に未消化なことを語る際に、実習生同士がそれを共感的に理解し、サポートできるので効果的です。その際には、事前に次のような確認をします。

　①この場は、同じ時期に実習を行ったメンバーが、その体験を共有し、理解を深める場であることを理解する（同時に、そこで話し合われることに関しては、秘密保持をしなければならないことを確認する）。
　②体験を語る実習生は、もし途中で困難だと感じたら無理に言語化しなくともよい（それはまだ自分のなかで「熟成」する必要がある内容だと自覚することに意味が

ある)。
　③聞く側は、その体験を聞きながらそれを自分自身の体験と比較することで、自身の体験を振り返る機会とする(同じような体験をしても理解や自己評価が異なることに気づく、あるいは異なる体験でも気づいたこと、考えたことに共通性があることを理解する)。

　先の「贅沢発言」に対しても、指導教員はこの方法を用いました。指導教員は、彼の発言をどう思うか、他の実習生に問いかけました。他の実習生は「自分も贅沢だと思った」と言う者もいれば、「そうは思わない」と言う者もいて、各々が自分の体験と理解を語り合いました。

　ある実習生は「各家庭の小遣いの金額はさまざまだけれども、自分は特別欲しいものは別に買ってもらえたので、施設の子どもが贅沢だとは思わない」と述べ、他の実習生は「食事のメニューだって、自分の体験と比べると、施設の子どもは『今日は何が食べたいか』と聞いてもらうことがないので、贅沢とはいえないと思う」と述べました。また、ある実習生は、実習生が支払う毎食の食費単価と措置費は同じだと具体的な数字を示し、集団で調理をすることで安くまかなえているのであって、一般家庭の費用と比較しても決して贅沢といえないと述べました。この指摘は、さらに各施設(実は各自治体)によって、食費に格差があることへの気づきにもなりました。

　さらに、他の実習生は「贅沢だ」と発言した実習生に「この内容を実習先の職員に伝えたのか」と質問し、職員に伝えることなく自分だけの理解だったということを確認しました。

　この実習生の場合、明らかに学習不足で理解が主観的です。しかし、それを否定するだけでは、「自分で気づく」ことはできません。ここでは、自分の体験と同じような体験をもつ実習生同士とのやりとりのなかで、「贅沢」の基準が個人的な体験との比較だけでは不十分なこと、子どもの置かれている環境や、具体的なデータによって、客観的な理解をする必要があることを理解していきます。また、「それを職員に質問できなかった」という事実によって、職員との関係について考えるきっかけにもなりました。

## 4　記録の活用

　日々の実習記録を活用したスーパービジョンも効果的です。実習教員が実習記録を活用できるのは、多くの場合配属実習が終了してからです。配属実習後に実習生に記録を読み返させることにより、次のような気づきを促せます。
　①書かれてある内容から、当時の実習を思い返すことができる。

②書かれてある内容を思い返すと同時に、当時書かなかった体験も思い返すことができる。
③書かれてある内容を思い返すと同時に、当時書けなかった体験も思い返すことができる。

つまり、実習記録を読み返すことは、書いてあることだけではなく、書かなかったこと、書けなかったことも思い出す効果があります。また、記録した内容も、時間を経たことで異なる視点から吟味することも可能です。

**記録を活用したスーパービジョンの展開例**

ある学生は、実習記録を読み返し、自分が本当は書きたかったことを書いていないことを自覚しました。スーパービジョンの場で、彼は「ある職員が、知的障害のある利用者に乱暴な言葉をかけたり、思うように行動してくれないと小突いたり、引っ張ったりした場面を目撃し、とても嫌な気持ちになりました。でも、それをそのまま記録したら、実習生が告げ口をしたみたいになるのが嫌だったのと、その職員が悪い人ではなく、ただすごく疲れている様子もわかったので、実習記録には思った通りに書けなかった」と述べました。そこで、その実習生は記録ではそのときのことを「利用者がなかなか言うことを聞いてくれないときは、職員さんがたいへんなのだと思いました」と書くにとどめました。

この場面のスーパービジョンでは、書けなかったことの是非ではなく、そのことの評価点と、次回同じようなことがあった場合、どう書けばよいかについて話し合う必要があります。

実習教員は、これをグループスーパービジョンのメンバーに問いかけ、他の実習生にも自分自身がこのような場合どう書いたらよいかを共感的に語ってもらいます。この件について評価できることを問いかけると、他の実習生たちは、「自分だったら一言もふれないで済ませたかもしれない」「自分だったら利用者が言うことを聞かないから仕方がない、と合理化したかもしれない」、あるいは「その職員は悪い人ではないから、よけい悩んだのではないか」と感想を述べ合い、それをそのままにしないでスーパービジョンの場に出した実習生を認める発言をしました。

では、自分が同じような場面を体験したらどうかについて話し合います。あるメンバーは、自分が利用者だったら、職員の気分・感情で小突かれたり乱暴な言葉をぶつけられたりされたら絶対嫌だと語り、「仕方がない」といってあきらめずにこだわった実習生を評価しました。あるメンバーは、「もし職員になったとき、自分がすごく疲れていて利用者が言うことを聞いてくれなかったら、同じようにしてしまうかもしれないと

思うと、自分が怖い」と述べました。あるメンバーは、「そんなとき誰かに相談したり、休んだりできないのか」と述べ、あるメンバーは「そうしてはいけないと思っても、そうせざるを得なかった職員も辛いだろう」と述べました。

　実習教員は、このような話し合いのうえで、もし次回同じような体験をした場合、どうしたらよいかを問いかけます。実習生たちは、やはり利用者がされたら嫌なことは訴えるべきだと考え、しかし、一方的に職員を非難するのではなく、どうしてそうしてしまうのかを一緒に考える視点をもち、それをスーパーバイザーに直接、あるいは記録を通じて伝えられないかと話しました。

　これは記録を活用したグループスーパービジョンの事例ですが、実際には、他のスーパービジョンの場面においても、原理は同じと考えます。

# 第5節 実習スーパービジョンの実際

本節では、「スーパービジョンが求められる場面と対応のヒントについて述べます。章頭で、スーパービジョンを迷路の例えで説明しました。

いうまでもありませんが、この迷路の通り抜け方は個々に異なりますから、上から俯瞰している人の支援の方法も個々に合わせなければなりません。それと同じように、実習スーパービジョンも個々の実習生の状況によって異なります。したがって、本節の内容はあくまでもヒントとして理解し、実際に合わせて各自が応用していただきたいと思います。

## 1 「問題実習生」へのスーパービジョン

実習スーパービジョンでしばしば取り上げられるのは、「保護モデル」の実習生です。彼らは、実習動機が曖昧であったり、あるいは「実習は資格取得が目的であり、福祉の仕事につくつもりはない」と職員や利用者の前で明言して不評を買ったりします。あるいは、提出物を出さなかったり、遅刻したり、実習中に居眠りをしたり、ぼんやりしたりして、不真面目な態度をとります。服装や態度に問題があり、それを指摘されても改めようとしません。こうして、実習先から苦情がよせられたり、あるいは実習を中断させられ帰されてきたりします。

**実習中断となった学生――誰が困っているのか**

実習2日目で、児童養護施設から連絡が入った実習生がいました。実習先で「子どもと一言も話をしない」というのです。施設で子どもと一緒に生活していても、あいさつや会話がない関係で、子どもたちも実習生にどうかかわったらいいのか困っているといいます。また、職員も子どもたちとの会話を促すと、「自分は人見知りだから会話するには時間がかかるので」と言われ、「これ以上どのようにかかわったらいいか困っています。このまま実習を継続するのは無理なので、学内で指導をして欲しい」という注文がつきました。さらに、実習先のスーパーバイザーからは、実習計画書についても不十分で、実習開始前の学内指導が不十分ではないかと指摘を受け、実習担当教員も困りました。

このような場合に注目したいのは、「誰が困っているのか」という点です。前記のや

りとりでは、子どもや職員、教員のほうが困っているように見えます。それでは、実習生は困っていないのでしょうか。

この場合、スーパービジョンの場面で実習生には実習先の意向を率直に伝えました。その際、教員は実習先の言い分を教員が代弁する、つまり実習先と同じ目線で実習生を問いただすのではなく、実習生の言い分を聞くことにしました。そして、双方の言い分が食い違っていることを確認することから始めました。

この実習生は、「自分なりにやる気はもっていたのだけれども、それが通用しなかったこと」に気づきました。また、事前に実習計画を教員と相談しなければならなかったのですが、その機会を失したまま実習開始になり、実習計画書をあわてて書いたという経過を話しました。その結果、実習が中断になり、教員と面接する事態になったことに動揺していました。明らかに準備不足で、やる気が感じられない実習だったことを見破られ、「しまった」という気持ちが伝わってきました。

ここでは、このような事態を生じた一方の当事者が実習生であること、そこで不利益を被っているのも実習生であることを明確にし、実習生に当事者意識をもたせる必要があります。そして、教員は実習生をサポートする立場にあることを、改めて実習生に伝えましょう。

ここで教員は、なぜ準備不足になったのかを問いました。実習生は、「この間、同級生は一般企業への就職活動を始めている。ところが福祉関係の就職は、ワーキングプアの代名詞のように言われているのに、そこで実習をしている場合なのだろうか、と思い始めたらあせってきて、準備ができなくなってしまった。そのうち時間切れで実習が始まってしまった」と述べました。また、「今さら福祉の仕事をする気がないと、職員や子どもたちに言えず、黙るしかなかった」と述べました。そこではじめて実習生自身も困っていることが確認され、そこからスーパービジョンを始めることができます。

「問題実習生」へのスーパービジョンでは、実習生自身が自分の課題を自覚し、当事者意識を持って直面している事態に向き合えるようにするところから始めることが重要です。

## ｜2｜「積極的な実習生」へのスーパービジョン

実習に意欲的で、実習先からの評価もよい実習生に対しては、しばしばスーパービジョンが必要ないという「錯覚」をもってしまいます。しかし、どんな学生にもスーパービジョンは必要です。

意欲的な実習生に対するスーパービジョンで留意しなければならないのは、本人の力

量以上の実習課題を与えられていないかという点です。しばしば実習先では、実習生の「意欲」を過大評価し、本人の力量を上回る課題を与えている場合があります。あるいは実習生のほうがその課題に挑戦したいと思っている場合もあります。

### 優秀な実習生の落とし穴

　高齢者福祉施設で実習したある実習生は、非常に意欲的で、実習先の評価も高く、そのことに自信をもっていました。そこで、実習先では、ショートステイの利用者の見守りをひとりで行うという課題を課しました。その際、利用者は施設利用に納得せず、「帰宅したい。車いすに移動させろ」と実習生に迫り、それを受けて実習生はベッドから移動させようとした際に、2人とも転倒してしまいました。利用者は痣をつくった程度ですみましたが、実習生は尾てい骨を骨折してしまったのです。

　学内のスーパービジョンで実習生は、「任されたので自分で何とかしなければならないと思った」と述べましたが、「任された」のは見守りであり、ましてや実習生の体重の2倍ほどある利用者を、介護の専門技術を習得していない実習生が移動させることはたいへん危険な行為です。

　この場合、実習生は職員を呼んで職員に対応してもらうべきでした。それができなかったのは、職員から「あなたならできる」と言われ、その「期待」に応えなければならないと思い込んだ結果だったようです。しかし、その「期待」は実習生が勝手に思い込んでいただけであり、実習生は勝手な判断で行動してはいけないことを再度指摘しなければなりませんでした。

### 自分の力量以下の実習で終わらせようとする場合

　一方で、ある程度の経験や知識を備えている学生は、自分に見合った目標を設定せず、低いレベルでとどめ、実習を「こなしてしまう」こともあります。

　例えば、ある実習生は、大学1年生から児童養護施設でボランティアを行い、現在はそこでアルバイトをしていました。本人はそこで実習することを希望しましたが、この場合、実習担当教員は別の児童養護施設での実習を薦めています。それは、ボランティアやアルバイトとしてのかかわりと、実習生としてのかかわりは異なることや、新しい環境で職員や利用者の方々と新たな関係形成にチャレンジしてもらうことが実習課題のひとつだからです。「実習」という名目のアルバイトをすることをよしとしない教員の判断でした。

　このように、意欲的な実習生や実習を安易にこなそうとする実習生に対しては、その力量に見合った実習をさせるために管理的なスーパービジョンが重要になるでしょう。

## 3 | 実習生が「精神的な課題」を抱えている場合の対応

　障害をもった実習生の指導は、さまざまな配慮を要します。最近は精神的な課題、例えばリストカットや摂食障害、あるいは家族問題を抱えた実習生が、どの養成校でも多くなっていることが推測されます。しかし、そのような実習生が実習をする場合、一見するだけでは本人の抱えている問題はわかりません。

　まず、確認しておくべきは、実習スーパービジョンの対象はリストカットや摂食障害、あるいは家族問題そのものではないということです。それらの問題が、実習を遂行するうえでどのように影響するかがスーパービジョンの課題になるでしょう。しかし、本人の抱えている問題については、学生相談室などのカウンセリングを行う場を紹介し、実習スーパービジョンとの区別化を図る必要があります。

　そのような学生が実習を希望した場合には、スーパービジョンにおいて以下の配慮が必要です。

　本人が精神的な課題を抱えている場合、まず、本人に病識があるかどうか、そして治療を受けているか（主治医はいるか）、服薬の有無などを確認しましょう。病識があり、治療を受けている場合には、主治医と実習の可否について検討してもらう必要があるでしょう。その際には、本実習がどのようなもので、どれくらいの負荷がかかるかについて本人を通じて、あるいは直接主治医に説明する必要があるでしょう。実習が可能であると診断された場合には、実習中に養成校や実習先が配慮すべき点について、アドバイスを求めます。さらに実習生には、自分で状態（病名や服薬など）を実習先に伝えさせ、必要な配慮を受けられるかどうか確認させることが必要です。

　また、この全過程に当事者である実習生を参加させ、そこで自分のとるべき態度を学習してもらうことが重要です。

　最も困難なことは、実習生がメンタルヘルスの専門家に支援を受けていない場合です。その場合にも、実習課題と本人が抱えている課題は別であること、実習をやり遂げるためには、学内や専門機関の専門家に支援を求める必要を説明しましょう。実習先や実習担当教員にその代替を求められても、それは不可能であることを伝えなければなりません。

## ｜4｜ 利用者と「関係不全」を起こした実習生

　利用者と実習生の関係形成にゆがみが生じ、実習上で困難を抱えることを、ここでは「関係不全」と表現します。利用者と関係不全を起こした実習生に対するスーパービジョンの事例を紹介します。

### 利用者との間に逆転移を起こしたケース

　ある実習生は、施設に入所している高齢者の家族に対して、否定的な感情が沸き起こり「冷静に対応できずに苦しい」とスーパービジョンの場で訴えました。その実習生は自身の家族問題として、祖母に対する父親の仕打ちに苦しんでいました。そのことが利用者に対して冷淡な家族に逆転移を起こし、その家族を否定的にしかとらえることができず、その反動で利用者とは共依存関係に陥っていました。

　別の実習生は、親の離婚によって施設入所になった児童と、自分の境遇（両親が離婚後、双方が再婚して新家庭を築き、自分はそのどちらにも引き取られずに祖父母宅にいること）が重なり、苦しくてその児童と接することが困難になったと訴えました。この実習生も施設児童に対して逆転移を起こしています。

　実習生は、教員とのスーパービジョンを求め、その思いを語りました。はじめは、その語りは高齢者の家族への非難や、施設児童に対する同情だったのですが、だんだんとそれが自分自身の家族関係や生い立ちに関連した感情に支配されていることに気づいてきます。ここでの実習指導教員の役割は、実習生の語りに耳を傾け、彼らが語りながら気づいていくプロセスを励ますことでした。

　これらの例では、実習生自身が語ることで自分の課題に気づき、1人の実習生は自分の感情の整理をしなければ実習に取り組むのは無理だといって、実習を中止しました。もうひとりの実習生は、自分自身の課題を整理するために、一時実習を中断してカウンセリングを受けました。教員は実習先に事情を話し、実習生が再チャレンジできるように実習時期を調整して再開できる環境を整えました。教員がスーパービジョンを継続しなかったのは、それが個人的な課題であり、実習で取り組む課題とは別ものであったからです。

### 「歪んだ信頼関係」が問題を引き起こしたケース

　さらに、実習期間に利用者に巻き込まれて「秘密」を強要されたり、規則違反の行動をした実習生がいました。児童養護施設で実習を行った実習生は、中学生の喫煙場面を

目撃し、それを職員に黙っているように中学生から求められました。そのとき、自分も中学のときに喫煙経験があったのでその気持ちはわかると言って、秘密にすると約束してしまいました。また、別の知的障害者施設の実習生は、最終日にメールや携帯電話番号を施設の利用者と交換し、その後自宅に利用者が押しかけるという事態が起きました。その利用者は実習生に好意を抱き、メールや携帯電話番号を交換したことで実習生も自分の好意を受け入れてくれたと思ったうえでの行動でした。

スーパービジョンでは、なぜ実習生がそのような行動をしたのかという点に焦点を当てました。なぜなら、彼らはそれが禁止されている行為だということを知っていたからです。実習生は2人とも、「もし、その要求を断ったら、利用者との『信頼関係』を失ってしまうから」と答えました。

グループスーパービジョンで、他の実習生に意見を求めました。ある実習生は、中学生がタバコをどこで買ったのか、代金はどうしたのかという質問をしましたが、実習生にはわかりませんでした。後日、タバコは万引きしたものであり、その中学生は喫煙だけではなくさまざまな課題を抱えていたことが判明しました。実習先のスーパーバイザーからは、喫煙の事実を早く報告してくれたならば、もっと早く中学生の問題に対応できたと思うと残念だと言われたそうです。

利用者に押しかけられた実習生も、その後どうしたかと問われて、「施設で警察に捜索願が出され、警察官が来て連れ戻された」と述べました。実習生が利用者の好意を正直に断れなかったことがさらに利用者を傷つけることになり、結果的に実習生も落ち込んでしまうことになったのです。

実習生はよく、「利用者との間に信頼関係ができた」と述べます。しかし、彼らの言う「信頼関係」とは何かについて、スーパービジョンでは考えてもらいました。この場合、実習生の言う「信頼関係」とは、おっかなびっくり腫れものに触るように利用者に気を遣い、相手に利用されたり、あるいは勘違いされたりする結果に陥る関係でした。このような関係はうわべだけの「都合の良い関係」であり、「信頼関係」とは言いません。本当の信頼関係とは、お互いに悪いと思ったことやできないことには「NO」と言えること、そしてそれを言ったからといって、関係が切れてしまうことにはならない関係であるということを確認しました。

## 5 実習先における「不適切なかかわり」を体験した学生

利用者や職員による「不適切なかかわり」を体験した実習生のスーパービジョンについて紹介します。

あるスーパービジョンの授業で、「利用者に対して不快感や否定的な感情を抱いたとき」をテーマに話し合っていた最中、ある実習生が突然泣き出しました。感情を整理するまで待ったうえで、個人スーパービジョンに切り替えて後日面接をすることになりました。
　そこで述べられた内容は、以下の通りです。その実習生は高齢者施設での実習中、特定の利用者に「気に入られ」、実習の後半では介護に関して個別の対応を任される場面が多くありました。利用者も指名しますし、職員もそれを支持するので、実習生も断ることができず対応するようにしていたのです。介護といってもトイレ介助やベッドから車いすへのトランスファー等で、利用者は簡単な介助があれば自分でできる程度の自立度だったので、実習生にとっても介助自体は問題ではありませんでした。しかし、一対一の関係になると、利用者は「あんたのおっぱい、大きいね」とか、「彼氏はいるの、どこまでつき合っているの」という言葉によるセクシュアルハラスメントや、介助のときに不自然に身体を押しつけてくるような行為があり、実習生は相手に嫌悪感を覚えるようになっていました。そして、そのことを職員に言うことができないまま、実習最終日を迎えたのです。
　実習最終日、担当したフロアー全体の利用者にお別れのあいさつをしたとき、その利用者は「じゃあ、最後だからトイレの手伝いをしてもらおうかな」と言って、実習生と一緒にトイレに行き、個室内でドアを閉めさせて実習生に抱きついてきたのです。本人は、我慢できなくなり、助けを求めて叫ぼうと思いましたが、恐怖で声も出ず、異変に気づいた職員がドアを開けてくれるまで、じっと耐えるしかできなかったそうです。
　このできごとについて、職員は「嫌なことをされたらちゃんと断らなければならない」と言い、それは実習生にとっては「言えなかったあなたが悪い」と責められているような気持ちになって、さらに落ち込んだという内容でした。
　教員は、この件を実習先のスーパーバイザーは知っているのかどうか確認しましたが、実習生は言っていないとのことでした。教員は、この件は実習生だけが責められるものではないこと、職員が利用者と実習生の関係について事実を認識する必要があること、そして、今後も利用者が同じような言動をしないようにするためにも、実習先のスーパーバイザーに報告する必要があることを伝えました。また、このような事実を打ち明けてくれた実習生の勇気を認めました。そして、実習生の同意を得たうえで、実習先スーパーバイザーに報告しました。
　実習先では、これを受けケースカンファレンスがもたれ、事実の確認と職員の対応について話し合われました。後日、その報告がなされましたが、そこではその利用者のセクハラ行為は日常的であり、それに対して若い職員も実習生と同様に耐えているだけ

だったことが明らかになりました。職員のなかには、実習生に対するセクシュアルハラスメントも気づいていた人もいましたが、「これもいい経験ではないか」という気持ちで放置していたことが確認されたとのことでした。そのうえで、実習生に対する謝罪と、今後の善処を約束する内容でした。

教員は、「あなたの体験したことは、セクシュアルハラスメントの被害者に対する非難と同じで、あなたの尊厳を傷つける行為であること、被害者は無力感や孤立感に襲われてしまうこと、被害者が出すSOSを周囲は敏感にキャッチし、救助しなければならないこと」を伝えました。そして、今回実習生が教員に訴えたことにより、施設では利用者に対する対応を考えることができ、それは利用者にとっても今後有効な援助につながることも指摘しました。

これまで、実習生に対して倫理・規範の遵守が求められてきました。それと同時に、職員や利用者も実習生に対する倫理・規範の遵守も求められなければなりません。実習生自身が、ひとりの人間として尊重され人権を守られなければ、利用者の人権を守る職員にはなれません。また、それがなされないとき、それを訴え、自分の尊厳を守ることが重要だということを、このスーパービジョンでは教えています。

# 第5章

# 実習指導方法論 ◆ Ⅳ
## 実習教育評価

### はじめに

　教育評価は、教育目標、学生の能力、指導計画、指導内容、指導法と並び、教育システムの形成に不可欠な教育活動として位置づけられており、評価の意義、評価の種類、評価の手順、評価資料の解釈方法などといった評価法を理解したうえで教育活動に取り組むことが重要となります。

　実習教育は目標志向の教育であり、実習過程は実習目標を達成するために必要な実習経験を備えるかたちで展開されます。そして、各科目において設定された教育・学習目標の達成度や理解度等を確認するための教育・学習活動が「実習教育評価」ということになります。また、実習教育は、「実習前⇒実習中⇒実習後」という実習過程において、「相談援助実習指導」と「相談援助実習」の2つの科目が統合的かつ一貫性を持って行われる教育・学習活動です。

　実習教育は、利用者、実習生、教員、実習指導者の4者の関係で展開されます。実習教育の実際の場面では、特に実習生、教員、実習指導者の3者がステークホルダー（利害関係者：stakeholder、転じて評価参加者）として積極的に評価行為に参加することになります。実習教育評価においては実習指導者と実習生もステークホルダーであるという認識を持ち、評価の意義や目的、活用方法等について共通認識を図る役割を遂行することが求められます。

　社会福祉士養成における実習教育は、最終的には、「将来の利用者の最善の利益」を担保することを目指したものです。本章において評価法について学んだことや考えたことを日々の教育実践に活かすことにより、教育に携わる者として個人や社会に対する責任を果たすことつながると思われます。

# 第1節 教育評価の基礎的理解

## １ 教育における評価の意義

評価という言葉にはいくつかの意味があります。大辞泉には、「①品物の価格を決めること。②事物や人物の、善悪・美醜などの価値を判断して決めること。③ある事物や人物についてその意義・価値を認めること。④『教育評価』の略。」と記されています。教育評価という概念が使用されるようになるのは第二次世界大戦直後のことであり、英語の「エバリュエーション（evaluation）」が邦訳されたものとされています。

橋本（2003年）は、教育とは「教育目標を中心に、それを達成することに関連した生徒の能力・適性、指導計画、指導内容、指導法、評価法等が有機的なシステムを形成した存在である[1]」と述べています。図5—1に示したとおり、評価法とは、教育システムにおいて欠かすことができない教育活動として位置づけられています。

**図5-1　教育システムにおける評価法の位置**

教育評価の機能には２つの側面があります。１つ目は、教え手側が自らの教育実践の

---

1 応用教育研究所編、橋本重治『教育評価法概説〈2003年改訂版〉』図書文化社、p.10、2003年
本来、大学生の場合は学生という言葉を用いなければならないが、本書は普通教育における評価について書かれているため、原文を引用している。

効果を調べ自己点検する側面です。2つ目は、学び手側が教師による評価を通じて学習成果および学習活動を自己点検する側面です。図5—2に示したとおり、教育評価は、これら異なる2つの性質を同時に持ち、それぞれの自己点検の結果を踏まえ、次の段階で行われる教育および学習活動を再構成する契機となることを機能としています。

田中（2008年）は、教育評価とは「単に子どもたちの学習結果をネブミすることではなく、教師にとっては指導の反省として、子どもたちにとっては学習の見通しを得るために行われるものである[2]」と述べています。

**図5-2　教育評価の機能：2つの側面**

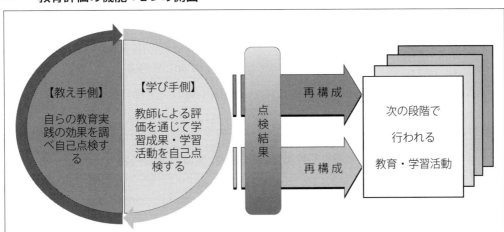

実習教育評価においても同様に、教え手側となる養成校および実習指導者、そして学び手側となる実習生による2つの側面があることを理解しておきましょう。

## |2|教育評価の目的

教育評価は、表5—1のように、指導目的、学習目的、管理目的、研究目的の4つに分類することができます[3]。これらは、収集した評価情報をどのような種類の教育決定の目的に用いるのかという視点から分類されたものです。

なお、目的意識を欠いた評価をすると、単に測定のための測定に終わるおそれがあるため、評価を行おうとする際はこの点に十分に注意して臨まなければなりません。

---

2　田中耕治『教育評価』岩波書店、p.123、2008年
3　応用教育研究所編、橋本重治『教育評価法概説〈2003年改訂版〉』図書文化社、pp.12-14、2003年
　これらは小学校や中学校などの生徒を対象にした教育における評価目的の分類ではあるが、評価目的の明確化の重要性を認識する参考にされたい。

表5-1 評価の分類と目的

| 分類 | 内容 |
|---|---|
| 指導目的 | 教師のような指導者の立場からの利用であり、より効果的な指導法や指導計画の決定の見地から評価を利用する。 |
| 学習目的 | 学習者自身を評価の当事者とし、自己評価や相互評価の形で評価を行わせ、それによって学習の自己改善を図ろうとする。 |
| 管理目的 | 学級や学習グループの編成、成績の記録・通知、高校・大学等における入学選抜決定や企業体での採用決定、各種の資格認定等において利用する。 |
| 研究目的 | 社会の要請にこたえる教育課程（カリキュラム）の研究開発、効果的な指導法や教材・教具の研究開発などの目的に評価を利用する。 |

なお、教育評価の手順に沿って実習教育評価の目的と具体的内容を整理したものが表5—2です。なお、実習教育評価にあたっては「相談援助実習指導」と「相談援助実習」を分けて整理する必要がありますが、ここでは評価手順の「評価の目的の確認」に限定し、「相談援助実習指導」における評価の具体的内容について例示します。

表5-2 「相談援助実習指導」における評価目的別にみた教育評価の内容

| | 教育評価の内容 |
|---|---|
| 指導目的 | 【実習前評価として】<br>　より効果的な「相談援助実習指導」の方法や指導計画を決めるために実施する。<br>① 学生の性格、特徴、学力、興味等に関する情報を収集するためにコンピテンシー・アセスメントの記入を行う。<br>② ミニマム・スタンダードの確認を行う。<br>③ 「相談援助実習指導」の授業に学生がついていけないということが起こらないようにするため、指導した一つひとつの基本的な内容、目標の理解や達成度を確認する。　など<br>【実習中評価として】<br>　巡回指導および帰校をとおして実習生の心身の状況、実習計画の進捗状況等を確認する。<br>【実習後評価として】<br>① これまでの指導計画や指導方法等、指導結果の反省と改善を行う。<br>② カリキュラムの効果の反省と改善を行う。<br>③ 評価基準の妥当性について検討する。　など |
| 学習目的 | 学生自身が自己評価や相互評価を通して学習の自己改善を図るために実施する。なお、教員側からは、常にその学生の評価情報を流す必要がある。<br>【実習前評価として】<br>① 学生によるコンピテンシー・アセスメントの実施。<br>② ミニマム・スタンダードの項目への理解度や達成度の確認。授業中に実施したふりかえりシート、レポート、成績物等の返却と確認。<br>③ 授業中の教員の発問への対応。<br>④ 事前学習の実施。内容に関する自己評価・相互評価の実施。<br>⑤ グループワークへの参加状況や発言状況の確認。　など |

| 管理目的 | 【実習後評価として】<br>　主に実習後評価の目的として該当する。<br>① 出席状況（出席簿）の記録と管理。<br>② 成績の決定と記録。<br>③ 各種テストやレポート等の実施と管理。<br>④ 最終的には社会福祉士国家試験受験資格の証明。など |
|---|---|
| 研究目的 | 「相談援助実習指導」と「相談援助実習」の2つの科目について、社会の要請にこたえるカリキュラムの研究開発、指導方法や教材の研究開発、実習ノートや評価表の開発、巡回指導の方法の検討、などの目的に評価を利用する。 |

# 3 教育評価の領域

　教育評価の領域とは、①学習の評価、②入力的諸条件の評価、③教育計画・指導法の評価のことをさします。橋本（2003年）は、「それぞれの評価領域は、相互に関連があるため、その評価結果の解釈や利用においても、相互に緊密に関連させて考えなければならない[4]」と指摘しています。領域と内容を整理したものが表5―3となります。

表5-3　**教育評価の領域と内容**

| 領域 | 内容 |
|---|---|
| ①学習の評価 | ・教科の評価、学習成果の評価、学力の評価等ともいう。<br>・学校教育のカリキュラム目標に関する評価領域をさす。 |
| ②入力的諸条件の評価 | ・入力とは、学生の能力・適性・行動特性・健康状態・環境の影響など、学生自身の状況のことをさす。<br>・評価を通じて収集した情報は成績をつけるためのものだけではなく、学生自身による自己理解と指導者側による学生理解のためにも活用される。<br>・内容：①知能・適性の評価、②性格・行動・道徳性の評価、③身体・健康の評価、④家庭その他の環境（交友関係等）の評価 |
| ③教育計画・指導法の評価 | ・カリキュラムや指導法など学校や教師側の処遇（処置）方策のこと。<br>・個々の生徒に関しての評価と異なって公共的性格のものであり、研究目的の意味が強い。<br>・学校の施設、設備、教職員、学校経営等も対象となることがある。 |

　なお、①と③は後に詳しく説明するため、ここでは②「入力的助条件の評価」に限定し、実習教育に照らし合わせて確認します。4つの内容は、相談援助実習の事前学習として実施する「学生アセスメント」と見なすことができます。

### ①知能・適性の評価

　適性評価はCBE（Competency Based Education）モデルに示されているコンピテン

---

4　応用教育研究所編、橋本重治『教育評価法概説〈2003年改訂版〉』図書文化社、p.27、2003年

シー・アセスメントが該当します。一方、知能の評価は相談援助実習では実施しないため該当しません。

### ②性格・行動・道徳性の評価

科目「相談援助演習」の教育内容に含まれている自己覚知についての学習が当てはまるといえます。

### ③身体・健康の評価

相談援助実習を遂行するうえで欠かすことができない領域の1つといえます。厚生労働省の通知のなかで、健康状態の確認や実習中のリスク管理等に関する事項が定められています。社会福祉援助場面においては、利用者との直接的な接触やコミュニケーションも求められるため、利用者の最善の利益をまもるための方策を立てるうえでも身体・健康に関する情報の把握が不可欠です。また、相談援助実習は、学生・利用者・実習施設機関・教育機関との4者関係のなかで行われるものであることから、身体的・心理的健康の状態を把握したうえで進めることが求められます。

---

【健康状態に関する事項】

10 実習に関する事項

（3）実習内容、実習指導体制及び実習中のリスク管理等については実習先との間で十分に協議し、確認を行うこと。

（8）相談援助実習を実施する際には、健康診断等の方法により、実習生が良好な健康状態にあることを確認したうえで配属させること。

---

### ④家庭その他の環境の評価

例えば、家族関係において何らかの問題や悩みを抱えている場合、学生の心身の健康状態に何らかの影響が現れたり、実習遂行に影響を及ぼしたりすることが考えられます。したがって、実習配属の前に本人との面談の機会を持つなどして対話を重ね、情報の把握と共有化を図っておく必要があります。

## 4 教育評価の手順

評価の手順と方法には、すべてにおよそ共通する一定の順序があります[5]。簡単にいえば、どのような評価目的で、何を、どのように評価するのか、ということです。図5

―3の手順は、前述した評価の領域のすべてに例外なく適用することができます。

### 図5-3　教育評価の手順

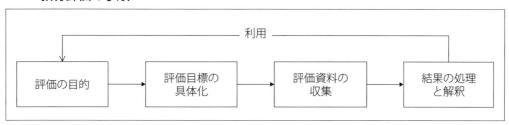

出典：応用教育研究所編、橋本重治『教育評価法概説〈2003年改訂版〉』図書文化社、p.29、2003年

　評価の手順と評価行為に関する要点を整理したものが表5―4となります。
　なお、第2節では、この評価の手順を基礎として、実際に実習教育の中で活用するための具体的方法について整理しています。ご自身の授業内容や評価行為、またはプログラミングやマネジメントの内容を省みる機会としてください。

### 表5-4　評価の手順と要点

| 手順 | 要点 |
|---|---|
| 評価の目的の確認 | ・評価を行おうとする際は、まずそれが何のための評価であり、その結果をどのような目的に利用するかを認識する。<br>・評価の目的の相違によって、その後の評価の具体的な進め方と方法が異なってくる。 |
| 評価目標の具体化 | ・「何をか評価するのか」という評価・測定の目標（対象）を分析し、評価規準（criterion）となりうる具体的な目標を設定する。<br>・「○○を知っている」「△△ができる」というような、行動目標が重要となる。 |
| 評価資料の収集 | ・目標の達成を評価するための資料を収集する。<br>・評価資料の収集場面（いつどのような場面・機会で収集するか）<br>　①観察場面、②試験場面<br>・評価用具（evaluating instruments）の選択・作成（評価しようとする目標に最もよく妥当し、信頼できる用具を選択または作成する） |
| 結果の処理と解釈 | ・収集した資料を解釈するために、採点や統計、解釈などをして利用すること。<br>・解釈の方法としての絶対評価、総体的評価、個人内評価を含む。 |

---

5　応用教育研究所編、橋本重治『教育評価法概説〈2003年改訂版〉』図書文化社、p.29、2003年

## 5　評価資料を収集するための技法

　評価を適切に行うためには、評価活動に必要な資料（評価資料）を整えることが不可欠となります。しかし、評価資料を収集するための技法はたくさんあるため、選択する能力が求められます。評価方法を選択するにあたってまずすべきことは、「何のために評価するか＝評価の目的」を明確にすることです。目的が決まらないまま情報収集を開始することは避ける必要があります。

　西岡（2003年）は、学力評価[6]の多様な方法について、表5−5に示したとおり、「大きくは「筆記による評価」「パフォーマンス課題による評価」「観察や対話による評

**表5-5　学力評価のさまざまな方法**

| 筆記による評価<br>（筆記試験、ワークシートなど） | | パフォーマンスに基づく評価 | | |
|---|---|---|---|---|
| | | パフォーマンス課題による評価 | | 観察や対話による評価 |
| 選択回答式<br>（「客観テスト」） | 自由記述式 | 完成作品の評価 | 実演の評価<br>（実技試験） | プロセスに焦点を当てる評価 |
| □多肢選択問題<br>□正誤問題<br>□順序問題<br>□組み合わせ問題<br>□穴埋め問題<br>・単語<br>・句 | □短答問題<br>・文章<br>・段落<br>・図表　など<br>_作問の工夫_<br>□知識を与えて推論させる方法<br>□作問法<br>□認知的葛藤法<br>□予測−観察−説　明（POE）法<br>□概念マップ法<br>□ベン図法<br>□KJ法<br>□運勢ライン法<br>□描画法 | □エッセイ、小論文<br>□研究レポート、研究論文<br>□物語、脚本、詩<br>□絵、図表<br>□芸術作品<br>□実験レポート<br>□数学原理のモデル<br>□ソフトウェアのデザイン<br>□ビデオ、録音テープ<br>（■ポートフォリオ） | □朗読<br>□口頭発表<br>□ディベート<br>□演技<br>□ダンス、動作<br>□素材の使い方<br>□音楽演奏<br>□実験器具の操作<br>□運動スキルの実演<br>□コンピュータの操作<br>□実習授業<br>□チームワーク | □活動の観察<br>□発問<br>□討論<br>□検討会<br>□面接<br>□口頭試問<br>□ノート・日誌・日記<br>Cf. カルテ、座席表 |
| | | □プロジェクト<br>（■ポートフォリオ） | | |
| ■ポートフォリオ評価法 | | | | |

出典：西岡加奈恵『教科と総合に活かすポートフォリオ評価法』図書文化社、p65、2005年

---

[6] 学力評価とは、①教育目標（どのような学力＜何を教え、いかなる能力＞を形成するのか）、②教育評価（子どもたちの学力の実態から教えと学びはこれでよいか）という2つの関係を問うことを意味している。（田中耕治『教育評価』岩波書店、p.90、2008年）
[7] 西岡加奈恵『教科と総合に活かすポートフォリオ評価法』図書文化社、p.64、2005年

価」に分けられよう[7]」と述べています。なお、表の■印を見ると分かるとおり、ポートフォリオ評価法は、さまざまな評価方法やアプローチを活かしつつ、学習の多様な範囲に柔軟に対応し、評価を総合的に学行うための道具として注目されています。

この学力評価の3分類は、実習教育評価においても有効的な分類といえます。

このほか、代表的な評価法について以下のとおり概要を整理します。

## 1. テスト法

（1）客観テスト

<u>1. 再認形式</u>

- ◆ 与えられた命題が正しいか否か、実現した目標（身につけた知識等）に合致したものであるか否か、与えられた事象間の関係を再確認する形式。

①真偽法…○‐×、正‐誤、そうです‐ちがいます

②選択法…選択肢の数を増やして、その中から選択肢を指定した数だけ選択させる

③組み合わせ法…選択肢の複合形式

<u>2. 再生形式</u>

- ◆ 学習し保持した内容を思い出し、指定された条件にあてはまる解答を作り出す形式。再認形式よりも確かな記憶を回答者に要求する。

①単純再生法

②完成法（穴埋め問題）

（2）論文体テスト

- ◆ 文章体テストともいう。「～についてしるところを記せ」「～を説明せよ」「～について論ぜよ」「～を要約せよ」などのかたちで問題を出し、自由に文章を記述させる形式。
- ◆ 論文体テストによる確認が比較的妥当する目標は、①2つ以上の比較能力、②関係の理解、③事態の説明や推理力、④要約や概括能力、⑤評価・批判・鑑賞力などの能力、⑥態度・価値観、など。
- ◆ 客観性・信頼性に欠点がある。

(3)問題場面テスト
- ◆ それまでに授業中にそのままのかたちで指導してはいないが、すでに学習した理解や思考法を活用すれば解決できるような新しい具体的問題場面を示し、問題解決をさせる方法。
- ◆ 解決に分析、総合、創造、評価、批判などの問題解決力を働かせることを必要とする。

(4)質問紙法
- ◆ 質問された内容に関して自分の実情を自己診断して答えることになるため、自己目録法または自己診断法とも呼ばれる。
- ◆ 真偽法のように、はい - いいえ、賛成 - 反対など、自分の実情に合った方を選択させる。

(5)口答法
- ◆ 教員が直接口頭で質問して、それに口頭で答えさせる方法。
- ◆ 発問に対して、自分が分かっているか否か、記憶しているか否かの確認を促すことが最大の効果。

[長所]
簡便性。即時性。即時フィードバックに基づく指導や学習の調整。解答内容に誤解がある場合に問い直しが可能。

[短所]
全学生の前で答えさせるため、解答者の緊張を高め、情緒不安定に陥れる恐れがある。記録として残りにくい。

## 2. 教師自作テスト、標準検査

(1)教師自作テスト
- ◆ 教育目標と学生の実情に合ったテストを実施することが可能。
- ◆ 指導に入る前の段階に実施する診断テスト、途中に実施する形成的テスト、学期末等における総括的評価のための総括的テスト等がある。
- ◆ 成績評価、カリキュラム評価に活用できる。

(2) 標準検査
- ◆ 全国的な集団の中に位置づけて、ここの学生の成績を評価することができるようにするためのもの。知能検査、適性検査、学力検査、性格検査に分類される。
- ◆ 評価法の違いにより、集団基準準拠評価による検査と目標基準準拠評価による検査がある。

## 3. 観察法その他

(1) 観察法
- ◆ 日常生活の場面で学生の具体的行動を観察し評価する方法。評価した結果は、その場ですぐに指導に結びつけることができる。

［注意点］
- ・ある場面での1つ、2つの行動を見ただけで評価すると誤りが発生する。他の評価との組み合わせが必要。
- ・観察者の主観に左右されやすいので、観察目標をはっきりと規定することが必要。
- ・行動の現象面だけではなく行動の一連の変化や過程を念頭において観察する。など

(2) 作品法
- ◆ 学習活動から得られた作品（ノート、レポート、リアクションペーパーなど）そのものを評価対象とする。
- ◆ 作成過程で生まれたものや努力、工夫も重要な評価資料となる。
- ◆ 自己評価や相互評価を活用する。

（3）評定法
- ◆ 観察に基づいて、学生のある行動特質を相対的あるいは絶対的に評定して数量的に捉える技術。
- ◆ 種類：①記述的評定尺度、②図式評定尺度、③点数評定尺度、④チェックリスト、⑤一対比較法、⑥序列法　など

［注意点］
- ・評定する目標や特質をよく分析し、概念を明らかにしておく。
- ・評定尺度の各段階の程度や内容を理解しておく。
- ・ハロー効果、めまい効果に注意する。
- ・寛大の誤謬（甘く評定する傾向）、峻厳の誤謬（辛く評定する傾向）を避ける。
- ・一人で一回だけの評定では信頼性が少ないため、複数回、数人の評定を総合するのが望ましい。

（4）逸話記録法・面接法

【逸話記録法】
- ◆ 学生の具体的行動事例を、質的にそのまま逸話のかたちで記録して評価の資料とする方法。
- ◆ 信頼性を高めるため、事実をなるべくありのままに客観的に記録する。

【面接法】
- ◆ 学生と面接し、直接話し合いをしてその学生評価の資料を求める技術。

## 4. 新たな評価法

　パフォーマンス評価とポートフォリオ評価は、「真正の評価（authentic assessment）」を代表する新しい評価方法として紹介されています。田中（2008年）によれば、「評価の文脈で「オーセンティック」という概念を使用し始めたウィギンズは、「〔真正の評価とは〕大人が仕事場や市民生活、個人的な生活の場で試されている、その文脈を模写すること[8]」と述べています。そして、他の研究者も教育評価において「実社会」「生活」「リアルな課題」を強調していることから、社会福祉士実習教育においても注目すべき考え方、評価方法といえます。

①パフォーマンス評価

---

8　田中耕治『教育評価』岩波書店、p.73、2008年

田中（2008年）によれば、「パフォーマンス評価で語られるパフォーマンスとは、自分の考え方や感じ方といった内面の精神状況を身振りや動作や絵画や言語などの媒体を通じて外面に表出すること、またはそのように表出されたものをいう。したがって、パフォーマンス評価とは、「真正の課題」「パフォーマンス・タスク」に挑むことによって、それこそ五感で「表現」される学習の豊かな様相を把握すること、またそのような評価方法を創意工夫することを意味する。[9]」と定義している。「真正の課題」とは、知識を応用・活用・総合することを要求するものを意味しています。

　キャロラインV.ギップス（2001年）によれば、パフォーマンス評価とは、「生徒の学習の達成状況を評価する場合、求める技能や能力を実際に用いることができるかを評価しようとするものをいう[10]」と述べています。

　松下（2007年）は、「「パフォーマンス課題」によって学力をパフォーマンスへと可視化し、「ルーブリック」などを使うことによってパフォーマンスから学力を解釈する評価法[11]」と定義しています。

　また、パフォーマンス評価の目的の1つとして、パフォーマンス課題の開発やルーブリックの作成・採点を教員集団で行うことによって、教師の専門的力量の向上や教員同士の同僚性の構築にも役立たせることを目指しています。

②ポートフォリオ評価法

　ポートフォリオとは、元々は書類を入れる紙挟みやファイルのことをいいます。ポートフォリオ評価法とは、西岡（2003年）によれば、「ポートフォリオとは、子どもの作品、自己評価の記録、教師の指導と評価の記録などを、系統的に蓄積していくものである。ポートフォリオ評価法とは、ポートフォリオづくりを通して、子どもの学習に対する自己評価を促すとともに、教師も子どもの学習活動と自らの教育活動を評価するアプローチである。[12]」と定義しています。

　ポートフォリオ評価法の意義として、「学習の実態に基づく目標準拠評価、個に応じた指導、自己評価力の育成、説明責任」の4点を指摘しています。これらは、実習評価に求められている内容に合致しているといえます。

　留意点としては、単に資料を集めてファイルすることではないということです。評価法として「ポートフォリオ評価法」が成立するためには、以下の6原則を守る必要があると指摘しています[13]。

---

9　田中耕治『教育評価』岩波書店、p.154、2008年
10　キャロラインV.ギップス、鈴木秀幸訳『新しい評価を求めて―テスト教育の終焉』論創社、p.246、2001年
11　松下佳代『パフォーマンス評価―子どもの思考と表現を評価する―』日本標準、p.10、2007年
12　西岡加奈恵『教科と総合に活かすポートフォリオ評価法』図書文化社、p.52、2005年

> ① ポートフォリオづくりは、子どもと教師の共同作業である。
> ② 子どもと教師が具体的な作品を蓄積する。
> ③ 蓄積した作品を一定の系統性に従い、並び替えたり取捨選択したりして整理する。
> ④ ポートフォリオづくりの過程では、ポートフォリオを用いて話し合う場（ポートフォリオ検討会）を設定する。
> ⑤ ポートフォリオ検討会は、学習の始まり、途中、締めくくりの各段階において行う。
> ⑥ ポートフォリオ評価法は、長期的で継続性がある。

### ③ルーブリック評価

ルーブリック評価とは、学習結果のパフォーマンスレベルの目安を数段階に分けて記述し、学習の達成度を判断する基準を示す評価法として用いられます。

田中（2008年）は、「量的な「基準づくり」では、思考力や判断力といった高次の目標を質的に把握するのには無理が生じる。そこで質的な「基準づくり」の方法論として登場してきたのが「ルーブリック（評価指標）」という考え方である[14]」と述べている。

客観テストでは知識・理解を判断できますが、パフォーマンス系（思考・判断、スキルなど）の評価は難しいとされています。ポートフォリオ評価などでルーブリックを用いて予め「評価軸」を示しておき、「何が評価されることがらなのか」についての情報を共有するねらいもあります。

典型的なルーブリック（評価指標）は、成功の度合いを示す数段階程度の尺度（すばらしい、とても良い、良い、努力を要する、不十分など）と、尺度に示されたそれぞれの評点に対応するパフォーマンスの特徴の説明からなる評価基準表となります。そして、ルーブリックを学生と実習指導者に分かりやすい言葉に置き換えて事前に説明することが重要です。

## 6 評価資料の解釈方法

ここでは、収集した資料を解釈するための方法について確認します。橋本（2003年）によれば、「求めた資料を解釈して意味を引き出すためには、その資料を照合するため

---

13　西岡加奈恵『教科と総合に活かすポートフォリオ評価法』図書文化社、pp.59-62、2005年
14　田中耕治『教育評価』岩波書店、p.134、2008年

の「わく（frame of reference）」が必要であり、この「照合のわく」のことを評価基準という[15]」と述べています。表5—6に示したとおり、解釈は、「照合のわく（評価基準）」の違いによって、絶対的解釈（＝絶対評価）、相対的解釈（＝相対評価）、個人内解釈（＝個人内評価）の3つに区別されます。なお、評価という言葉は、「結果の解釈」という意味になります。

**表5-6　解釈（評価）の方法**

| 種類 | 意味・内容 |
|---|---|
| 絶対評価 | ・解釈の基準を教育目標の到達の有無や程度におく。<br>・一定の教育目標や内容がどの程度達成されたかを示す尺度上に、一人ひとりの学生を位置させて解釈し、目標を実現しているかどうか、その目標の到達度はどの程度であるかを明らかにする方法。<br>・他の学生との比較ではなく、教育目標に対する到達の絶対的位置を知ろうとする。<br>・英語では、目標基準準拠解釈（criterion-referenced interpretation）といい、到達（達成）度評価と呼ぶこともある。 |
| 相対評価 | ・個人の学力を、所属している集団の成績水準を評価基準として、その中でどの辺の位置を占めているかということで解釈する方法。 |
| 個人内評価 | ・解釈の基準を集団の成績の分布におく。<br>・1人ひとりの学生に即して、過去の成績水準や、他の種類の目標の発達水準を評価基準として、時間の経過における進歩の状況（縦断的個人内評価）や、異なる目標（能力）間の長短や優劣（横断的個人内評価）を明らかにするような解釈の方法。<br>・最大の長所は、学生の横断面的な長所や短所、縦断面的な進歩状況を示すことができ、指導に有力な資料を提供することができる点。 |

上記の解釈方法のほか、表5—7のように測定という方法があります。測定とは、量的な側面に限定して用いられる用語です。例えば、「学生の達成度や到達度は50問中30問に正答」などのように、一定の尺度を用いて数量的な結果を求めるものです。測定には集団規準準拠測定と目標準拠測定の2つの方法があります。

**表5-7　測定の種類**

| 種類 | 内容 |
|---|---|
| 集団規準準拠測定 | ・学生の得点をクラス内のほかの学生や何らかの集団における他者の得点と比較する。<br>・個々の学生の得点は、クラス内の平均点以上あるいは以下、一定段階以上または以下として表される。 |

---

15　応用教育研究所編、橋本重治『教育評価法概説〈2003年改訂版〉』図書文化社、p.35、2003年

| 目標準拠測定 | ・学生の得点は他の学生の得点とは無関係に、事前に設定された基準に基づいて解釈される。<br>・目標準拠測定の焦点は、その学生がいかにうまく行動できるか、何ができるかにあり、他の学生との比較で優劣を決定することではない。 |
| --- | --- |

　それでは、2つの測定が相談援助実習の場面においてどのように機能するかを考えてみましょう。例えば、集団規準準拠測定を用いた評価では、評価の対象となる学生の行動を他の学生の行動と比較し、当該学生の行動や思考等の優劣を記述することになります。一方、目標準拠測定の場合は、厚生労働省通知や日本社会福祉士養成校協会ガイドラインといった事前に設定された実習目標に基づき、当該学生の言動を解釈することになります。

　相談援助実習において評価すべきもののなかには、利用者とのかかわりやコミュニケーション、姿勢、態度、価値観、性格などのように、客観的に測定しにくいものがあり、それらの成果を試験によって測定するのは困難です。したがって、相談援助実習の評価においては、さまざまな実習場面での数値化しにくい実習生の言動を実習指導者が観察したものも含めることも重要になります。

　また、相談援助実習においては、実習中の学生の実践能力や目標達成度といった学生側の情報を収集したり結果を処理したりするだけでは十分とはいえません。実習過程を踏まえ、各段階において適切な評価を選択し、活用することが求められます。それと同時に、実習は4者関係（利用者、実習施設・機関、実習生、教育）で推進されるということを再確認し、それぞれが評価主体となるということを認識しておかなければなりません。そして、相談援助実習は実習施設による評定によって最終評価を迎えることになるため、評定の位置づけについても理解しておくことが重要となります。

　実習評価の焦点の1つは、実習生1人ひとりの学習の到達度を明らかにすることです。個人と個人の差異や優劣、序列を明らかにすることではありません。

## 7 教育評価の種類

### 1. 代表的な教育評価

　教育評価には、いくつか種類があります。代表的なものとして、診断的評価、形成的評価、総括的評価、確認的評価等があります。

　形成的評価・総括的評価という言葉は、西村（2010年）によれば、「もともとはスクリバン（Scriven, M.）がカリキュラム評価の領域で用いたものであり、その後、ブルームら（Bloom, B.S. et al.）がこれを学習評価の領域に借用して広く知られるように

なった[16])」と述べています。後にブルームは、完全習得学習（mastery learning)[17] という学習指導に関する理論を提唱し、教育目標の分類システム（認知的目標、情緒的目標、運動技能的目標）をつくりあげるとともに、教育活動上の評価を、診断的評価、形成的評価、総括的評価に分けて概念化しました。図5—4は、診断的評価・形成的評価・総括的表なの流れを表したものです。

① 診断的評価（diagnostic evaluation）…ある学習に入る前に、その学習のために有効となる入力条件を調べるための評価。
② 形成的評価（formative evaluation）…学習過程の途中で、生徒の学習をうまく遂行させるために実施する評価。
③ 総括的評価（summative evaluation）…一定の期間をもって実施された指導・学習の終了後に、その成果である出力情報を得るための評価。

**図5-4　診断的評価・形成的評価・総括的評価の流れの例**

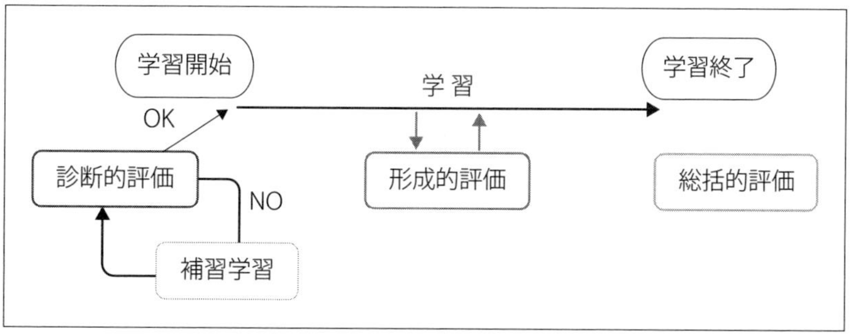

出典：西口利文・髙村和代編『教育心理学』ナカニシヤ出版、p160、2010年

診断的評価・形成的評価・総括的評価に加えて、その他の教育評価の意義や方法等をまとめたのが表5—9になります。

**表5-9　教育評価の種類：意義・目的と技法**

| 評価の種類 | 意義・目的 |
|---|---|
| 診断的評価 | ・主に学年や学期の初期に実施され、最も効果的な指導計画を立てるための情報を得るために実施される。（長期的な診断的評価）<br>・各科目の指導過程の中で事前評価として行われ、指導をよりよく成立させるための学生の前提条件等（学習意欲や学習習慣、これまでの科目の履修状況や成績、性格等）を診断するために実施するもの。（短期的な診断的評価） |

---

16　西村純一・井森澄江編『教育心理学エッセンシャルズ第2版』ナカニシヤ出版、p.147、2010年
17　完全習得学習の理論においては、教師が、授業の種類ならびに質、あるいは学習時間量を、個々の学習者の特性に合うように調整することで、大半の学習者が、当該教科の内容を習得し、高い学力水準に到達することが可能であるとみなされる。（西口利文・髙村和代編『教育心理学』ナカニシヤ出版、p.81、2010年）

| | |
|---|---|
| 形成的評価 | ・教授過程を通して行われ、教師によって学生が更なる学習を要する部分を判断する基盤となる。<br>・指導・学習の進行中に教師の指導者生徒の学習を改善するために行われる。<br>・目標に照らした進歩状況や、実践能力の修得状況に関するフィードバックを学生に提供する。<br>・学習と教授の改善を指向するものであるため、当該科目の成績評定に用いられるものではない。 |
| 総括的評価 | ・教室内の授業や実習の学習成果を判定することを目的とし、教授活動終了時に実施する。<br>・目標達成度に関する情報を提供する。そのため教師は、学習の最終段階に成績を決定したり、能力を認定したりするために実施する。<br>・定期的にあるいは評価期間の中間や最終時点に実施する。<br>・「最終的であること」を特質とし、学生の目標達成度に成績をつける際の基盤となる。 |
| 確認的評価 | ・学習者の臨床的知識・技能の保持を保障するという観点から重要であり、技術演習や実習など、一定の教育が完了した後に実施する。<br>・教師は形成的評価と同様に、臨床能力の確認的評価を通して、学生が更なる実技練習を必要としているかどうかを明らかにできる。 |

## 2. 教育目標と評価用具

　評価の方法は、それぞれの観点（目標）の構造と性格によって規定されます。田中（2008年）によれば、観点とは、「学力モデルの要素と考えて良いだろう。学力モデルとは、学力の主体的で機能的な側面である広義の「能力」を仮説的に構想した構成概念であって、教育目標の「分類学」を規定する行為であった。[18]」と述べています。

　目標別の評価の方法を考えるには、それぞれの目標にどのような評価の用具が妥当しているかを見分けることが大切です。表5—10は、観点（目標）に対して妥当する評価用具についてまとめてものです。

表5-10　教育目標と評価用具の妥当関係表

| 観点 | 目標 | 妥当する主要な用具 |
|---|---|---|
| 知識・理解 | 知識 | 単純再生法・選択法・組合せ法、選択組合せ法・真偽法・訂正法等の客観テスト、論文体テスト |
| | 理解 | 論文体テスト、客観テスト（特に選択法、組合せ法、選択組合せ法、完成法）、面接法 |
| 思考・判断 | 思考・判断 | 問題場面テスト（論文体および客観テスト） |
| | 創造力 | |
| 鑑賞 | 美術作品・音楽 | チェックリスト、評定法、質問紙法 |

---

18　田中耕治『教育評価』岩波書店、p.109、2008年

| 技能・表現 | 読む・話す・聞く | 各種客観テスト |
| --- | --- | --- |
| | 書く・計算・資料活用 | チェックリスト、評定尺度、各種客観テスト |
| | 作品表現・実験・運動 | チェックリスト、評定尺度、等現間隔法 |
| 関心・意欲・態度 | 興味・関心・意欲 | チェックリスト、評定尺度、質問紙法、自己評価 |
| | 学習習慣・態度 | チェックリスト、評定尺度、質問紙法、自己評価 |
| | 価値観・意見 | 質問紙法、論文体テスト |

出典：応用教育研究所編、橋本重治『教育評価法概説〈2003年改訂版〉』図書文化社、p.125、2003年

## 第2節 社会福祉士実習教育における評価

### 1 実習教育における評価の位置と構造

#### 1. 教育システムにおける評価

　相談援助実習は、教育として行われるものであるため、教育システムの構成要素である評価の意義を踏まえ、他の要素との相互関係に留意して授業を進める必要があります。教育システムの観点から「相談援助実習」という科目をみると、「相談援助実習」は単独で存在しているのではなく、「相談援助実習指導」や「相談援助演習」ならびに他の科目と緊密な連関をもちながら全体を形づくっています。どれか一つ欠けてしまうと、社会福祉士養成のための教育システムの全体像を描くことができなくなります。

　実習教育は、「実習前⇒実習中⇒実習後」という実習過程を有しており、一連の流れの中で展開されます。例えば、実習前には相談援助実習に向けて実習目標の確認や実習コンピテンシーを教育訓練し、実習中に経験したことや分析したことは、実習後の振り返りや総括的評価としての単位認定等につながります。

　なお、実習過程における「科目」「ガイドライン」「評価」の位置と対応関係については、実習評価のステークホルダーとなる教員、実習生、実習指導者との間で共通認識を図っておくことが重要となります。

#### 2. 実習過程と通知・科目・評価との対応関係

　実習に関する科目は「相談援助実習」と「相談援助実習指導」の2つであり、これらの科目が実習過程のどこに位置づけられ、各科目の基本となる厚生労働省通知と社養協ガイドラインとの対応関係を理解しておくことが重要です。実習過程に照らし合わせてみると、「相談援助実習指導」と「相談援助実習」は図5—5のように整理することができます。

図5-5 実習過程と通知・科目・評価との対応関係

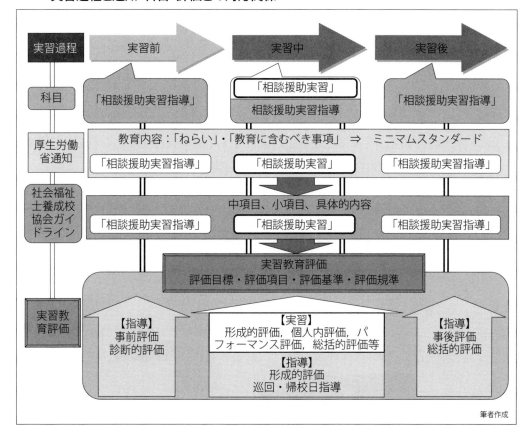

筆者作成

　各科目の教育内容は、「大学等において開講する社会福祉に関する科目の確認に係る指針について」（19文科高第917号、厚生労働省社援発第0328003号）によって示されています。本指針の「5　教育に関する事項」の中で「科目の教育内容は、別表1の内容以上であること」と明記されており、ミニマム・スタンダードとして理解することができます。

　このミニマム・スタンダードとしての通知を踏まえ、教育のねらいを確実に実現していくことを目指し、学生が獲得・到達すべき水準を示したものが社養協ガイドラインということになります。実習評価としては、通知と社養協ガイドラインで示された教育内容すなわち実習経験項目に対応する実習評価項目を策定し、目標に対する達成度を評価することになります。

## 3. 評価における解釈の留意点

　評価を行うためには、具体的な行動目標が必要となります。「相談援助実習ガイドライン」の中項目と小項目は、「目標の達成度」を表しています。評価尺度としては、例

えば、「十分に達成できた、ほぼ達成できた、あまり達成できなかった、達成できなかった、経験していない、どのように評価していいか分からない」などがあります。方法としては、自己評価として自らの実習経験を確認したり、他者評価として実習指導者や教員から評価を受けたりします。

実習教育における評価は、「相談援助実習指導」の科目だけではなく、相談援助実習も視野に入れた教育活動です。実習指導に係る科目については、1年時から実施している場合も多くあります。そして、相談援助実習を4年時に実施するところもあります。また、1年間で相談援助実習指導と相談援助実習を実施する場合もあります。

図5—6に示したように、実習評価においては、相談援助実習として規定された時間の学習活動を評価するだけでは不十分です。実習過程を常に意識し、実習前・中・後といった各段階においての評価資料を収集し、その解釈を次にどのように活用するかを明確にする必要があります。

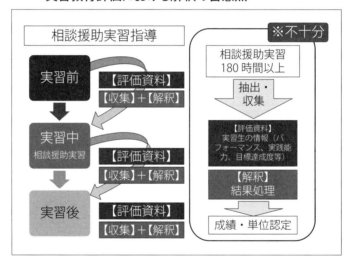

図5-6　実習教育評価における解釈の留意点

## 2　実習評価に関する規定

実習評価については、「大学等において開講する社会福祉に関する科目の確認に係る指針について」（19文科高第917号、厚生労働省社援発第0328003号）によって示されており、本指針の「7　実習に関する事項」に規定されています。

実習評価に関する規定としては、①実習後に実習内容の達成度を評価し個別指導を行う、②実習の評価基準を明確にする、③実習指導担当者の評定に考慮する、④実習生本人の自己評価に考慮する、という4点が示されています。教育評価の視点から整理す

ると、「達成度評価」「個別指導」「評価基準」「評定」「自己評価」という5つの用語がキーワードとなります。以下、詳細を確認していきます。

---

【7　実習に関する事項】
（7）相談援助実習指導を実施する際には、次の点に留意すること。
ア　相談援助実習を効果的に進めるため、実習生用の「実習指導マニュアル」及び「実習記録ノート」を作成し、実習指導に活用すること。
イ　実習後においては、その**実習内容についての達成度を評価**し、必要な**個別指導**を行うこと。
ウ　**実習の評価基準を明確にし**、評価に際しては実習先の**実習指導担当者の評定**はもとより、**実習生本人の自己評価**についても考慮して行うこと。

（下線部筆者）

---

## 1. 達成度評価

### ①達成度評価の意義

　通知では、達成度の評価は「実習後」に実施することと明記されています。達成度を評価するためには、具体的な目標および内容を設定し、あらかじめ実習生と実習指導者に表示する必要があります。実習先種別ごとに実習内容が異なるものもありますが、通知において教育内容として示された「ねらい」及び「教育に含むべき事項」が明確な基準の1つとなります。これは、教員と実習指導者の双方が指導すべき事項であり、共通する評価対象といえます。

### ②達成度評価と到達度評価

　教育評価においては、到達度評価という名称で研究および実践が行われてきており、到達と達成はほとんど同義語と解しても特に大きな支障はないとされています。区別するとすれば、「到達は各教科における基礎知識のように、その目標領域の範囲が限定されていて、十分な時間をかければ誰でもそれをマスターすることのできる目標に関して最もうまく妥当する[19]」といわれています。

### ③評価の実施手順と方法

　到達度評価の実施手順は図5—7のようなプロセスを経るとされています。

---

19　橋本重治『続・到達度評価の研究』図書文化社、p.159、1983年

**図5-7 到達度評価の実施手順**

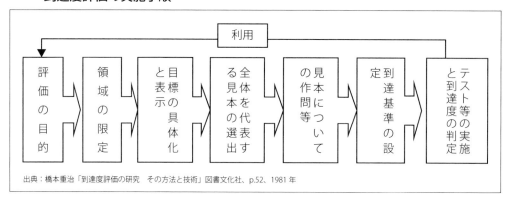

出典：橋本重治『到達度評価の研究　その方法と技術』図書文化社、p.52、1981年

　橋本によれば（1981年）、「達成という用語は、例えば思考・応用・創造・態度のように、ほとんど際限のない目標領域であって、何人もこれをマスターすることはできないで、個人の能力に応じてできるだけこれを伸ばすほかはないような目標、つまり発展的目標の場合に適切[20]」と述べています。達成度という場合は、教育目標がどの程度達成されたかそのレベルをいいます。達成度の段階の分け方としては、「達成している」「達成していない」の相反する2段階、あるいは「十分達成」「おおむね達成」「達成が不十分」の3段階などがあります。段階の設定（達成の基準）にあたっては、何のために、何について評価するかを決めたうえで、知識、理解、思考、技能、態度といった目標領域を明確にし、具体的な行動目標を立てることになります。

　なお、到達（達成）基準である「十分達成」「おおむね達成」「達成が不十分」という達成度を判定するには尺度が必要となります。図5－8は達成基準すなわち分割点の例を示したものです。例えば、正答率80％以上は「十分達成」、60％以上は「おおむね達成」、正答率59％以下は「達成不十分」というように設定することができます。また、

---

20　橋本重治『到達度評価の研究　その方法と技術』図書文化社、p.22、1981年

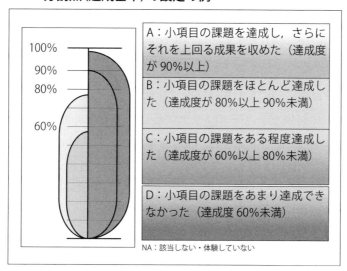

図5-8 分割点（達成基準）の設定の例

　相談援助実習の評価の対象となる多くの実習経験は、量的基準を設定して測定または判定することが困難なものになります。したがって、具体的な実習経験に対してどのような評価基準があるのかを実習に関わる3者（実習生、実習指導者、養成校教員）が実習前に確認し、合意を得ておくことも必要となります。

## 2. 個別指導

### ①個別指導の意義

　個別指導は、実習前から実習後に至る過程のなかで適宜行われる教育活動であるということも理解しておかなければなりません。通知の別表において、実習演習科目の教育のねらいと教育に含むべき事項として、「個別指導と集団指導により行うこと」と明記されています。

　相談援助実習を遂行するためには、実習前や実習中の実施も欠かすことができません。例えば、実習上の課題の確認や解決、実習計画や目標の達成状況の確認、補足指導を必要性の確認など、個別指導によるフィードバックが効果を発揮する場面が数多くあります。したがって、個別指導の効果的な実施方法および実施時期について改めて確認しておくことが重要です。通知では、実習後の達成度評価を踏まえて個別指導を行うこととされています。

### ②個別指導と達成度評価

　個別指導の前提として的確な達成度評価が行われることが求められており、達成度評

価と個別指導は連続性のある一体的な教育活動として認識しておく必要があります。

　達成度評価と個別指導は一体であるということは大きな意味を持っています。先に達成度評価と到達度評価は同じような意味で考えてよいと述べました。到達度評価の目的は、1人ひとりの学習を成功させ、これをできるだけ伸ばすために利用することにあります。実習内容や目標についての到達状況（達成状況）を的確に把握し、収集した情報を分析して実習生に結果をフィードバックすることになります。到達状況（達成状況）に応じて必要なスーパービジョンを行います。具体的には、達成できたことと達成できなかったことの双方の理由を丁寧に説明することが求められます。個別指導を実施することによって、実習評価表に記載してある最終的な評価としての評定（ABCDや優良可等）を確認して終わるのではなく、評定の理由や特記事項等の確認が可能となります。

③形成的評価としての個別指導

　個別指導を評価の種類でいうと「形成的評価」に該当します。その理由は、形成的評価は実習目標の達成状況や学習の進行状況に関するフィードバック機能を有しているからです。実習や授業が終了した時に成績を決定するために行う総括的評価の一環として位置づけることもできますが、実習中の体験や気づき、反省点などを行動の改善に結びつけることができないため、個別指導の目的の達成や効果をあげることが難しくなります。

## 3. 評価基準

①用語の意味

　相談援助実習全般に関する能力と行動を評価するための基準を意味しています。また、教育目標をどの程度達成できたのかを測定するための基準となります。

　「基準」はスタンダード（standard）を意味しており、質的規準として掲げた目標について「どの程度できたか」、また「十分達成・おおむね達成・達成が不十分」というように程度を確認するものになります。

②基準と規準の違い

　「規準」とは、教育目標においては「□□ができる」「○○が言える」「△△が分かっている」というように、具体的な行動の形で表現することができる行動的目標の一定領域であるとされています。到達度評価の場合は、英語では "criterion-referenced evaluation" といい、「クライテリオンに準拠した評価」という意味になります[21]。クライテリオンとは「規準」を意味しています。相談援助実習ガイドラインでいえば、中項

目と小項目が該当します。

目標に準拠した評価における客観性を追求するには、「規準づくり」から「基準づくり」にまで具体化しなくてはなりません。達成度または到達度を判定するための基準の設定にあたっては、このような「規準＝何を評価するのか」と「基準＝目標をどの程度実現しているか」という2つの性格の違いを理解しておきましょう。

## 4. 評定
### ①用語の意味

評定とは、辞書には「一定の基準に従って価値・価格・等級などを決めること」「一定の基準に従って人や事物の評価を定めること」とあります。教育評価においては、3段階評定や5段階評定というように、学業成績等について評価した結果を数字や文字など抽象的な符号で総括的に表したものを評定といいます。

### ②評定尺度

表5-11　評定尺度に用いられる選択肢の例

| 文字 | A、B、C、D、E　または　A、B、C、D、F |
|---|---|
| 数字 | 1、2、3、4、5 |
| 質的なレベル | すぐれている、とてもよい、よい、まずまずである、よくない、@@ 秀逸である、平均以上である、平均的である、平均以下である |
| 頻度のレベル | いつも、たいてい、しばしば、時々、全くない |
| そのほかのレベル | ひとりでできる、ほとんどひとりでできる、教師の支援を受ければひとりでできる、かなり教師の支援を要する、全面的に教師の支援が必要である |

出典：マリリンH.オーマン・キャスリーンB.ゲイバーソン、舟島なをみ監訳『看護学教育における講義・演習・実習の評価』医学書院、p.211、2001年

相談援助実習に活用することができる評定尺度とそれに対応する選択肢があります（表5-11）。例えば、「大変良い、良い、努力を要する、かなり努力を要する」「十分にできた、かなりの努力を要する」「しようとする、どちらかといえばしようとする、あまりしようとしない、しようとしない」などです。

また、評定尺度には、実習目標の達成度や行動の習得度を客観的かつ一貫性を持って評定するために説明を添えることが多い[22]とされています。表5-12は、クライエン

---

21　橋本重治『続・到達度評価の研究』図書文化社、p.162、1983年
22　マリリンH.オーマン・キャスリーンB.ゲイバーソン著、舟島なをみ監訳『看護学教育における講義・演習・実習の評価』医学書院、p.211、2007年

トに関する情報を収集するという目標を立てた場合の評定尺度と、それに対応する学生の行動の説明を示したものです。

表5-12　評定尺度の例

| 目標：クライエントに関する情報を収集する | | | | |
|---|---|---|---|---|
| 評定 | 秀逸である | 平均以上である | 平均的である | 平均以下である |
| 学生の行動 | 関連のある情報と関連のない情報を区別する。情報収集源の多様性を分析する。データベースを完成する。疑いのある看護診断を検討するために必要な情報を明確にする。 | クライエントから意味のある情報を収集する。アセスメントに多様な情報収集源を用いる。情報を基に疑いのある看護診断を明確にする。 | クライエントから意味のある情報を収集する。看護診断を導くために情報を活用する。 | 意味のある情報を収集しておらず、情報に含まれる重要な手がかりを見落としている。看護診断に関連のある情報を説明できない。 |

出典：マリリン H. オーマン・キャスリーン B. ゲイパーソン、舟島なをみ監訳「看護学教育における講義・演習・実習の評価」医学書院、p.212、2001年

### ③注意点

評定の際の注意点としては、実習内容によっては尺度や選択肢どおりにできない場合もあるということです。例えば、教育目標のなかに頻度が問われる活動があった場合、もし実習中に実施する機会が1回しか得られないようであれば、その評定尺度と選択肢は意味がなくなってしまいます。したがって、評定を行うにあたっては、実習プログラムや実習生の状況に関する情報を収集し、正確な判断ができるよう心がけることが重要です。

## 5. 自己評価

### ①自己評価の意義

自己評価（self evaluation）とは、評価資料収集のための技法の1つです。学生自身が評価の主体となって自分の現状を振り返り、何らかの方法でそれを記述することをいいます。さらに、将来、社会福祉士として実践現場に身を置いた際、社会福祉士の倫理綱領および行動規範に規定されている「利用者に対する倫理責任」「実践現場における倫理責任」「社会に対する倫理責任」「専門職としての倫理責任」を果たすことができるようにするためにも、実習の段階において自己評価の能力を身につけておくことが重要だといえます。

橋本（2003年）は、自己評価が重視される理由として、以下の3点を挙げていま

す[23]。

> ① 自己評価そのものが効果的な学習活動である。
> ② 他者評価に伴いやすい他律性、受動性、不安等の弊害を免れる。
> ③ 教師による評価の限界と不足を補うことができる。

　オーマンとゲイバーソン（2001年）は、看護学実習の評価における自己評価の有用性として、以下の4点を挙げています[24]。

> ① 実習における学生の行動について討議し、その能力に対する学生自身の知覚を明らかにする。
> ② 教師・学生両者の視点から、学生のすぐれている点とさらに学習が必要な点を明らかにする。
> ③ 学生にフィードバックを提供し、能力の向上に向けてさらに学習を要する点を明らかにする。
> ④ 教師と学生のコミュニケーションを促進する。

　また、自己評価は、問題解決能力や学習意欲を支えるメタ認知能力を育成する観点からも重視されています。学校心理学においては、水野・石隈ら（2013年）は「学習者が学習スキルを習慣化し、有効に活用できるようにするためには、学習者自身が自分の理解状態をモニター（監視）したり、当該の問題解決にどんな知識や方法が有効かを考え、行動をコントロールする「メタ認知的方略」を修得する必要がある[25]」と述べています。そして、メタ認知的方略の1つである「自己制御学習」において、「自己評価（自分の定めた目標の達成基準に到達したかを判断すること）」を含む4つの下位過程（目標設定、自己監視、自己強化）が位置づけられています。

　なお、姿勢・意欲については、自己評価を用いて確認することができます。通知では達成度評価が重要視されてはいますが、実習評価においては、相談援助実習が終わった後に「できた・できない」という測定をするだけではなく「どのような人とコミュニケーションがうまくとれたのか」、逆に「どのような人とうまくとれなかったのか」というように、利用者の違いや個別性も視野に入れた評価をすることも重要になります。

---

23　応用教育研究所編、橋本重治『教育評価法概説〈2003年改訂版〉』図書文化社、p.90、2003年
24　マリリンH.オーマン・キャスリーンB.ゲイバーソン、舟島なをみ監訳『看護学教育における講義・演習・実習の評価』医学書院、p.228、2001年
25　水野治久・石隈利紀他編『よくわかる学校心理学』ミネルヴァ書房、p.117、2013年

また、「意欲を持って取り組んだにも関わらずできなかった」「目標を持たずに取り組んだのにできてしまった」などというケースも想定されます。達成度のチェックにあたっては、①なぜ達成できたのか、②なぜ達成できなかったのか、双方の理由を検討することも必要です。何よりも、実習指導者と自己評価の結果および情報を共有し、スーパービジョンを実施して次の段階の学習や活動につなげていくという意識が大切です。

### ②自己評価の方法

自己評価の方法としては、自己採点、自由記述、自己評価票（カード）・ワークシート、チェックリスト・質問紙などがあります。なお、教員や実習指導者などによる評価を他者評価、学生同士によるものを相互評価といいます。

学生が自己評価を行うことができるようにするための助言や指導として、以下の内容が考えられます。

- 実習生の現場での言動について学生と一緒に議論し、自己評価を実施することが実習目標（通知・ガイドライン）や求められる能力（コンピテンシー）のどの部分に関係しているのかを説明する。
- 実習目標や求められる能力に対して、実習生のどのような言動が関係しているのかについて、教員の認識を述べる。
- 実習指導者による評価と自己評価が矛盾または違いがある場合は、なぜそのような認識の違いが発生しているのかについて理由を提示する。
- 教員と実習生とがそれぞれ評価を行い、その結果を踏まえて、実習生のストレングスや今後取り組むべき学習課題を明確にする。
- 学習課題を解決するための具体的な学習活動または実践を実習生と一緒に考える。

### ③注意点

自己評価は形成的評価には適しているといえますが、単独で成績評定の材料にはできないということです。例えば、実習目標とは関係なく自分の実習経験について著しく厳しい（もしくは著しく甘い）評価をつけたり否定的（もしくは肯定的）に捉えたりする実習生の場合、目標に対する達成度や理解度等を適切に評価することが難しくなります。そのような結果を成績に反映することは、評価法の観点からみて適切とはいえません。

したがって、自己評価を行う際は、相談援助実習ガイドラインに示されている実習プロセス（職場実習、ソーシャルワーク実習、職種実習）での実習生の言動や実習経験の

結果を踏まえつつ、実習指導者の評価等の情報と組み合わせていくことが重要です。成績評定を行う際は、自己評価と実習指導者による評価、実習担当教員による他者評価の分析結果を総合的に判断することが求められます。

## 3 通知・ガイドラインにおける教育内容と評価

### 1. 「相談援助実習」の教育目標における教育内容と評価

「相談援助実習」の教育内容は、①ねらい、②教育に含むべき事項、の2つに分けられています。「ねらい」には3点が掲げられており、そのねらいを具現化するため、8個の「教育に含むべき事項」が設定されています。教育に含むべき事項は、「相談援助実習」において実習生が具体的に経験や学習すべき内容とういことになります。

「相談援助実習」の実習評価という場合には、通知に明記されている教育内容がどの程度達成できたのかを確認し、判断することになります。

### 2. 「相談援助実習指導」の教育内容と評価

「相談援助実習指導」の教育内容は、①ねらい、②教育に含むべき事項、の2つに分けられています。「ねらい」には4点が掲げられており、そのねらいを具現化するため、11個の「教育に含むべき事項」が設定されています。教育に含むべき事項は、「相談援助実習指導」において学生に対する具体的な指導内容ということになります。

「相談援助実習指導」の評価という場合には、指導目的、学習目的、管理目的、研究目的に従い、評価情報を収集することになります。また、相談援助実習指導ガイドラインの「具体的内容」に示された指導を行い、「小項目」に示された評価規準がどの程度達成されたのかを確認し、判断することになります。

## 4 相談援助実習ガイドライン

日本社会福祉士養成校協会が「社会福祉士養成にかかる社会福祉援助技術関連科目の教育内容及び教員研修プログラムの構築に関する事業」を行い、2007年度の事業報告書を発行しました。その中で、実習教育部会C班（実習目標ワーキンググループ）では、「相談援助実習ガイドライン（案）」を作成しました[26]。そして、2013年11月20日に開催された理事会において、新しい「相談援助実習ガイドライン」が承認され

---

26　実習目標の検討の詳しい経緯については、社団法人日本社会福祉士養成校協会『社会福祉士養成にかかる社会福祉援助技術関連科目の教育内容及び教員研修プログラムの構築に関する事業　事業報告書（2007年度）』を参照されたい。

ました。詳しくは、参考資料を参照してください。

　「相談援助実習ガイドライン」の構造は中項目、小項目、具体的内容からなっており、それぞれの要点は表5—13のとおりです。なお、具体的内容は、すべての養成校と実習施設・機関において盛り込まれるミニマム・スタンダードを念頭に検討されたものであるということを理解しておきましょう。

**表5-13　ガイドライン「中項目・小項目・具体的内容」の要点**

| 中項目 | ・国が示す「相談援助実習の内容」および「相談援助実習指導の内容」に対応した、実習生が経験する項目である。<br>・目標を達成するために経験する項目を、「〜を学ぶ」という表現にした。<br>・評価表の項目は、この「相談援助実習ガイドライン」中項目に連動している。よって、各項目の評価を付ける際には、該当する中項目内の小項目に掲げられている事項を参考にし、その到達度合いの総合によって付けることになる。 |
|---|---|
| 小項目 | ・中項目において獲得・到達すべき水準を具体的に示した項目である。<br>・これらの項目では、「他者に説明できる」「文書化できる」「実践できる」「課題を検討できる」といった知識やスキルを獲得したかどうかを到達点とした。これは「（理解し、）説明できる」「（理解し、）実践できる」ということであり、例えば、「させてみる」ことの他に、レポート、テスト、ディスカッション、プレゼンテーション等でも評価測定できるであろう。 |
| 具体的内容 | ・中項目を経験し小項目を達成するために、実習指導において、想定される事前事後教育内容、および、実習機関・施設において想定される実習内容を明示した。<br>・この想定される教育・実習内容は、実習目標を達成するための最低限必須の内容と考えられ、すべての養成校・実習先において盛り込まれるミニマム・スタンダードともいうべきものである。この想定される教育・実習内容をもとに、養成校においては実習指導プログラミング（シラバス・授業計画の作成）を、実習機関・施設においては実習プログラミングをすることとなる。 |

# 第3節 実習評価の実際

## 1 実習評価の手順と具体的な評価方法

　ここでは、第1節で述べた教育評価の手順と方法を踏まえ、実習過程に沿って各科目において教員が実際に行う指導内容を整理します。なお、実習前・中・後における詳しい指導内容については、「相談援助実習指導ガイドライン」や「ミニマム・スタンダード」等を参照してください。

### 1. 実習前評価
#### ①学生に対して行うこと

　実習前に行う評価は、「相談援助実習指導」の教育目標や教育に含むべき事項に関連した内容について実施されることになります。そこでは、相談援助実習に向けての準備状況を確認したりフィードバックしたりする意味合いが強くなります。

　評価の内容としては、実習生の能力をアセスメントするコンピテンシー・アセスメント、事前学習を通じてまとめたレポートの評価、教室で行われる事業への参加状況の観察、個人内評価などが挙げられます。

　収集した評価情報の活用方法は多様です。相談援助実習に向けての学習への備えになるだけではありません。実習先への事前訪問等がある場合、実習指導者から学習成果の提示を求められたり、逆に積極的に提示したりする際の材料として用いることもできます。また、情報の種類によっては、教員と実習生の双方の立場でポートフォリオとして活用することができます。

　なお、コンピテンシーのアセスメントについては、社養協が2002-2003年度の厚生労働科学研究費補助金政策科学推進研究事業において開発した「実習生のコンピテンシー自己診断シート」があります。実習前評価システムの一環として活用することが可能です。

　また、評価基準を示すための方法として、ルーブリック（評価指標）の作成があります。社会福祉士の実習の場面においては、実習生の行動（パフォーマンス）は多様な状態を示すことが考えられます。したがって、A・B・C・Dや〇・×で評価することができないものもあるため評価が困難であり、評価者の主観によって左右されやすいといえます。パフォーマンスがどの程度成功しているかを数段階に分けて採点するための枠組

み・基準としてルーブリックが活用できるのです。

　ルーブリックの作成は、クラス担当者1人で実施できるものではないため、養成施設単位で行うと良いでしょう。また、可能であれば、実習指導者と協力し、実施施設種別ごとにルーブリックを作成することができれば、実習生にとっては明確な行動目標となり、実習指導者にとっては指導および評価内容となります。表5－14は相談援助実習ルーブリックの例です。評価項目には、「相談援助実習ガイドライン」の「中項目」が該当します。また、評価対象となる行動目標には、「相談援助実習ガイドライン」の「小項目」が該当します。

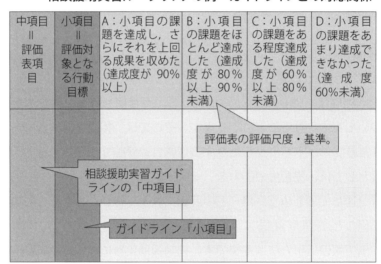

表5-14　相談援助実習ルーブリックの例―ガイドラインとの対応関係

### ②実習指導者に対して行うこと

　実習指導者に対しては、実習が始まる前の段階において、実習過程における通知・ガイドライン・評価との対応関係、評価の意義や方法等について説明し、共通認識を図っておくことが何よりも重要となります。

　また、通知において達成度評価という概念が示されましたが、100％完全習得のみを目的とするものではなく、達成までの連続体をなすとする考え方であることを丁寧に説明しておくと良いでしょう。

　評価尺度はA～Dの4段階になりますが、評価尺度を参考に「評価」欄に記入していただくよう助言してください。なお、実習指導上、該当しない項目や体験していない項目がある場合はNAを選択していただいてかまいません。

　最も重要なのは、所見欄に記入いただくことです。すべての所見欄に記入いただくことは難しいとは思いますが、180時間以上にわたる実習生の経験や変化等を可能な限

り確認するためにも、所見欄のコメントが重要になってきます。評価項目ごとに所見欄（コメント記入欄）を設けています。評価尺度では十分に評価できない場合や実習生の状況を説明する必要がある場合は記入してください。

評価表は事後指導の資料として実習生本人に開示することの説明をしてください。

## 2. 実習中評価

実習中の評価には、「相談援助実習」と「相談援助実習指導」の2つの科目を含んでいます。相談援助実習の場合は、評価者が実習指導者になります。したがって、教員から実習指導者に対して本テキストに記載した評価方法の意義や目的等について説明し、一貫性のある教育評価ができるようにしてください。

相談援助実習の評価対象のなかには、利用者とのかかわりやコミュニケーション、実習生の姿勢や態度などというように、測定や数値化が難しいものがあります。達成度評価だけでは測定できないものを、個別基準準拠評価をとおして意欲の側面を汲み取ることも重要な評価行為となります。

## 3. 実習後評価

実習後の評価は、総括的評価として実施するものです。

評価の内容としては、実習の振り返りと実習評価表が挙げられます。評価表は、その後の実習指導に活用することになります。入学してから長い時間をかけて学習した1つの区切りとして相談援助実習は終結を迎えることになりますが、改めて自らを振り返ったり自己理解を深めたりする機会にもなります。また、実習に行くことで何らかの問題に気づいた場合は、それを考察し、整理し直すことも必要になります。また、卒業論文などに関連付けて研究に発展させることも考えられるでしょう。そして何より、就職や社会福祉士としての実践につなげていくための資料として評価を活用することも期待できます。

なお、実習後の評価としては評価表だけではなく、実習前の実習指導から実習後の実習指導に至るまでの実習全体に関するアンケートの実施も考えられます。また、次年度以降の実習教育につなげたり、授業に対する学生の満足度等を確認したりするという意味もあります。

表5—15の指導内容の欄は、日本社会福祉士養成校協会が2002-2003年度、厚生労働科学研究費補助金政策科学推進研究事業の助成を受け、「社会福祉士専門教育における相談援助実習教育に関する研究」（研究代表：米本秀仁）の成果としてまとめた

「ミニマム・スタンダード」の内容も含めて作成しています。

なお、「相談援助実習」の科目においては、実習指導者が中心的な評価者となります。したがって、教員から実習指導者に対して、実習中に求められる評価の意義や注意点等について説明し、理解を促すよう心掛けてください。そして、必要に応じて評価方法や問題の解決等について助言や支援を行うようにしてください。

表5-15 **実習過程における教育評価の具体例・チェックリスト**

| 実習過程 | 科目 | 指導内容 | 評価方法 |
|---|---|---|---|
| 実習前 | 相談援助実習指導 | ☐1. 評価目的の確定（指導・学習・管理・研究目的）<br>・評価目的ごとに評価内容を検討する。<br>☐2. 評価領域の確定<br>☐3. 評価目標の具体化<br>・「通知」と「ガイドライン」において目標が示されており、評価基準・規準となっている。<br>☐4. 評価目標の説明・解説<br>☐①通知「相談援助実習」・「相談援助実習指導」の説明、解説<br>☐②社養協「相談援助実習ガイドライン」・「相談援助実習指導ガイドライン」の説明、解説<br>☐③評価表の説明、解説<br>☐5. 評価資料の収集<br>・より効果的な「相談援助実習指導」の方法や指導計画を決めるために実施する。<br>☐① 評価目標の理解度の確認。<br>☐② 学生の性格、特徴、学力、興味等に関する情報を収集するためにコンピテンシー・アセスメントの記入を行う。<br>☐③ ミニマム・スタンダードの確認を行う。<br>☐④ 「相談援助実習指導」の授業に学生がついていけないということが起こらないようにするため、指導内容、目標の理解や達成度を確認する。<br>☐⑤ 授業中の教員に対する質問の確認・評価。<br>☐⑥ 事前学習の実施。自己評価・相互評価の実施。<br>☐⑦ グループワークへの参加状況や発言状況の確認。<br>☐⑧ 事前訪問の内容の整理、報告書の作成、プレゼンテーションの実施。<br>☐6. 事前訪問の実施<br>☐7. 実習計画書の作成の指導<br>・通知―ガイドライン―実習計画書の対応関係に留意する<br>☐8. 評価の意義や内容等の説明<br>・評価の種類、評価の領域、評価の手順、評価資料の収集技法等<br>☐9. ルーブリックの作成 | 収集資料を以下の方法により解釈する<br>診断的評価<br>個人内評価<br>形成的評価<br>ポートフォリオ評価 |

| | | | |
|---|---|---|---|
| 実習中 | 相談援助実習 | 実習指導者による評価が中心となる<br>☐評価目標、達成目標の達成状況の確認（観点別評価の実施）<br>☐実習計画の遂行状況の確認<br>☐ガイドラインの確認<br>☐パフォーマンス課題の提示<br>☐パフォーマンスの確認・評価<br>☐日々のスーパービジョンの実施<br>☐実習評価表の記入 | 全体―パフォーマンス評価、ポートフォリオ評価<br>前半―診断的評価<br>途中―形成的評価、個人内評価、観点別評価<br>後半―形成的評価、個人内評価、観点別評価<br>終了―総括的評価、ルーブリック評価 |
| | 相談援助実習指導 | ☐巡回指導または帰校日指導<br>☐健康状態や不安の確認<br>☐実習計画やプログラムの実施状況の確認<br>☐目標（通知・ガイドライン）の達成度の確認<br>☐実習日誌の確認<br>☐実習指導者から情報の聞き取り<br>☐巡回指導報告書・巡回記録の作成 | 形成的評価<br>総括的評価<br>観点別評価<br>ポートフォリオ評価 |
| 実習後 | 相談援助実習指導 | ☐実習日数・時間等の確認<br>☐目標や「相談援助実習ガイドライン」の達成度の確認<br>☐コンピテンシー・アセスメントの実施<br>☐実習計画の遂行状況・達成度の確認<br>☐実習報告書・レポート作成の指導<br>☐実習報告会・発表会に向けた指導<br>☐実習指導者の評価表と自己評価表を確認<br>☐今後の学習課題の確認 | 総括的評価<br>観点別評価<br>ポートフォリオ評価 |

# 2 実習評価表の構成と活用方法

## 1. 日本社会福祉士養成校協会実習評価表

　本テキストに掲載している評価表は、2013（平成25）年11月20日に日本社会福祉士養成校協会理事会において新たに承認されたものです。

　これまでの経緯を確認しておきます。まずは、養成教育の標準化、実習教育の標準化に向けて、日本社会福祉士養成校協会において「社会福祉士養成にかかる社会福祉援助技術関連科目の教育内容及び教員研修プログラムの構築に関する事業」（独立行政法人福祉医療機構助成事業2007年）において「相談援助実習・実習指導ガイドライン（案）」を作成した。このガイドラインを基点として『相談援助実習指導・現場実習教員テキスト』が編纂され、社会福祉士実習・演習担当教員講習会プログラム開発が行われました。

　2008年度より全国で始まった「社会福祉士実習指導者講習会」において、受講生より、「評価表の様式統一を」との声が多く寄せられ、それへの対応が喫緊の課題となりました。そして、『相談援助実習指導・現場実習教員テキスト』（中央法規出版、2009年）において、国通知・社養協実習ガイドライン等に基づく3評価表案を提示していましたが、全国標準版としていずれを推していくのかが求められました。新評価表の標

準化作業を進めるにあたっては、改めて実習教育目標と実習教育計画（相談援助実習プログラムおよびその実習プログラムを達成するための相談援助実習指導シラバス）の再確認が要請されました。このことから、日本社会福祉士養成校協会実習教育委員会では、2011年度から「相談援助実習・実習指導ガイドライン」と「評価表」の再点検を行い、見直しの作業に取り組んできました。

　以上の経過を踏まえて新たな評価表が作成されました。

## 2. 実習評価表の構成

　実習評価表は、相談援助実習が終了した際、総括的評価として実習先施設の実習指導者が記入するものです。したがって、評価の目的や記入方法などをまとめた「実習評価の手引き」を作成して配付する必要があります。なお、手引きについては、実習評価表の冊子の中に一緒に綴り合せてもよいし、別冊子として作成してもよいでしょう。重要なのは、実習生と実習指導者及び実習施設・機関側が実習評価の目的を理解し、適切に活用できるようになることといえます。

　実習評価表に記載する具体的な内容は、表5—16に示したとおり、実習施設の概要、実習生の状況を基本情報として記入したうえで、評価の目的、具体的な評価規準（評価目標）、評価項目、評定尺度を含めることになります。

　実習評価の領域としては、「大学等において開講する社会福祉に関する科目の確認に係る指針について」（19文科高第917号、厚生労働省社援発第0328003号）において明示された教育内容（ねらいと教育に含むべき事項）が該当します。また、「相談援助実習ガイドライン」の中項目と小項目は、「〜できる」という質的な目標規準を示したものといえます。通知では、「実習後においては、その実習内容についての達成度を評価し」とあるため、どの程度達成できたのかを判定するための基準を設定することが求められているといえるでしょう。

　なお、実習評価表は、実習生用と実習施設・機関用の2つを作成します。共通の評価表を使用することで、評価表の構成については、双方が実習中や実習後のスーパービジョンで活用することを考え、内容や用紙を別にする必要はありません。

表5-16 実習評価表の構成

| 基本情報 | ○ 実習施設・機関の種別<br>○ 施設・機関名<br>○ 施設・機関長名<br>○ 実習指導者名・職名<br>○ 実習生情報（氏名・学籍番号・性別）<br>○ 実習期間<br>○ 出勤状況（合計実習日数、合計実習時間数）<br>○ 評価表記入の留意点（評価の方法、実施時期等の説明） |
|---|---|
| 評価規準 | ○ 通知教育内容「相談援助実習の目標と内容」<br>○ 社会福祉士養成校協会「相談援助実習ガイドライン」 |
| 評価項目 | ○ 通知教育内容「教育に含むべき事項」<br>○ 社会福祉士養成校協会「相談援助実習ガイドライン」中項目・小項目 |
| 評価尺度 | ○ 文字・数字、質的なレベル、頻度のレベル、その他のレベル |
| 評価表の記入の手引き | ○ 評価表の構成と内容<br>○ 評価表の活用方法<br>○ 記入方法<br>○ 評価尺度の説明 |

## 3. 実習評価表の内容

掲載した表5—17の評価表は、厚生労働省通知における「相談援助実習のねらい」および日本社会福祉士養成校協会の「相談援助実習ガイドライン」の中項目に対応しています。したがって、実習指導者に対しては、「相談援助実習ガイドライン」の「小項目」を参考にするよう説明する必要があります。

表5-17 日本社会福祉士養成校協会「相談援助実習評価表」

| 相談援助実習評価表 ||||
|---|---|---|---|
| 施設種別 | | 機関・施設名 | |
| 機関・施設長名 | ||| 
| 実習指導者名 | | 職名 | |
| 学籍番号 | | 実習生氏名 | |
| 実習期間 | 年　月　日　〜　年　月　日 |||
| 評価年月日 | 年　月　日 |||

《記入上の留意点》※必ずお読み下さい※

1. 本評価表は、①厚生労働省シラバスにおける「相談援助実習のねらい」、②日本社会福祉士養成校協会の「相談援助実習ガイドライン」の中項目に対応しています。
2. 評価の際は、「相談援助実習ガイドライン」の「小項目」を参考にしてください。小項目は、評価の対象となる具体的な達成課題（実習生の行動）を示しています。評価欄には小項目達成度の平均値をご記入ください。
3. 達成度評価は、100％完全習得のみを目的とするものではなく、達成までの連続体をなすとする考え方です。小項目に示した行動目標に対して、実習生がどれくらい・どこまでできているのかを評価してください。
4. 評価尺度はA～Dの4段階です。評価尺度を参考に「評価」欄に記入してください。実習指導上、該当しない項目や体験していない項目がある場合はNAを選択してください。その理由を所見欄にご記入ください。
5. 評価項目ごとに所見欄（コメント記入欄）を設けています。評価尺度では十分に評価できない場合や実習生の状況を説明する必要がある場合は記入してください。（所見欄の記入は必須ではありません）
6. 総合評価は、実習全体を通した総合評価を、A～Dの中から選択してください。
7. 実習生に対する総評（高く評価できる点や今後の学習課題となる点など）を具体的に記入してください。
8. 評価表は事後指導の資料として実習生本人に開示します。

《評価尺度と評価基準》

A：小項目の課題を達成し、さらにそれを上回る成果を収めた（達成度が90％以上の場合）
B：小項目の課題を、ほとんど達成した（達成度が80％以上90％未満の場合）
C：小項目の課題を、ある程度達成した（達成度が60％以上80％未満の場合）
D：小項目の課題を、あまり達成できなかった（達成度が60％未満の場合）
NA：該当しない・体験していない

《評価記入欄》

| 1. 利用者、職員、グループ、地域住民等との基本的なコミュニケーションを学ぶ | 評価 |
|---|---|
| 所見 | |

| 2. 円滑な人間関係の形成方法を学ぶ | 評価 |
|---|---|
| 所見 | |

| 3. 利用者理解の方法を学ぶ | 評価 |
|---|---|
| 所見 | |

| 4. 利用者の動向や利用状況を学ぶ | 評価 |
|---|---|
| 所見 | |

| 5. 利用者、グループ、地域住民等へのアセスメントとニーズ把握の方法を学ぶ | 評価 |
|---|---|
| 所見 | |

| 6. 個別支援計画等、様々な計画の策定方法を学ぶ（プランニングまでを主として） | 評価 |
|---|---|
| 所見 | |

| | |
|---|---|
| 7. 利用者との援助関係の形成の意味と方法を学ぶ | 評価 |
| 所見 | |
| 8. 利用者と家族の関係を学ぶ | 評価 |
| 所見 | |
| 9. 利用者や関係者（家族等）への権利擁護及びエンパワメント実践を学ぶ | 評価 |
| 所見 | |
| 10. モニタリングと評価方法を学ぶ | 評価 |
| 所見 | |
| 11. 実習機関・施設の他職種、他職員の役割と業務及びチームアプローチのあり方を学ぶ | 評価 |
| 所見 | |
| 12. 実習機関・施設の会議の運営方法を学ぶ | 評価 |
| 所見 | |
| 13. 関連機関・施設の業務や連携状況を学ぶ | 評価 |
| 所見 | |
| 14. 社会福祉士の倫理を学ぶ | 評価 |
| 所見 | |
| 15. 就業規則について学ぶ | 評価 |
| 所見 | |
| 16. 実習機関・施設の組織構造及び意思決定過程を学ぶ | 評価 |
| 所見 | |
| 17. 実習機関・施設の法的根拠、財政、運営方法等を学ぶ | 評価 |
| 所見 | |
| 18. 業務に必要な文書様式の記入内容・方法等を学ぶ | 評価 |
| 所見 | |

| | |
|---|---|
| 19. 実習機関・施設のある地域の歴史や人口構造等を学ぶ | 評価 |
| 所見 | |
| 20. 実習機関・施設のある地域の社会資源を学ぶ | 評価 |
| 所見 | |
| 21. 地域社会における実習機関・施設の役割と働きかけの方法等を学ぶ | |
| 所見 | |

**総合評価**(いずれかを○で囲んでください)　A ・ B ・ C ・ D

「実習生に対する総評」

　なお、社養協が示した評価表に加えるものとして考えられるのが、個別準拠評価ともいうべき実習生の成長と変化を基準とした評価です。これは実習生自身が評価者となり、実習への意識や意欲等を重視した評価方法になります。

　この評価は実習生の単独で行うのではなく、達成度評価と並行して行うとよいでしょう。学生がしようとする気持ち（意欲）と達成度は必ずしも一致するとはいえません。達成度評価だけでは測定できないものを、個別準拠評価をとおして意欲の側面を汲み取ることも必要です。

　参考として、日本社会福祉士養成校協会が実施した「社会福祉士養成にかかる社会福祉援助技術関連科目の教育内容及び教員研修プログラムの構築に関する事業」（2007年度事業報告書）の実習評価表の例 を参照してください。そのなかで、意欲を評価する評価項目を利用している評価表があります。

## 4. 評価表の活用

　実習評価表を効果的に活用するためには、教員だけではなく、実習指導者も評価表の目的や記載方法等を正確に理解しておくことが前提となります。

　活用方法として、次の方法があります。

① 　自己評価
② 　他者（実習指導者）による評価
③ 　実習生、実習指導者、教員の3者による共有化
④ 　形成的評価（実習の中間に実施した場合）

⑤　総括的評価

　また、実習過程に合わせてみていくと、表5—18の方法で指導や学習を行っていくことになります。

**表5-18　実習過程における評価表の活用方法**

| 実習過程 | 方法 |
|---|---|
| 実習前 | ①　評価表、評価項目（目標）の説明、解説<br>②　評価表の理解度の確認<br>③　目標を達成するための具体的な行動を検討する<br>④　③の結果を基に実習計画書を作成する |
| 実習中 | ①　評価表の記載内容と照合し、実習計画や目標達成状況等を確認する<br>②　中間評価を実施する<br>③　中間評価の結果を踏まえ、実習指導者ならびに教員からスーパービジョンを受ける<br>④　巡回指導時に評価内容について教員・実習指導者・実習生の三者による共有化を図り、今後の学習課題や新たな目標を設定する |
| 実習後 | ①　総括的評価として、実習指導者ならびに実習生の双方が評価主体となって評価表に記入する<br>②　①の評価結果を踏まえ、二者による振り返りとスーパービジョンを実施する<br>③　全日程が終了し、大学での実習指導の授業において、実習指導者と実習生の評価表を照らし合わせ、教員からスーパービジョンを受ける<br>④　実習報告書（レポート）の作成に活用する<br>⑤　実習報告会に向けた準備に活用する |

## 3　実習先の評価・評定との関係

### 1. 実習指導者の評定の位置づけ

　「大学等において開講する社会福祉に関する科目の確認に係る指針について」（19文科高第917号、厚生労働省社援発第0328003号）の別添の7（7）のウにおいて、実習指導者担当者の評定について次のように示されています。

> ウ　実習の評価基準を明確にし、評価に際しては実習先の<u>実習指導者担当者の評定</u>はもとより、実習生本人の自己評価についても考慮して行うこと。（下線部筆者）

　評定とは、3段階評定や5段階評定というように評価した結果を数字や文字など抽象的な符号で総括的に表したものをいいます。実習指導担当者の評定といえば、多くは社会福祉士養成校が作成した評価表や、実習先が独自で作成している評価表が当てはまると考えられます。

指針には「実習の評価基準を明確にし」と書かれています。評価表を使用する際は、評価基準について丁寧に説明し、その評価基準について共通認識を持っておく必要があります。また、実習施設が独自で作成した評価表を用いるような場合は、評価項目や評定基準など具体的な内容について確認しておくとよいでしょう。

## 2. 実習先の実習評価と成績評定

　実習先の実習指導担当者の評定は、学生の目標達成度や行動の熟達度等を確認するうえで重要です。しかしながら、実習指導者の評定は成績評定と同一ということではありません。成績評定や最終的な単位認定は社会福祉士学校が行うものであり、実習指導担当者の評定のみに委ねることはできません。

　実習指導担当者の評定は、目標に照らした進歩状況や、実践能力の修得状況に関するフィードバックを学生に提供するという形成的評価の対象として十分に活用できます。実習指導担当者の評定を評価資料の一つとして位置づけ、適切な解釈を行いながら相談援助実習全体の評価を行ってください。

## 3. 実習教育に対する評価

　公式な評価表や達成度評価に現れてこない実習指導者や当該施設職員の意見、実習生に対する印象、教育に対する評価など、表現しきれない考えや葛藤などをどのように把握するかも重要となります。

　巻末資料5に、相談援助実習にかかる教育と指導に関する合意書（案）が示されており、その中で「実習フィードバック・システム」について述べられています。実習フィードバック・システムとは、実習関係者が実習の経過と結果において相互の疑問と評価を許容し、その情報を相手方に率直に伝えると共に、相互の疑問に真摯に回答し、実習関係者がその後の実習と実践を向上させることをいいます。実習教育・実習指導・実習後の相互の協議や研鑽の機会など、実習に関するあらゆる機会をとおして、本フィードバック・システムを活用することが求められます。

　また、実習教育の向上につなげてくために評価表を活用しようとするのであれば、実習教育について実習施設側から評価を受けることも大切なことといえます。ただし、実習評価表はあくまでも実習生の実習に対する評価として活用し、実習教育についての評価は別の方法と評価資料を用いるようにするとよいでしょう。

# 第4節 評価におけるその他の注意点

## 1 実習評価の公平性

　相談援助実習評価の過程には、実習指導者の判断、実習生自身の判断、実習生とかかわる人々の判断が加わってくるため、完全に客観的だとはいえません。したがって、公平を期するための評価の仕組みや意識づけ等が必要になります。

　例えば、オーマンとゲイバーソン（2001年）によれば、看護学実習評価における公平性として、①評価過程に影響する可能性がある教師の価値観、態度、信念、偏見を明らかにする、②評価は、事前に設定した目標や習得を目指す能力に基づいて行う、③支持的な環境の中で実習を展開できるようにする[27]、という3つの側面が含まれるとしています。これらは、教員だけではなく、実習指導者も認識しておく必要があります。したがって、実習評価の公平性や評定の注意点については、実習前の段階において、教員から実習指導者に対して必ず説明し、理解を促すようにしてください。

## 2 評価方法の原理に基づく改善に向けた取り組み

　教育評価の手順で述べましたが、評価資料の収集の段階で行われる「評価用具の選択・作成」においては、表5-19に示したとおり、評価方法の基本的な原理に留意してください。

**表5-19　基本的な評価方法の原理：評価用具の選択・作成上の留意点**

| 妥当性 | 評価対象をどれほどよく測れているのかを示す概念。<br>・構成妥当性…その評価方法が評価対象として想定されている構成概念をどの程度適切に測ることができているのかに関する概念。<br>・内容妥当性…その評価方法が構成概念に基づく評価対象をどの程度的確に代表または抽出しているのかを問う概念。<br>・併存的妥当性…その評価方法が同じ構成概念を測ろうとしている他の評価方法と比較考量して、どの程度の結果をもたらすのかに関する概念。ただし、この場合、比較する評価方法が高い妥当性を持っていることが前提である。<br>・予測的妥当性…その評価方法が将来の業績や学力をどの程度正確に予測できるのかに関する概念。 |
|---|---|

---

27　マリリン H. オーマン・キャスリーン B. ゲイバーソン、舟島なをみ監訳『看護学教育における講義・演習・実習の評価』医学書院、pp.194-195、2001年

| | |
|---|---|
| 信頼性 | 評価対象をどの程度安定的に一貫して測れているのかを示す概念。<br>いつどこで誰が実施しても、その評価結果の精度が安定し、一貫していることを示す概念。 |
| 比較可能性 | 評価者間で評価基準が共通に理解され、評価対象であるパフォーマンスを同じルーブリックによって公平に評価することで、評価の一貫性が確保されているかどうかを検討する概念。信頼性概念の新たな規定として提起された。 |
| 客観性 | 測定・採点において、採点者の好みや偏見などの個人的判断が影響しない性質のこと。テストの信頼性を左右する諸条件中の最も重要なもの。 |

参考：田中耕治『教育評価』岩波書店、2008 年．応用教育研究所編、橋本重治『教育評価法概説〈2003 年改訂版〉』図書文化社、2003 年を基に作成

　田中（2008 年）によれば、4 つの妥当性概念において、「「目標に準拠した評価」さらには「真正の評価」を推進するには、「構成妥当性」が最も大切となる[28]」と指摘している。

　「相談援助実習ガイドライン」および「相談援助実習指導ガイドライン」についていえば、これらの評価方法の原理に基づく研究や分析が十分とはいえません。したがって、ガイドラインに限らず、今後実習教育評価において使用する他の評価用具については、さらに研究および改善に向けた取り組みを行う必要があります。

## 3 教員の適格性

　実習評価の公平性にも関連することですが、評価にあたっては、評価を行う教員の適格性が問われます。教員の自己の価値観や態度、信念が評価に影響を与えることがないよう心がけなければなりません。

　田中（2008 年）は、目標に準拠した評価における客観性を確かなものにするために考えなくてはならない論点として、「目標に準拠した評価においては、もし子どもたちが目標に達しなかった場合には、教師の教育活動が問われることになる。それは、目標設定のレベルや教材の良否から発問の適格性に至るさまざまな教育方法・技術の課題を俎上にのぼらせることになる。[29]」と指摘しています。教えて側となる教員と実習指導者は、指導のどこに誤りがあったのかを把握しようとする姿勢が求められます。そして、設定した目標に対して適切な教材や指導、学習形態を採用していたかどうかといった問い直しを行い、授業改善に結び付けなければなりません。

---

28　田中耕治『教育評価』岩波書店、p.140、2008 年
29　田中耕治『教育評価』岩波書店、p.137、2008 年

## 4 教え手側に期待される基本的な能力

　教え手側にあたる教員および実習指導者に期待される能力として、①実習教育マネジメント能力、②実習教育プログラミング能力、③実習教育スーパービジョン能力、④社会福祉士（ソーシャルワーカー）像伝達能力、という4つがあります。実習教育評価の意義や目的を正確に理解したうえで、上記4つの能力を発揮することが適切な評価行為につながります。

　実習評価の公平性ならびに教員の適格性を確認する意味で、評価者としての自分自身をアセスメントすることも有意義です。実習生が行うコンピテンシー・アセスメントと同様に、教員自身も取り組む必要があると思われます。

参考文献
- キャスリーン B. ゲイバーソン・マリリン H. オーマン、勝原裕美子監訳『臨地実習のストラテジー』医学書院、2002年
- キャロライン V. ギップス、鈴木秀幸訳『新しい評価を求めて―テスト教育の終焉』論創社、2001年
- 社会福祉教育方法・教材開発研究会編『新社会福祉援助技術演習』中央法規出版、2005年
- 社団法人日本社会福祉士養成校協会監『社会福祉士相談援助実習』中央法規出版、2009年
- 社団法人日本社会福祉士養成校協会編『相談援助実習指導・現場実習教員テキスト』中央法規出版、2009年
- 中島義明他編『心理学辞典』有斐閣、1999年
- 鈴木敏恵『目標管理はポートフォリオで成功する』メヂカルフレンド社、2008年
- 鈴木敏恵『ポートフォリオ評価とコーチング手法』医学書院、2008年
- 田中耕治『新しい「評価のあり方」を拓く―「目標に準拠した評価」のこれまでとこれから―』日本標準、2010年
- 西岡加名恵『教科と総合に活かすポートフォリオ評価』図書文化社、2005年
- 日本社会事業大学実習教育室『社会福祉援助技術現場実習Ⅱ実習評価表作成に関する基礎的研究報告書』2003年
- 福山和女・米本秀仁編『社会福祉士養成テキストブック5 社会福祉援助技術現場実習指導・現場実習』ミネルヴァ書房、2004年

# 資料編

【資料１】

# 介護福祉士制度及び社会福祉士制度の在り方に関する意見
（一部抜粋）

平成 18 年 12 月 12 日<br>
社会保障審議会福祉部会

（前略）

> Ⅰ　社会福祉士制度の現状と課題

（中略）

3　社会福祉士に求められる役割

○　上記のような社会福祉士を取り巻く状況の変化の中で、従来の福祉サービスを介した相談援助のほか、利用者がその有する能力に応じて、尊厳を持った自立生活を営むことができるよう、その他の関連する諸サービスと有機的な連携を持って、総合的かつ包括的に援助していくことが求められるようになっているものであると総括できる。

○　具体的には、社会福祉士には、新たに、
- 既存の各種サービス（ボランティア、老人クラブ、民生委員等によるインフォーマルなサービスを含む。）の間のネットワークの形成を図るとともに、地域の福祉ニーズを的確に把握して、必要なサービスが不足している場合にはその創出を働きかけること
- 虐待防止、就労支援、権利擁護、孤立防止、いきがい創出、健康維持等について、関連するサービスとのチームアプローチも含め、それぞれの専門分野の担当者との連携を図り、自ら解決することのできない課題については当該担当者への橋渡しを行い、その解決を図ること

が期待されている。

○　以上を踏まえると、社会福祉士の役割としては、
  ①　福祉課題を抱えた者からの相談に応じ、必要に応じてサービス利用を支援するなど、その解決を自ら支援する役割
  ②　利用者がその有する能力に応じて、尊厳を持った自立生活を営むことができるよう、関係する様々な専門職や事業者、ボランティア等との連携を図り、自ら解決することのできない課題については当該担当者への橋渡しを行い、総合的かつ包括的に援助していく役割
  ③　地域の福祉課題の把握や社会資源の調整・開発、ネットワークの形成を図るなど、地域福祉の増進に働きかける役割

等を適切に果たしていくことが求められている。

4　社会福祉士に求められる知識及び技術

○　今後、社会福祉士には、新しいニーズにも対応しつつ、上記①から③までの役割を状況に応じ

○ 　て適切に果たしていくことができるような知識及び技術を有することが求められている。
○ 　このため、社会福祉士には、福祉課題を抱えた者からの相談への対応や、これを受けて総合的かつ包括的にサービスを提供することの必要性、その在り方等に係る専門的知識と、虐待防止、就労支援、権利擁護、孤立防止、いきがい創出、健康維持等に関わる関連サービスに係る基礎的知識が求められることとなる。

　また、技術としては、福祉課題を抱えた者からの相談に応じ、利用者の自立支援の観点から地域において適切なサービスの選択を支援する技術、サービス提供者間のネットワークの形成を図る技術や、地域の福祉ニーズを把握し、不足するサービスの創出を働きかける技術等が求められることとなる。

　さらに、これに加えて、専門職としての高い自覚と倫理の確立や利用者本位の立場に立った活動が、これまで以上に強く求められることとなる。

○ 　なお、これらは、必ずしも資格を取得するための養成課程においてすべて修得していなければならないものではなく、社会福祉士として実際に業務に従事する中で、又は社会福祉士の資格を取得した後の研修を通じて、獲得していく側面があることに留意が必要である。

（中略）

## Ⅱ　社会福祉士の養成の在り方

### 1　社会福祉士の養成の現状と課題

○ 　社会福祉士の資格を取得するためには国家試験に合格する必要があるが、国家試験の受験資格としては、大きく分けて、以下の4つのルートがある。
- 　福祉系大学等において厚生労働大臣の指定する社会福祉に関する科目（以下「指定科目」という。）を修めて卒業等して、国家試験を受験するルート（以下「福祉系大学等ルート」という。）
- 　一般大学等を卒業又は福祉事務所や社会福祉施設等において4年以上相談援助の業務に従事等した後に、厚生労働大臣が指定する社会福祉士一般養成施設等において1年以上必要な知識及び技能を修得して、国家試験を受験するルート（以下「一般養成施設ルート」という。）
- 　福祉系大学等において厚生労働大臣の指定する社会福祉に関する基礎科目を修めて卒業等した後に、厚生労働大臣の指定する社会福祉士短期養成施設等において6月以上必要な知識及び技能を修得して、国家試験を受験するルート（以下「短期養成施設ルート」という。）
- 　児童福祉司、身体障害者福祉司、知的障害者福祉司等として5年以上の実務経験を経て、国家試験を受験するルート（以下「行政職ルート」という。）

○ 　また、国家試験の合格率は全体で約3割と非常に低い水準にあり、これをルート別に見ると、
- 　福祉系大学等ルートは約24％であり、大学等別では、80％を超える大学等から0％の大学等まで広範囲に分布していて、50％を超える大学等は14％に過ぎない一方、
- 　一般養成施設ルートは約40％であり、養成施設別では、80％を超える養成施設から20％の養成施設まで分布していて、50％を超える養成施設は約45％となっているなど、

大学等や養成施設別にみてばらつきが見られる状況になっている。
- ○ 国家試験の合格率の状況のみが社会福祉士の養成における課題を徴表するものではないが、このような状況を踏まえると、福祉に関する相談援助に係る専門的な知識及び技能を有し、適切な福祉サービスの提供が可能な実践力の高い社会福祉士を養成していくことが重要とされている中で、社会福祉士の養成における課題としては、
  - ・ 教育カリキュラムについて、社会福祉士制度の施行の後、抜本的な見直しが行われておらず、その後の社会福祉士を取り巻く状況の変化を反映したものになっていないのではないか
  - ・ 実習教育について、本来社会福祉士として求められる技能を修得することが可能となるような実習内容になっていないのではないか
  - ・ 福祉系大学等ルートについて、教育内容等は大学等の裁量にゆだねられる仕組みとなっていることから、教育内容等にばらつきが見られるのではないか

  といった点を挙げることができる。
- ○ また、福祉事務所や社会福祉施設等において相談援助の業務に従事している社会福祉主事の中には、既に社会福祉に関する基礎知識やこれに基づく実務経験を一定水準以上有している者もいると考えられることから、社会福祉士資格の取得に当たってこれらの者に一定の配慮をすることで、社会福祉専門職としてのスキルアップを促すことも考えられる。

## 2 教育カリキュラムの在り方

(1) 教育カリキュラムの在り方
- ○ 社会福祉士を取り巻く状況の変化の中で、地域を基盤とした相談援助、地域における就労支援、権利擁護等の新しいサービスの利用支援、新しい行政ニーズの対応等の分野において、新たに社会福祉士が役割を担っていくことが期待されている。
- ○ このため、Ⅰの4において整理したような社会福祉士に求められる知識及び技術を踏まえつつ、社会福祉士の養成に係る教育カリキュラムについても、介護福祉士の教育カリキュラムと同様に、社会福祉士養成課程における教育内容等の見直しについて検討する専門家・実践者による作業チームを設置し、早急に検討を進めていくべきである。
- ○ その際には、一般養成施設ルートにおける養成課程について、1年以上とされている修業年限を前提としつつ、新たな分野の追加等についても検討を行っていくべきである。例えば、現在、1,050時間とされている教育時間数を、最大1,200時間程度までの範囲内で増やすことも視野に入れつつ、検討を行っていくことが考えられる。

  また、福祉系大学等ルートにおいても、一般養成施設ルートにおける教育カリキュラムの見直しの内容を踏まえ、指定科目名の見直しについても、検討を行っていくべきである。

  このほか、介護福祉士制度と同様に、国家試験の在り方についても、専門家・実践者による作業チームの検討事項として、検討を行っていくべきである。
- ○ なお、教育カリキュラムについては、今回の見直しの後においても、社会福祉士に期待される役割の変化のほか、新教育カリキュラムを履修した者の資格取得後の就労状況、福祉現場における状況、資格取得後の研修等の受講状況等を踏まえ、今後、定期的に見直しを行っていくこととするべきである。

(2) 実習の在り方

○ 一般養成施設ルート及び短期養成施設ルートにおいては、実習に係る時間数、教員要件、実習指導者要件、施設設備要件等について基準が設定されている一方、実習の内容については、その目的や留意点は定められているものの、具体的な内容に関する基準は設定されていない。

　その結果、実際に行われている実習においては、社会福祉士の業務の関連領域としての位置付けなく漫然と行われる単なる介護業務の補助や施設見学に過ぎないようなものなど、本来社会福祉士として求められる技能を修得することが可能となるような実習内容になっていない事例も、少なからず見受けられる。

　また、福祉系大学等ルートにおいては、上記のような基準が適用されておらず、実習内容等は大学等の裁量にゆだねられる仕組みとなっている。

　このほか、国家試験の合格率が約3割と低い水準に留まっていることからも、実習が実際の社会福祉士資格の取得に必ずしも活かされていないという現状が指摘されている。

○ については、実践力の高い社会福祉士の養成を確保していく観点から、以下のような形で実習の質の担保及び標準化を図っていくべきである。

① 社会福祉士としての技能を修得するために必要となる実習の必須事項について検討し、教育カリキュラムの見直しに併せてこれを明示するとともに、典型的な実習モデルを提示できるよう研究を進めていくべきである。

② 実習指導体制については、

・ 実習担当教員について、社会福祉士資格を有する者であることや実習担当教員として必要な知識及び技能を修得するための研修を受講した者であることを要件とする方向で検討するべきである。

・ 実習受入れ施設の実習指導者について、実習指導者の指導力の向上及び実習指導の標準化を図る観点から、研修の充実を図っていくべきである。

③ 実習の対象となる施設や事業については、独立型の社会福祉士事務所など、その範囲の拡大について検討するべきである。

○ 実習の質の担保及び標準化のためには、まずは社会福祉士に求められる役割について整理を行った上で、実習内容の充実のための上記の見直しを行うべきであり、このような見直しが着実に実施される見通しを立てた上で、実習時間数の在り方についても検討することとするべきである。

　その際には、実践の現場と教育の現場とを乖離させない観点から、実習時間数を拡充する方向で検討するべきとの指摘があったことも考慮して、検討を行っていくべきである。

○ 上記のほか、実習については、以下のような見直しを検討するべきである。

・ 福祉系大学等ルートにおける実習についても、一般養成施設ルート及び短期養成施設ルートにおける実習と同様の基準を設け、実習教育の質を制度的に担保していくべきである。

・ 適切な実習指導を行っている施設に対して社会的な評価が高まるような配慮や、実習指導に対する取組を評価・支援していくような施策について研究を進めていくべきである。

・ 通信課程の実習時間数が昼間課程及び夜間課程の実習時間数の半分となっている現状につい

ても、この際改め、原則として同等の時間数とするべきである。
・ 個人情報保護法との関係から実習施設の確保が困難になってきているという指摘も踏まえ、実習における個人情報の取扱いについても、整理を行っていくべきである。

3 それぞれの資格取得ルートの在り方

(1) 福祉系大学等ルート
○ 福祉系大学等ルートについては、指定科目の科目名が規定されているのみで、教育内容、時間数等については福祉系大学等の裁量にゆだねられる仕組みとなっていることから、これらについて基準が設定されている一般養成施設ルート及び短期養成施設ルートと比較して、教育内容、時間数等にばらつきが見られる、という指摘がある。
○ 実践力の高い社会福祉士の養成を確保していく観点からも、国家試験では評価が難しい実習・演習系の指定科目については、福祉系大学等ルートにおいても、教育内容、時間数について新たに基準を課し、実習・演習教育の質を制度的に担保していくことを検討するべきである。

(2) 行政職ルート
○ 行政職ルートは、4つの資格取得ルートの中で唯一、児童福祉司、身体障害者福祉司、知的障害者福祉司等としての実務経験のみをもって、国家試験の受験資格が付与されるルートであるが、特に社会福祉士として必要な技能について、体系的に修得する機会が確保されていないのではないか、という指摘がある。
○ ついては、実務経験のみをもって国家試験の受験資格が付与される仕組みを改め、一定の実務経験を経た後に養成課程を経て、実習・演習等の科目を履修した上で、国家試験を受験する仕組みとすることを検討するべきである。
○ その際、現行の仕組みが、5年以上の実務経験をもって国家試験の受験資格が付与されるものであることを踏まえ、国家試験の受験資格を取得するために必要な期間を延長しない範囲内で新たに養成課程を課すこととする観点から、例えば、4年以上の実務経験を経た後に6月以上の養成課程（通信課程の場合にあっては、1年以上の課程となる。）を経て、国家試験を受験する仕組みとすることが考えられる。

(3) 養成施設ルート（社会福祉主事からのステップアップ）
○ 社会福祉主事としての任用資格を有する者としては、大学等において社会福祉に関する科目を3科目以上修めて卒業した者、厚生労働大臣の指定する養成機関又は講習会の課程を修了した者等が規定されているが、このうち、社会福祉主事の養成機関の課程を修了した後、一定の実務経験を有する者については、既に社会福祉に関する基礎的知識及び技能をもって、福祉に関する相談援助を行っているものであると評価することができることから、養成課程を経て必要な知識及び技能を修得すれば、社会福祉士の国家試験の受験資格が付与される仕組みとすることを検討するべきである。
○ その際、現行の一般養成施設ルートの仕組みが、4年以上の実務経験の後に1年以上の養成課程を経た場合に国家試験の受験資格が付与されるものであることを踏まえつつ、上記の場合には、

あらかじめ社会福祉に関する基礎的知識及び技能を修得した上で実務経験を経ているものであることにも配慮して、例えば、社会福祉主事の養成機関の課程（原則２年）を修了した後、２年以上の実務経験を有する者については、６月以上の養成課程（通信課程の場合にあっては、１年以上の課程となる。）を経た場合に、国家試験の受験資格が付与される仕組みとすることが考えられる。
○　なお、社会福祉主事については、大学等において社会福祉に関する科目を３科目以上修めて卒業した者が資格を取得することができる仕組み等に関連して、その在り方について問題提起がなされている。これについては、福祉事務所の在り方の問題と関連させて、今後、検討を行っていくべきである。

（以下略）

【資料2】

## 社会福祉士の新たな教育カリキュラム

| 新科目名 | 旧科目名 |
|---|---|
| 人体の構造と機能及び疾病 | 社会福祉原論 |
| 心理学理論と心理的支援 | 老人福祉論 |
| 社会理論と社会システム | 障害者福祉論 |
| 現代社会と福祉 | 児童福祉論 |
| 社会調査の基礎 | 社会保障論 |
| 相談援助の基盤と専門職 | 公的扶助論 |
| 相談援助の理論と方法 | 地域福祉論 |
| 地域福祉の理論と方法 | 社会福祉援助技術論 |
| 福祉行財政と福祉計画 | 社会福祉援助技術演習 |
| 福祉サービスの組織と経営 | 社会福祉援助技術現場実習 |
| 社会保障 | 社会福祉援助技術現場実習指導 |
| 高齢者に対する支援と介護保険制度 | 心理学 |
| 障害者に対する支援と障害者自立支援制度 | 社会学 |
| 児童や家庭に対する支援と児童・家庭福祉制度 | 法学 |
| 低所得者に対する支援と生活保護制度 | 医学一般 |
| 保健医療サービス | 介護概論 |
| 就労支援サービス | |
| 権利擁護と成年後見制度 | |
| 更生保護制度 | |
| 相談援助演習 | |
| 相談援助実習指導 | |
| 相談援助実習 | |

「社会福祉士学校及び介護福祉士学校の設置及び運営に係る指針について」
(平成20年3月28日19文科高第918号 厚生労働省社援発第0328002号) より一部抜粋

| 新科目名 | 教育内容 | |
|---|---|---|
| | ねらい | 教育に含むべき事項 |
| 人体の構造と機能及び疾病 | ①心身機能と身体構造及び様々な疾病や障害の概要について、人の成長・発達や日常生活との関係を踏まえて理解する。<br>②国際生活機能分類(ICF)の基本的考え方と概要について理解する。<br>③リハビリテーションの概要について理解する。<br>※社会福祉士に必要な内容となるよう留意すること。 | ①人の成長・発達<br>②心身機能と身体構造の概要<br>③国際生活機能分類(ICF)の基本的考え方と概要<br>④健康の捉え方<br>⑤疾病と障害の概要<br>⑥リハビリテーションの概要 |
| 心理学理論と心理的支援 | ①心理学理論による人の理解とその技法の基礎について理解する。<br>②人の成長・発達と心理との関係について理解する。 | ①人の心理学的理解<br>②人の成長・発達と心理<br>③日常生活と心の健康<br>④心理的支援の方法と実際 |

| | | |
|---|---|---|
| | ③日常生活と心の健康との関係について理解する。<br>④心理的支援の方法と実際について理解する。<br>※社会福祉士に必要な内容となるよう留意すること。 | |
| 社会理論と社会システム | ①社会理論による現代社会の捉え方を理解する。<br>②生活について理解する。<br>③人と社会の関係について理解する。<br>④社会問題について理解する。<br>※社会福祉士に必要な内容となるよう留意すること。 | ①現代社会の理解<br>②生活の理解<br>③人と社会の関係<br>④社会問題の理解 |
| 現代社会と福祉 | ①現代社会における福祉制度の意義や理念、福祉政策との関係について理解する。<br>②福祉の原理をめぐる理論と哲学について理解する。<br>③福祉政策におけるニーズと資源について理解する。<br>④福祉政策の課題について理解する。<br>⑤福祉政策の構成要素（福祉政策における政府、市場、家族、個人の役割を含む。）について理解する。<br>⑥福祉政策と関連政策（教育政策、住宅政策、労働政策を含む。）の関係について理解する。<br>⑦相談援助活動と福祉政策との関係について理解する。 | ①現代社会における福祉制度と福祉政策<br>②福祉の原理をめぐる理論と哲学<br>③福祉制度の発達過程<br>④福祉政策におけるニーズと資源<br>⑤福祉政策の課題<br>⑥福祉政策の構成要素<br>⑦福祉政策と関連政策<br>⑧相談援助活動と福祉政策の関係 |
| 社会調査の基礎 | ①社会調査の意義と目的及び方法の概要について理解する。<br>②統計法の概要、社会調査における倫理や個人情報保護について理解する。<br>③量的調査の方法及び質的調査の方法について理解する。 | ①社会調査の意義と目的<br>②統計法<br>③社会調査における倫理<br>④社会調査における個人情報保護<br>⑤量的調査の方法<br>⑥質的調査の方法<br>⑦社会調査の実施に当たってのITの活用方法 |
| 相談援助の基盤と専門職 | ①社会福祉士の役割（総合的かつ包括的な援助及び地域福祉の基盤整備と開発含む）と意義について理解する。<br>②精神保健福祉士の役割と意義について理解する。<br>③相談援助の概念と範囲について理解する。<br>④相談援助の理念について理解する。<br>⑤相談援助における権利擁護の意義と範囲について理解する。<br>⑥相談援助に係る専門職の概念と範囲及び専門職倫理について理解する。<br>⑦総合的かつ包括的な援助と多職種連携の意 | ①社会福祉士の役割と意義<br>②精神保健福祉士の役割と意義<br>③相談援助の概念と範囲<br>④相談援助の理念<br>⑤相談援助における権利擁護の意義<br>⑥相談援助に係る専門職の概念と範囲<br>⑦専門職倫理と倫理的ジレンマ<br>⑧総合的かつ包括的な援助と多職種連携（チームアプローチ含む）の意義と内容 |

| | | |
|---|---|---|
| | 義と内容について理解する。 | |
| 相談援助の理論と方法 | ①相談援助における人と環境との交互作用に関する理論について理解する。<br>②相談援助の対象と様々な実践モデルについて理解する。<br>③相談援助の過程とそれに係る知識と技術について理解する（介護保険法による介護予防サービス計画、居宅サービス計画や施設サービス計画及び障害者自立支援法によるサービス利用計画についての理解を含む。）<br>④相談援助における事例分析意義や方法について理解する。<br>⑤相談援助の実際（権利擁護活動を含む。）について理解する。 | ①人と環境の交互作用<br>②相談援助の対象<br>③様々な実践モデルとアプローチ<br>④相談援助の過程<br>⑤相談援助における援助関係<br>⑥相談援助のための面接技術<br>⑦ケースマネジメントとケアマネジメント<br>⑧アウトリーチ<br>⑨相談援助における社会資源の活用・調整・開発<br>⑩ネットワーキング（相談援助における多職種・多機関との連携を含む。）<br>⑪集団を活用した相談援助<br>⑫スーパービジョン<br>⑬記録<br>⑭相談援助と個人情報の保護の意義と留意点<br>⑮相談援助における情報通信技術（ＩＴ）の活用<br>⑯事例分析<br>⑰相談援助の実際（権利擁護活動を含む。） |
| 地域福祉の理論と方法 | ①地域福祉の基本的考え方（人権尊重、権利擁護、自立支援、地域生活支援、地域移行、社会的包摂等を含む。）について理解する。<br>②地域福祉の主体と対象について理解する。<br>③地域福祉に係る組織、団体及び専門職の役割と実際について理解する。<br>④地域福祉におけるネットワーキング（多職種・多機関との連携を含む。）の意義と方法及びその実際について理解する。<br>⑤地域福祉の推進方法（ネットワーキング、社会資源の活用・調整・開発、福祉ニーズの把握方法、地域トータルケアシステムの構築方法、サービスの評価方法を含む。）について理解する。 | ①地域福祉の基本的考え方<br>②地域福祉の主体と対象<br>③地域福祉に係る組織、団体及び専門職や地域住民<br>④地域福祉の推進方法 |
| 福祉行財政と福祉計画 | ①福祉の行財政の実施体制（国・都道府県・市町村の役割、国と地方の関係、財源、組織及び団体、専門職の役割を含む。）について理解する。<br>②福祉行財政の実際について理解する。<br>③福祉計画の意義や目的、主体、方法、留意点について理解する。 | ①福祉行政の実施体制<br>②福祉行財政の動向<br>③福祉計画の意義と目的<br>④福祉計画の主体と方法<br>⑤福祉計画の実際 |
| 福祉サービスの組織と経営 | ①福祉サービスに係る組織や団体（社会福祉法人、医療法人、特定非営利活動法人、営利法人、市民団体、自治会など）について理解する。<br>②福祉サービスの組織と経営に係る基礎理論 | ①福祉サービスに係る組織や団体<br>②福祉サービスの組織と経営に係る基礎理論<br>③福祉サービス提供組織の経営と実際<br>④福祉サービスの管理運営の方法と実際 |

| | | |
|---|---|---|
| | について理解する。<br>③福祉サービスの経営と管理運営について理解する。 | |
| 社会保障 | ①現代社会における社会保障制度の課題（少子高齢化と社会保障制度の関係を含む。）について理解する。<br>② 社会保障の概念や対象及びその理念等について、その発達過程も含めて理解する。<br>③公的保険制度と民間保険制度の関係について理解する。<br>④社会保障制度の体系と概要について理解する。<br>⑤年金保険制度及び医療保険制度の具体的内容について理解する。<br>⑥諸外国における社会保障制度の概要について理解する。 | ①現代社会における社会保障制度の課題（少子高齢化と社会保障制度の関係を含む。）<br>②社会保障の概念や対象及びその理念<br>③社会保障の財源と費用<br>④社会保険と社会扶助の関係<br>⑤公的保険制度と民間保険制度の関係<br>⑥社会保障制度の体系<br>⑦年金保険制度の具体的内容<br>⑧医療保険制度の具体的内容<br>⑨諸外国における社会保障制度の概要 |
| 高齢者に対する支援と介護保険制度 | ①高齢者の生活実態とこれを取り巻く社会情勢、福祉・介護需要（高齢者虐待や地域移行、就労の実態を含む。）について理解する。<br>②高齢者福祉制度の発展過程について理解する。<br>③介護の概念や対象及びその理念等について理解する。<br>④介護過程における介護の技法や介護予防の基本的考え方について理解する。<br>⑤終末期ケアの在り方（人間観や倫理を含む。）について理解する。<br>⑥相談援助活動において必要となる介護保険制度や高齢者と実際の福祉・介護に係る他の法制度について理解する。 | ①高齢者の生活実態とこれを取り巻く社会情勢、福祉・介護需要（高齢者虐待や地域移行、就労の実態を含む。）<br>②高齢者福祉制度の発展過程<br>③介護の概念や対象<br>④介護予防<br>⑤介護過程<br>⑥認知症ケア<br>⑦終末期ケア<br>⑧介護と住環境<br>⑨介護保険法<br>⑩介護報酬<br>⑪介護保険法における組織及び団体の役割と実際<br>⑫介護保険法における専門職の役割と実際<br>⑬介護保険法におけるネットワーキングと実際<br>⑭地域包括支援センターの役割と実際<br>⑮老人福祉法<br>⑯高齢者虐待の防止、高齢者の養護者に対する支援等に関する法律（高齢者虐待防止法）<br>⑰高齢者、障害者等の移動等の円滑化の促進に関する法律<br>⑱高齢者の居住の安定確保に関する法律 |
| 障害者に対する支援と障害者自立支援制度 | ①障害者の生活実態とこれを取り巻く社会情勢や福祉・介護需要（地域移行や就労の実態を含む。）について理解する。<br>②障害者福祉制度の発展過程について理解する。<br>③相談援助活動において必要となる障害者自立支援法や障害者の福祉・介護に係る他の法制度について理解する。 | ①障害者の生活実態とこれを取り巻く社会情勢、福祉・介護需要<br>②障害者福祉制度の発展過程<br>③障害者自立支援法<br>④障害者自立支援法における組織及び団体の役割と実際<br>⑤障害者自立支援法における専門職の役割と実際 |

| | | | |
|---|---|---|---|
| | | | ⑥障害者自立支援法における多職種　連携、ネットワーキングと実際<br>⑦相談支援事業所の役割と実際<br>⑧身体障害者福祉法<br>⑨知的障害者福祉法<br>⑩精神保健及び精神障害者福祉に関する法律<br>⑪発達障害者支援法<br>⑫障害者基本法<br>⑬心神喪失等の状態で重大な他害行為を行った者の医療及び観察等に関する法律<br>⑭高齢者、障害者等の移動等の円滑化の促進に関する法律<br>⑮障害者の雇用の促進等に関する法律 |
| 児童や家庭に対する支援と児童・家庭福祉制度 | | ①児童・家庭の生活実態とこれを取り巻く社会情勢、福祉需要（子育て、一人親家庭、児童虐待及び家庭内暴力（D.V）の実態を含む。）について理解する。<br>②児童・家庭福祉制度の発展過程について理解する。<br>③児童の権利について理解する。<br>④相談援助活動において必要となる児童・家庭福祉制度や児童・家庭福祉に係る他の法制度について理解する。 | ①児童・家庭の生活実態とこれを取り巻く社会情勢、福祉需要（一人親家庭、児童虐待及び家庭内暴力（D.V）、地域における子育て支援及び青少年育成の実態を含む。）と実際<br>②児童・家庭福祉制度の発展過程<br>③児童の定義と権利<br>④児童福祉法<br>⑤児童虐待の防止等に関する法律（児童虐待防止法）<br>⑥配偶者からの暴力の防止及び被害者の保護に関する法律（D.V法）<br>⑦母子及び寡婦福祉法<br>⑧母子保健法<br>⑨児童手当法<br>⑩児童扶養手当法<br>⑪特別児童扶養手当等の支給に関する法律<br>⑫次世代育成支援対策推進法<br>⑬少子化社会対策基本法<br>⑭売春防止法<br>⑮児童・家庭福祉制度における組織及び団体の役割と実際<br>⑯児童・家庭福祉制度における専門職の役割と実際<br>⑰児童・家庭福祉制度における多職種連携、ネットワーキングと実際<br>⑱児童相談所の役割と実際 |
| 低所得者に対する支援と生活保護制度 | | ①低所得階層の生活実態とこれを取り巻く社会情勢、福祉需要とその実際について理解する。<br>②相談援助活動において必要となる生活保護制度や生活保護制度に係る他の法制度について理解する。<br>③自立支援プログラムの意義とその実際について理解する。 | ①低所得階層の生活実態とこれを取り巻く社会情勢、福祉需要と実際<br>②生活保護制度<br>③生活保護制度における組織及び団体の役割と実際<br>④生活保護制度における専門職の役割と実際<br>⑤生活保護制度における多職種連携、ネットワーキングと実際<br>⑥福祉事務所の役割と実際<br>⑦自立支援プログラムの意義と実際 |

| | | ⑧低所得者対策<br>⑨低所得者へ住宅政策<br>⑩ホームレス対策 |
|---|---|---|
| 保健医療<br>サービス | ①相談援助活動において必要となる医療保険制度（診療報酬に関する内容を含む。）や保健医療サービスについて理解する。<br>②保健医療サービスにおける専門職の役割と実際、多職種協働について理解する。 | ①医療保険制度<br>②診療報酬<br>③保健医療サービスの概要<br>④保健医療サービスにおける専門職の役割と実際<br>⑤保健医療サービス関係者との連携と実際 |
| 就労支援<br>サービス | ①相談援助活動において必要となる各種の就労支援制度について理解する。<br>②就労支援に係る組織、団体及び専門職について理解する。<br>③就労支援分野との連携について理解する。 | ①雇用・就労の動向と労働施策の概要<br>②就労支援制度の概要<br>③就労支援に係る組織、団体の役割と実際<br>④就労支援に係る専門職の役割と実際<br>⑤就労支援分野との連携と実際 |
| 権利擁護<br>と成年後<br>見制度 | ①相談援助活動と法（日本国憲法の基本原理、民法・行政法の理解を含む。）との関わりについて理解する。<br>②相談援助活動において必要となる成年後見制度（後見人等の役割を含む。）について理解する。<br>③成年後見制度の実際について理解する。<br>④社会的排除や虐待などの権利侵害や認知症などの日常生活上の支援が必要な者に対する権利擁護活動の実際について理解する。 | ①相談援助活動と法（日本国憲法の基本原理、民法・行政法の理解を含む。）との関わり<br>②成年後見制度<br>③日常生活自立支援事業<br>④成年後見制度利用支援事業<br>⑤権利養護に係る組織、団体の役割と実際<br>⑥権利擁護活動の実際 |
| 更生保護<br>制度 | ①相談援助活動において必要となる更生保護制度について理解する。<br>②更生保護を中心に、刑事司法・少年司法分野で活動する組織、団体及び専門職について理解する。<br>③刑事司法・少年司法分野の他機関等との連携の在り方について理解する。 | ①更生保護制度の概要<br>②更生保護制度の担い手<br>③更生保護制度における関係機関・団体との連携<br>④医療観察制度の概要<br>⑤更生保護における近年の動向と課題 |
| 相談援助<br>演習 | 相談援助の知識と技術に係る他の科目との関連性も視野に入れつつ、社会福祉士に求められる相談援助に係る知識と技術について、次に掲げる方法を用いて、実践的に習得するとともに、専門的援助技術として概念化し理論化し体系立てていくことができる能力を涵養する。<br>①総合的かつ包括的な援助及び地域福祉の基盤整備と開発に係る具体的な相談援助事例を体系的にとりあげること。<br>②個別指導並びに集団指導を通して、具体的な援助場面を想定した実技指導（ロールプレーイング等）を中心とする演習形態により行うこと。 | ①以下の内容については相談援助実習を行う前に学習を開始し、十分な学習をしておくこと<br>ア　自己覚知<br>イ　基本的なコミュニケーション技術の習得<br>ウ　基本的な面接技術の習得<br>エ　次に掲げる具体的な課題別の相談援助事例等（集団に対する相談援助事例を含む。）を活用し、総合的かつ包括的な援助について実践的に習得すること。<br>（ア）社会的排除<br>（イ）虐待（児童・高齢者）<br>（ウ）家庭内暴力（D.V）<br>（エ）低所得者 |

| | | |
|---|---|---|
| | | （オ）ホームレス<br>（カ）その他の危機状態にある相談援助事例（権利擁護活動を含む。）<br>オ　エに掲げる事例等を題材として、次に掲げる具体的な相談援助場面及び相談援助の過程を想定した実技指導を行うこと。<br>（ア）インテーク<br>（イ）アセスメント<br>（ウ）プランニング<br>（エ）支援の実施<br>（オ）モニタリング<br>（カ）効果測定<br>（キ）終結とアフターケア<br>カ　オの実技指導に当たっては、次に掲げる内容を含めること。<br>（ア）アウトリーチ<br>（イ）チームアプローチ<br>（ウ）ネットワーキング<br>（エ）社会資源の活用・調整・開発<br>キ　地域福祉の基盤整備と開発に係る事例を活用し、次に揚げる事項について実技指導を行うこと。<br>（ア）地域住民に対するアウトリーチとニーズ把握<br>（イ）地域福祉の計画<br>（ウ）ネットワーキング<br>（エ）社会資源の活用・調整・開発<br>（オ）サービスの評価<br>②相談援助実習後に行うこと。<br>　相談援助に係る知識と技術について個別的な体験を一般化し、実践的な知識と技術として習得できるように、相談援助実習における学生等の個別的な体験も視野に入れつつ、集団指導並びに個別指導による実技指導を行うこと。 |
| 相談援助<br>実習指導 | ①相談援助実習の意義について理解する。<br>②相談援助実習に係る個別指導並びに集団指導を通して、相談援助に係る知識と技術について具体的かつ実際的に理解し実践的な技術等を体得する。<br>③社会福祉士として求められる資質、技能、倫理、自己に求められる課題把握等、総合的に対応できる能力を習得する。<br>④具体的な体験や援助活動を、専門的援助技術として概念化し理論化し体系立てていくことができる能力を涵養する。 | 次に掲げる事項について個別指導及び集団指導を行うものとする。<br>①相談援助実習と相談援助実習指導における個別指導及び集団指導の意義<br>②実際に実習を行う実習分野（利用者理解含む。）と施設・事業者・機関・団体・地域社会等に関する基本的な理解<br>③実習先で行われる介護や保育等の関連業務に関する基本的な理解<br>④現場体験学習及び見学実習（実際の介護サービスの理解や各種サービスの利用体験等を含む。）<br>⑤実習先で必要とされる相談援助に係る知識と技術に関する理解<br>⑥実習における個人のプライバシーの保護と |

| | | 守秘義務等の理解（個人情報保護法の理解を含む。）<br>⑦「実習記録ノート」への記録内容及び記録方法に関する理解<br>⑧実習生、実習担当教員、実習先の実習指導者との三者協議を踏まえた実習計画の作成<br>⑨巡回指導<br>⑩実習記録や実習体験を踏まえた課題の整理と実習総括レポートの作成<br>⑪実習の評価全体総括会 |
|---|---|---|
| 相談援助実習 | ①相談援助実習を通して、相談援助に係る知識と技術について具体的かつ実際的に理解し実践的な技術等を体得する。<br>②社会福祉士として求められる資質、技能、倫理、自己に求められる課題把握等、総合的に対応できる能力を習得する。<br>③関連分野の専門職との連携のあり方及びその具体的内容を実践的に理解する。 | ①学生等は次に掲げる事項について実習指導者による指導を受けるものとする。<br>②相談援助実習指導担当教員は巡回指導等を通して、次に掲げる事項について学生等及び実習指導者との連絡調整を密に行い、学生等の実習状況についての把握とともに実習中の個別指導を十分に行うものとする。<br>ア　利用者やその関係者、施設・事業者・機関・団体等の職員、地域住民やボランティア等との基本的なコミュニケーションや人との付き合い方などの円滑な人間関係の形成<br>イ　利用者理解とその需要の把握及び支援計画の作成<br>ウ　利用者やその関係者（家族・親族・友人等）との援助関係の形成<br>エ　利用者やその関係者（家族・親族・友人等）への権利擁護及び支援（エンパワメントを含む。）とその評価<br>オ　多職種連携をはじめとする支援におけるチームアプローチの実際<br>カ　社会福祉士としての職業倫理、施設・事業者・機関・団体等の職員の就業などに関する規定への理解と組織の一員としての役割と責任への理解<br>キ　施設・事業者・機関・団体等の経営やサービスの管理運営の実際<br>ク　当該実習先が地域社会の中の設・事業者・機関・団体等であることへの理解と具体的な地域社会への働きかけとしてのアウトリーチ、ネットワーキング、社会資源の活用・調整・開発に関する理解 |

備考
1　人体の構造と機能及び疾病、心理学理論と心理的支援、社会理論と社会システムについては、社会福祉士に必要な内容となるよう留意すること。
2　相談援助演習のねらいにおける「相談援助の知識と技術に係る科目」とは、主に「相談援助の基盤と専門職」、「相談援助の理論と方法」、「地域福祉の理論と方法」、「福祉行財政と福祉計画」、「福祉サービスの組織と経営」、「相談援助実習」、「相談援助実習指導」等の科目であること。

# [資料3]

## 厚労省「相談援助実習」 一般社団法人日本社会福祉士養成校協会 社養協ガイドライン 相談援助実習ガイドライン

| ねらい | 内容 | 中項目 | 小項目 | 想定される実習内容 |
|---|---|---|---|---|
| ①相談援助実習を通して、相談援助に係る知識と技術について具体的かつ実際的に理解し実践的な技術等を体得する。 | ア 利用者やその関係者、施設・事業者・機関・団体等の職員、地域住民やボランティア等との基本的なコミュニケーションや人との付き合い方などの円滑な人間関係の形成 | (1) 利用者、職員、グループ、地域住民等との基本的なコミュニケーションを学ぶ | ①出会いの場面において関係形成のための適切な対応ができる<br>②相手の状況に合わせて会話を継続できる<br>③相手に合わせた言語コミュニケーションの技術を理解し、活用することができる<br>④相手に合わせた非言語コミュニケーションの技術を理解し、活用することができる | ①職員、利用者、地域住民等様々な人たちと、あらゆる出会いの場面において挨拶、自己紹介などの適切な対応をする<br>②利用者とのかかわりを通して、一人ひとりに求められる言語コミュニケーション、非言語コミュニケーションの種類や内容を整理し、職員に説明する |
| | | (2) 円滑な人間関係の形成の方法を学ぶ | ①自分が関わりやすい人だけではなく、不特定の人に関わることができる | ①対応が困難な利用者への関わり方についてスーパービジョンを受け、特定の利用者と会話をしたり寄り添ったりするなど、その人に合った関係形成の方法を学ぶ |
| ②社会福祉士として求められる資質、技能、倫理、自己に求められる課題把握等、総合的に対応できる能力を習得する。 | イ 利用者理解とその需要の把握及び支援計画の作成 | (3) 利用者理解の方法を学ぶ | ①面接や日常生活の観察を通じて利用者を理解できる<br>②実習指導者や職員の対応から学び、特徴を説明できる | ①利用者の理解の方法に関するスーパービジョンを受ける<br>②実習指導者や職員の面接や配慮の実践を観察する<br>③利用者理解の要点を説明する |
| | | (4) 利用者の動向や利用状況を学ぶ | ①実習機関・施設の数年間の入退所の傾向や利用状況について考察できる<br>②特徴を踏まえて考察したことをやかに示したことが分析できる | ①事業報告書、月次報告書、調査報告書等を閲覧、確認する<br>②学習した内容について説明する |
| | | (5) 利用者、グループ、地域住民等へのアセスメントとニーズ把握の方法を学ぶ | ①実習機関・施設で用いているアセスメントツールの枠組みに沿って利用者を多角的に把握し、全体像を説明できる<br>②担当する利用者（特定ケース）の問題を把握し説明できる<br>③担当する利用者（特定ケース）のニーズを確定し、根拠または理由を示して説明できる | ①現在または過去のアセスメントシートを用いて、アセスメントの構造を使用する方法を学ぶ<br>②現在または過去の事例記録から数例を選択し、アセスメントのポイント、手順等を整理する<br>③担当するケースを決めてアセスメントを実施する（利用者の状況は実習生の状況により、実習指導者または職員と相談して決める）<br>④アセスメントの結果について通信スーパービジョンを受ける<br>⑤アセスメントをするために面接を設ける<br>⑥アセスメントの結果を確定したニーズについて説明する |
| ③関連分野の専門職との連携のあり方及びその具体的方法について内容を実践的に理解する。 | | (6) 個別支援計画の策定方法及び様々な計画を学ぶ（プランニングまでを主として） | ①プランニングの重要なポイント、手順が説明できる<br>②利用者のアセスメントに基づいてプランニングができる<br>③担当する利用者（特定ケース）の支援目標を根拠を示して設定できる | ①現在または過去の事例記録を参考に、プランニングの様式、ポイント、手順等を整理する<br>②アセスメント結果に基づいて、支援計画・支援計画を作成する<br>③作成した支援計画について説明する（カンファレンス等で提案する）<br>④支援目標・支援計画についてスーパービジョンを受ける |
| | ウ 利用者やその関係者（家族・親族・友人等）との援助関係の形成 | (7) 利用者との援助関係の形成と方法を学ぶ | ①援助関係を形成するということの意味を理解し、説明できる（個別性、共感的理解、人権尊重）<br>②実習機関・施設における多様な面接の形態や構造を理解して説明できる<br>③利用者との多様な場面（遊び、作業、ケア、地域支援など）を通して援助関係の形成を意識して関わることができる<br>④面接や援助場面を活用し、利用者に関わることができる | ①援助関係を形成する際のポイントや配慮を説明する<br>②利用者と直接対話をする。利用者と約り添い時間を過ごす。利用者と一緒に作業をする。利用者と遊ぶ。居室や自宅を訪問する、ボランティア活動、住民活動等プログラムを通じて援助関係形成に取り組む<br>③面接、アセスメント、支援計画作成、説明の過程を通じて援助関係形成に取り組む<br>④ケースワークを意識した実習指導者または職員による面接を観察する<br>⑤同様の面接を実施する |
| | | (8) 利用者の家族の関係と方法を学ぶ | ①利用者の家族が抱える問題（課題）を把握し、ニーズを確定し、説明できる<br>②担当する利用者（特定ケース）と家族との関係性をエコマップやジェノグラムを活用し、説明できる | ①利用者と家族の面会や場面への同席、家族会への参加、送迎時の場や会話の観察<br>②家族・親族・友人等との面接を行う<br>③利用者、家族ケース記録、家族会の議事録を閲覧する |
| | エ 利用者やその関係者（家族・親族・友人等）への権利擁護（エンパワメントを含む）とその評価 | (9) 利用者への権利擁護及び支援（エンパワメント）実践を学ぶ | ①実習機関・施設における利用者への権利擁護及びエンパワメントの取り組みを説明できる<br>②実習機関・施設における利用者への権利擁護の取り組みを説明できる<br>③身体拘束防止法に基づいた具体的なための取り組みを説明できる | ①実習機関・施設で実施している利用者の権利擁護活動を説明する<br>②虐待防止法に基づいた具体的な取り組みを説明する<br>③身体拘束防止のための検討会議等に出席する<br>④第三者評価を通して利用者の権利擁護実践を理解する<br>⑤成年後見制度、未成年後見制度、権利擁護ノートについて説明する |

| 分類 | 項目 | 学習内容 | 具体的な実習内容 |
|---|---|---|---|
| オ 多職種連携をはじめとする支援におけるチームアプローチの実際 | (10) モニタリングと評価方法を学ぶ | ①利用者の支援やサービスに対するモニタリングができる<br>②利用者の支援やサービスの評価ができる | ①エンパワメントの観点から支援を分析し、実習機関・施設の取り組みを抽出する<br>②利用者一人ひとりに着目し、事例を踏まえエンパワメントの実践を整理し、実習指導者にプレゼンテーションを行う<br>③現在または過去の事例に着目し、モニタリングの目的や手順等を整理する<br>④一人の利用者に着目し、必要な支援に対するモニタリングを体験する<br>⑤支援内容や計画を評価する目的や方法から指導を受け、実際に評価する |
| カ 社会福祉士としての職業倫理、施設・機関等の職員の就業などに規定する組織の一員としての理解と組織に関する責任への理解 | (11) 実習機関・施設の他職種で働く他の専門職の業務内容を理解するとともに、業務および協働におけるチームアプローチのあり方を学ぶ | ①実習機関・施設内で働く他の専門職の業務内容を理解する<br>②実習機関・施設においてチームで取り組んでいる事例を理解する | ①組織内の各部署および他職種の業務について、それぞれの担当者から説明を受ける<br>②組織内の各部署および他職種の業務の紹介を同行・見学する<br>③チームで取り組んでいる事例について説明を受ける |
|  | (12) 実習機関・施設の会議の運営方法を学ぶ | ①実習機関・施設で開催される会議の種類とその目的を説明できる<br>②会議の運営方法について説明できる | ①カンファレンスや地域ケア会議等に組織内で開催、他職種によるチームアプローチの実際を観察する<br>②職員会議、委員会、住民の会合会議に参加することについて説明を受ける<br>③他機関との合同会議、ケースカンファレンスに参加する<br>④同席した会議の記録を作成する<br>⑤会議における司会進行者およびメンバーの動きについて説明する |
|  | (13) 関連機関・施設の業務や連携状況を学ぶ | ①関連する機関・施設及び専門職の役割・業務を説明できる<br>②ケースカンファレンスにおける連携の視点及び連携の方法を説明できる | ①関連する機関・施設・専門職の役割を学ぶ<br>②関連する専門職の業務の説明を受ける<br>③事例検討会・ケースカンファレンスに参加する |
|  | (14) 社会福祉士の倫理を学ぶ | ①実習指導者の業務の中から、社会福祉士の倫理判断に基づく行為を発見し、抽出し、言語化する<br>②実習中に体験した倫理的ディレンマについて説明できる<br>③個人情報保護、秘密保持の取り組みについて説明できる | ①実習指導者の業務を行い、利用者への関わり場面、支援過程、チームアプローチ場面における倫理判断に基づく行為及び倫理的行為を発見、不明な点を質問し、説明する<br>②ケースカンファレンス等において、利用者の支援方針や方向性を検討する同席する<br>③個人情報保護のための文書・連携の書き方について説明を受ける |
| キ 施設・機関・事業者・団体等の組織構造及び意思決定過程の法的規則の理解 | (15) 就業規則について学ぶ | ①実習機関・施設の就業に関する規定などについて説明できる | ①実習機関・施設の就業方針などを規定する書方について説明を受ける |
|  | (16) 実習機関・施設の組織構造及び意思決定過程について学ぶ | ①実習機関・施設の意思決定過程（稟議の流れ等）、決議機関、各委員会について説明できる | ①実習機関・施設の意思決定過程、決議機関・各委員会に同席する |
|  | (17) 実習機関・施設の法的根拠、財政、運営方法を学ぶ | ①実習機関・施設の法的根拠及び予算・事業計画、決算・事業報告について説明できる | ①実習機関・施設の法的根拠が記載されている文書の説明を受ける<br>②事前学習で調べた事業報告書及び決算報告書について説明を聞き、不明な点を質問する |
|  | (18) 業務式の記入内容・方法を学ぶ | ①業務で用いられる文書の種類・用途・管理方法を説明できる<br>②業務日誌、ケース記録の特性や書き方を説明できる<br>③業務記録ノートを適切に記入し管理することができる | ①実習機関・施設・施設の法的根拠書類について説明を受ける<br>②作成に媒介する文書の連携について説明を受ける<br>③業務日誌・ケース記録の書き方について説明を受ける |
| ク 当該実習先が地域社会の中の施設・機関・事業者・団体等であることへの理解と具体的な地域社会への働きかけとしてのアウトリーチ、ネットワーキング、社会資源の活用・調整・開発に関する理解 | (19) 実習機関・施設のある地域の歴史的人口構造を学ぶ | ①事前学習を踏まえ、実習機関・施設のある地域の人口動態、生活状況、文化、特産業なども説明できる<br>②当該地域の地域社会計画・地域福祉化の特色をあげることができる<br>③情報発信の意義と当該行政の行事に関心を持つ | ①事前学習で調べた内容を指導者に説明・発表する<br>②関係機関や住民組織が参加する会議や行事に参加する<br>③当該地域の地域福祉計画・地域福祉活動計画を閲覧する<br>④分野別の諸計画を閲覧する |
|  | (20) 実習機関・施設のある地域の社会資源を学ぶ | ①当該地域の社会資源を列挙し、説明できる | ①事前学習で調べた当該地域の社会資源（地域組織化・当事者組織化・事業企画実施等）について説明する<br>②関係機関や住民組織がかかわる会議やスーパーバイジョンを受け説明する<br>③関係機関や住民組織がかかわる会議や行事に参加する |
|  | (21) 地域社会における実習機関・施設の役割と働きかけの方法を学ぶ | ①地域社会における当該アセスメントを行うことができる<br>②当該地域アセスメントの方法に関する実践の必要性と方法を説明できる<br>③実習機関が行う当該地域に開かれた行事の意義について説明できる | ①地域住民の働きかけた取り組み（地域組織化・当事者組織化・ボランティア組織化・事業企画実施等）について説明する<br>②地域アセスメントに関する方法について説明を受ける<br>③関係機関や住民組織がかかわる会議や行事に参加する<br>④地域住民や当事者の会議準備会に参加する<br>⑤実習機関・施設の広報委員会の実行委員会に参加する<br>⑥実習機関・施設の行事の会場で取材の会場に参加する<br>⑦実習機関・施設の行事の開催の場面に参加し、分担された役割を遂行する |

## 【資料4】

### 一般社団法人日本社会福祉士養成校協会 相談援助実習指導ガイドライン 社養協ガイドライン

| 厚労省「相談援助実習指導の目標と内容」 | | | 一般社団法人日本社会福祉士養成校協会 | | 想定される教育内容 |
|---|---|---|---|---|---|
| ねらい | 内容 | 中項目 | 小項目 | | |
| ①相談援助実習の意義について理解する。②相談援助に係る知識と技術について具体的かつ実際的に理解し、実践的な技術等を体得する。③社会福祉士として求められる資質、技能、倫理、自己に求められる課題把握等、総合的に対応できる能力を涵養する。④具体的な体験や援助活動を、専門的援助技術として概念化し理論化し体系立てていくことができる能力を涵養する。 | | ア 相談援助実習と相談援助実習指導における個別指導並びに集団指導の意義 | (1) 実習と実習指導において個別指導、集団指導それぞれの学習形態があることや、期待される学習内容について学ぶ | ①相談援助実習と相談援助実習指導における学習方法や学習形態を理解し、主体的に参加できる②実習の契約形態、実習の学習形態、スーパービジョンを活用できることができる③講義、相談援助演習で学習する知識と技術を相互に活用し、相談援助実習に活用できる④相談援助実習の評価の内容と仕組みを活用できる | 実習前・中・後における実習指導の意義・方法と内容・到達点について理解させ、相談援助演習と相談援助実習が相互補完的であることを理解させる②講義、相談援助演習と相談援助実習が相互に活用できる内容であることを理解させる③実習における評価の意義と方法について活用する評価表を参照しつつ、成績評価の意味、項目、評価尺度、評価視点を理解させる |
| | | イ スーパービジョンの意義及び構造について学ぶ | ①スーパービジョンの意義を理解し、説明できる②実習スーパーバイザーとしての責任を理解できる | ①相談援助実習におけるスーパービジョンの方法を展開について理解させ、契約内容と相互の役割を確認させる |
| | | ウ 実際に実習を行う実習分野（利用者理解を含む。）と施設・団体・事業者・機関・団体・地域社会に関する基本的な理解 | ①実習分野の利用者の特性を理解できる②実習分野における施設・機関のサービスを、根拠法に基づいて説明できる | ①実習分野の利用者の状況を文献資料等に基づいて理解させる②実習分野における施設・機関のサービス実態を統計的に理解させる③利用者の実態を施設・機関・文献などにより事例的に理解させる |
| | | エ 実習先で行われる介護や保育等の関連業務に関する基本的な理解 | ①実習機関・施設の職員構成について、関連職種の業務を理解し、説明できる②実習機関・施設の職員構成について、設置基準等に基づいて説明できる③実習機関・施設が地域に対して担っている役割を説明できる | ①実習先の組織の運営管理や職員構成、提供されるサービス内容・支援体制、利用者特性や社会資源などを理解させる②実習先の地域特性と地域との連携・方法について理解させる③サービス利用の手続き・方法について理解させる |
| | | オ 現場体験学習及び見学実習（実際の介護サービスの理解や各種サービスの利用体験を含む。）について体験する | ①利用者の生活支援における、関連職種の業務内容を理解し、説明できる | ①介護・保育業務を理解させる②その他関連職種（看護・心理・調理・栄養・リハビリ等）の業務を理解させる |
| | | カ 実習先で必要とされる相談援助に係る知識と技術に関する具体的理解 | ①現場体験学習及び見学実習を通して、サービス利用者の状況や、機関・施設の環境、利用者への関わり方を理解できる | ①現場体験学習及び見学実習により現場体験学習を行わせ、サービス利用者の状況や実習施設・機関への関わり方を理解させる②引率や派遣による見学実習及び学びをレポートにまとめさせる③現場体験学習及び見学実習の学びをレポートにまとめさせる |
| | | キ 実習を受ける個人のプライバシーの保護と秘密保持義務・個人情報保護法の理解の理解（実習記録ノートの活用含む。） | ①講義等で学んだ知識とスーパービジョンを、実習施設・機関における実際の相談援助で活用できる | ①実習機関・施設における相談援助の場面で活用されている知識と技術を理解させる②実際に相談援助で用いられるツール（アセスメントシート等）を活用して理解させる |
| | | | ①個人のプライバシーの保護・施設・機関における個人情報の取り扱いについて説明できる②実習機関・施設における個人情報の取り扱いについて説明できる③社会福祉士として求められる個人のプライバシー保護のあり方、行為について具体的に説明できる | ①プライバシー保護と守秘義務について理解させる②個人情報保護法をはじめとする関係法規（福祉事業法ガイドライン・実習先での個人情報保護ポリシー等）について理解させる③社会福祉士及び介護福祉士法、社会福祉士の倫理綱領における守秘義務について理解させる④①〜③を踏まえ、事例を通じて個人のプライバシー保護、秘密保持を理解させる |
| | | | ①「実習記録ノート」を意義、目的を適切に取り扱うことができる②「実習記録ノート」を適切に取り扱うことができる③求められる文体や様式で文章を書くことができる | ①実習記録ノートの意義・目的を理解させる②実習記録ノートの取り扱いについて理解させる③記録方法や記録内容について、「実習記録ノート」の様式にあわせて理解させる④①〜③を踏まえ、「実習記録ノート」を記入させる |

実習前

| | 項目 | 内容 | 到達目標 | | 教育内容 |
|---|---|---|---|---|---|
| | ケ 実習生、実習担当教員、実習先の実習指導者との三者協議を踏まえた実習計画の作成 | (1) 相談援助実習の実習計画の作成方法について学ぶ | ①相談援助実習のねらいを踏まえた実習目標が立案できる<br>②自らの関心を明確化し、実習目標に沿った実習課題を設定できる<br>③実習機関・施設の実際に応じた実習計画を作成できる | 実習前 | ①相談援助実習のねらいを踏まえ、実習目標を具体化させる<br>②学生自らの関心を明確化させ、実習課題と関連づけさせる<br>③実習計画書を作成させる<br>④実習計画書を持参し事前訪問を行い、実習計画の摺り合わせを行わせる |
| | コ 巡回指導 | (1) 実習教育スーパービジョンを受け実習に活かす | ①実習教育スーパービジョンを活用できる<br>②「実習記録ノート」を活用することができる<br>③実習課題の達成状況について、教員とともに確認できる<br>④実習内容を振り返り、必要に応じて実習課題を修正できる | 実習中 | ①実習におけるスーパービジョンの構造、契約や活用について理解させる<br>②自己の興味・関心、長所や改善点を理解させる<br>③「実習記録ノート」をスーパービジョンや評価に活用させる<br>④実習内容を確認させ、必要に応じて実習課題を修正させる |
| | サ 実習成果の確認及び課題の整理と実習総括レポートの作成 | (1) スーパービジョンを受けながら「実習記録ノート」や評価表などを読み、実習で学習した内容を抽出できる<br>(2) 実習を通しての自らの成長と今後の課題を確認できる | | | ①個別及びグループ指導によりスーパービジョンを受けながら「実習記録ノート」から、実習で学習した内容を抽出させる<br>②実習を通しての自らの成長と今後の課題を確認させる |
| | シ 実習総括レポートを作成する | (2) 実習総括レポートを作成する | ① (1) の①と②の内容を踏まえ、実習総括レポートを作成できる | 実習後 | ①実習総括レポートの意義を理解させる<br>②実習全体の学習内容をまとめさせる<br>③実習生同士の相互評価の機会を設定する、自己評価をさせる<br>④総括のフィードバックを受け、活用させる<br>⑤今後の学習課題や進路を考えさせることによって求められる社会福祉士像を明確化させる |
| | ス 実習の評価全体総括会 | 実習全体を通しての学びを発表し、評価を受ける | | | ①実習を総括する意義を理解させる<br>②実習全体の意義をまとめさせる<br>③実習生同士の相互評価の機会を設定する、自己評価をさせる |

※実習前の教育内容は、実習中・後も適宜おこなわれること

【資料5】

# 実習教育マネジメントに活用するツール、書類様式

　実習教育マネジメントに活用するツールや書類、冊子等について、その内容にこれまでみてきた留意点を踏まえた内容が盛り込まれるならば、実習展開の効果的な進行を助けるものになります。また、何らかの事故の防止や、事故が起こった場合の対処について実習にかかわるそれぞれの立場の行動指針として活用されることが期待されます。

　また、厚生労働省が示している「実習内容の留意点」において示されている「実習指導マニュアル」および「実習記録ノート」は必ず養成校において作成されると思われますが、その内容については、各校が実習で学ぶことをよりサポートし、安全に実習をすすめられ、実習課題の達成に役立つものになるよう工夫が求められるところでしょう。

　ここでは、「実習指導マニュアル」「実習記録ノート」「実習契約（協定）書」を実習教育マネジメントのツールとして取りあげ、作成や活用における要点を示します。

## 実習指導マニュアル

　実習指導マニュアルは養成校における担当教員、実習先指導者、学生が協働して実習をすすめることができるように作成する観点が求められます。養成校によって、実習指導マニュアルに加えて、「実習の手引き」「実習ハンドブック」などの名前で学生や実習先施設・機関等が活用する学びの手引き書をつくり、実習指導マニュアルに示される指導の内容を学生や実習先における指導者が理解し、実習展開をすすめていくことに活用することもできます。

　実習指導マニュアルの内容としては、実習の目的、実習前、中、後のスケジュール、実習指導組織の体制や実施業務分担、学生の課題や作業、記録も含めた実習指導方法、内容、実習評価内容や様式等、一連の実習展開を網羅し、かつ、確認しておくべき留意事項についてはわかりやすく示されていることが期待されます。また、養成校における実習の意義、カリキュラム上の位置づけや実習展開をいかに設定しているかということを公的な書面によって明文化するものとなります。よって、実習指導マニュアルに示される内容は養成校において公に承認された決定事項をもとに作成されることとなります。実習委員会等によって検討され、組織の決定がなされた実習に関する各事項を、具体的な指導展開、教職員がかかわる業務として実習指導マニュアルによって確認できるよう作成されることが必要です。

## 実習記録ノート

　実習記録ノートは「実習日誌」等として作成されることも多いでしょう。特に留意する点としては、この実習記録ノートは、実習生が「記録する」ことを通して、相談援助業務の専門性にかかわる実践を体験し、指導者から指導を受けるという実習展開を促すツールとして位置づけられることと、他方で実習教育マネジメントの観点からみると本記録は学生が実習実施をし、配属先実習施設・機関において実習指導を受けていたことを証明する公的な記録となるものであるという2つの側面があることです。

　実習記録ノートの内容や形式としては実習のオリエンテーションや日々の実習で行った活動を記録

し、実習生が実習内容を振り返り、総括できるものが必要です。実習生はこのノートへの記録実践を通して相談援助者の業務に不可欠な記録の実践を体験します。ノートはこのプロセスを促すツールとなります。さらに、実習指導者の指導が記録を通して行えるように、実習指導者のコメント欄が活用できることも非常に重要です。実習指導者と実習生の間に交わされるスーパービジョンや指導内容が記録に残されます。それによって、実習生の学びの展開や進行を確認することができます。

また、実習記録ノートは、実践の記録として事後スーパービジョン、実習から帰校後の養成校における指導などにも活用できます。

そして、実習教育マネジメントの観点から、特に具体的な実習日数や、時間、配属部署等が明確になることから日々の実習活動を行ったことを証明するもののひとつとなります。

実習担当教員は実習記録ノートについて、実習生に対して個人情報保護に配慮した記録の方法や内容、筆記用具、取り扱いの留意点などを踏まえて記録の実践ができるように相談援助実習における指導のツールとして扱うと同時に、実習展開をマネジメントする観点から記録の確認や適切な保持を行うことが求められます。

## 実習契約（協定）書

既にくり返し述べているように、相談援助実習は社会福祉士養成という専門職養成の到達目標を意識した科目であり、その内容は厚生労働省が示している内容以上のものが求められています。そこで、実習に関して養成校の責任のもと、指導責任の役割や、実習内容、実習継続が困難な状況に対する対応等が明文化された文書によって、相互の組織で承認され、実習先施設・機関等との組織間で実習指導の合意が確認できてはじめて、実習生を養成校から実習先施設・機関等に出向かせることができるということも既に確認したところです。

そこで、養成校、実習先施設・機関等、実習生の3者についてそれぞれの責任や役割、守るべき権利や義務等について確認した結果を「委託契約（協定）」書等として取り交わすことで相互の了解事項となり、それに従うことを承諾した関係のなかで実習が実施できます。

さらに、「実習契約」の理解やその実施については社会福祉士養成の教育内容について水準向上をめざして行われた「社会福祉士養成にかかる社会福祉援助技術関連科目の教育内容及び教員研修プログラムの構築に関する事業」で行われた検討、成果と2008年3月の報告（日本社会福祉士養成校協会）を参考にすることができるでしょう。

本事業で行われた「実習契約」に関する検討では、その意味として第一に、「実習契約を交わすことで三者の責任・役割等が明確になり、その内容にそって実習教育・指導を行うことで、質の向上が期待される」、第二に、一般的な法的権限を有する罰則が科せられる権限を伴うものではなく、「実習教育上、相互に守るべき『約束ごと』という程度の意味である」が、「契約内容に疑義が生じた場合、実習に関わる三者は『実習契約書』の内容を根拠に事実を確認し、問題がある場合、改善に向けて協議し、改善する。このように、問題を共有し、よりよい実習教育指導内容を模索するために使われる」としています。さらに、「協議によって改善されない場合、あるいは利用者や実習生を含めた関係者に不利益をもたらす恐れのある場合は、実習中止や実習取り下げ等の対応をはかることで『実習契約』を解除する」と述べ、これまで実習依頼関係において明確にされていなかった点の問題を指摘しています。

このように「実習契約（協定）書」の意義を確認し、それぞれの養成校で依頼関係を明確にしていくことは必要なことであると考えられます。

日本社会福祉士養成校協会における検討では、「実習契約書」を「相談援助実習委託契約（協定）書」「相談援助実習教育と指導に関する合意書」「相談援助実習教育・指導に関する指針」という3段階構造で示しています。以下、検討された各文書の目的と具体的な書面、指針については、マトリックスと解説など加筆して示されている公益社団法人日本社会福祉士会編の実習指導者テキストの様式集よりモデル様式等を引用して提示します。

これらは各養成校の書面作成の参考にするのみでなく、養成校における実習依頼に関する実習内容のミニマムスタンダードの達成についての検討や、各養成校で独自に盛り込むべき内容がないかどうか、実習教育マネジメントの視点で検討する材料にされることを期待します。

「相談援助実習委託契約（協定）書」【モデル様式1】
　養成校と実習先施設・機関等の組織間で、双方の責任や義務を明確化することを目的としている。さらに契約書には、「組織間」の契約だけでなく、実習にかかわる3者の権利・義務、連携についての「ミニマムスタンダード」を明示している。


「相談援助実習にかかる教育と指導に関する合意書」【モデル様式2】
　契約の基本方針、養成校と実習先施設・機関等の教育実習指導体制の整備と学生の取り組みについて明示し、さらに実習教育・指導をめぐる3者間の情報交換や改善に向けた取り組み方法と実習中止の措置について具体的に記載している。

「相談援助実習教育・指導に関する指針」
　実習教育・指導において「養成校と教員」「実習先施設・機関等と指導職員」「実習生」という実習関係3者が、「実習前」「実習中」「実習後」に分けた実習展開においてそれぞれ何をすべきかについて対応表形式でまとめたもの。

　その他、養成校と実習先施設・機関等との間で交わし、活用される書面があります。一般的に、実習教育マネジメントの観点から必要とされているものの一例を一覧として示します。このような文書は、相談援助実習および相談援助実習指導において社会福祉士養成教育に必要な条件を満たしたことを示すものとなりますので、公的な記録としての扱いや保持を原則とします。実習先や実習日数、時間、内容等文書中に記された内容をはじめ、記入方法や取り扱いについても、実習生のみならず実習先施設・機関等と確認し、必要があれば改訂や文書を加えるなど改善に向かうことが望ましいでしょう。また、実習指導（スーパービジョンも含む）上、必要な個々の学生の状況が交わされるものとして指導上の活用も大いに期待されます。

【モデル様式１】

■相談援助実習委託契約（協定）書（案）

（実習受入施設・機関）（以下「甲」という。）と、（養成校）（以下「乙」という。）とは、乙が乙の学生の相談援助実習（以下「実習」という。）の指導を甲に委託することに関し、次のとおり委託契約（協定）を締結する。

（実習の委託）
第１条　実習の最終的な責任は乙が負うものとし、その教育の一部として乙は甲に対し、実習の指導を委託し、甲はこれを受託するものとする。

（実習の内容）
第２条　実習期間は、23日間かつ180時間以上とする。
　　２　実習場所は、原則として（　　　　）とする。
　　３　実習生の員数及び氏名、実習時期については、別表１に定める。
　　４　乙は甲に「実習要綱」等を提示し、甲は乙に実習の指導（以下「実習指導」という。）の方針等を説明し、実習の指針とするが、具体的な実習内容については、甲乙協議の上、決定するものとする。なお、甲と乙の協議により第２項・第３項は変更することができる。

（実習教育と指導に関する合意書）
第３条　実習指導は、あらかじめ甲が乙に示した実習指導者を責任者として行うものとし、詳細については別に定める「相談援助実習にかかる教育と指導に関する合意書」（以下「合意書」という。）によるものとする。

（連携と協力）
第４条　甲と乙は、実習の実施に当たって、双方、連携と協力を図り、円滑な実習を行うことができるよう努力するものとする。

（事故の責任）
第５条　本委託契約第２条で規定する実習を甲にて実施している乙の学生（以下「実習生」という。）が、実習中に過失等により、甲または甲の利用者および第三者に損害を与えた場合は、実習生もしくは乙がその損害賠償の責任を負うものとし、その責任の範囲は、乙が加入する賠償責任保険によるものとする。
　　２　実習生の実習期間中における事故及び災害等による責任は、甲に故意または過失がある場合を除き、実習生もしくは乙が負うものとする。

（緊急時の対応）
第６条　乙は甲に対し、あらかじめ実習中の事故、病気、天災等緊急時における連絡先を伝えておくものとする。但し、やむを得ない事情により甲が乙に対して連絡することが困難な場合は、当該事故等に対して甲の判断で対応後、速やかに乙に連絡するものとする。

（利用者への説明責任）
第７条　甲は、実習に関して、利用者への説明責任を果たし、利用者の権利を侵害しないよう適切な配慮を行うものとする。

（実習生の権利）

第8条　甲は、実習生の権利を侵害しないよう、適切な配慮を行うものとする。
　　2　乙は、甲に対して実習生に関する個人情報を必要最小限の範囲で提供するものとし、甲は実習生の個人情報について守秘義務を負うものとする。

(実習生の義務)
第9条　乙は、実習生に対し、実習期間中に知り得た事実について、実習期間中はもとより、実習終了後においても、個人情報保護法並びに社会福祉士及び介護福祉士法の趣旨に則り、守秘義務を負わせるものとする。
　　2　実習期間中の実習日および実習時間は、甲の職員の勤務日および勤務時間に準じるものとする。
　　3　実習生は、必要な事項の報告など、甲の実習指導者の指示に従うものとする。

(実習指導料)
第10条　乙は甲に対し、実習指導料として実習生1人につき（　　　　）円を支払うものとする。但し、実習期間中、実習生が実習に要した費用については、実習指導料とは別途清算するものとする。

(実習フィードバック・システム)
第11条　甲並びに乙は、実習の経過と結果において相互の疑義と評価を容認し、情報を率直に伝え、相互に回答し、その後の実習と実践を向上させる目的で、合意書に基づき実習フィードバック・システムを構築するものとする。

(契約(協定)の解除、変更)
第12条　合意書第7条「実習中止の措置」に該当する状況に至った場合は、甲乙協議の上、本委託契約(協定)の解除もしくは変更を行うことができる。

(その他)
第13条　委託契約(協定)の履行に関し、とくに定めのない事項の取扱いおよび解釈上、疑義が生じた場合の取扱いについては、その都度、甲乙協議によるものとする。

　以上、契約(協定)の締結を証するため、本書を2通作成し、甲乙両者記名捺印の上、各自1通を保有するものとする。

　　　　　　　　　　　　　　　　　　　　　　　平成　　年　　月　　日
　　　　　　　　　　　　　　　　　　　　　甲　　　　　　　　　　　印
　　　　　　　　　　　　　　　　　　　　　乙　　　　　　　　　　　印

**別表Ⅰ　実習生の員数・氏名・実習時期**

| No. | 実習生氏名 | 実習時期 | 実習時期 | 実習時期 |
|---|---|---|---|---|
| 1 | 　　年　　月　　日〜<br>　　年　　月　　日 | 　　年　　月　　日〜<br>　　年　　月　　日 | 　　年　　月　　日〜<br>　　年　　月　　日 | 　　年　　月　　日〜<br>　　年　　月　　日 |
| 2 | | | | |
| 3 | | | | |
| 4 | | | | |
| 5 | | | | |

【モデル様式2】

■相談援助実習にかかる教育と指導に関する合意書（案）

（実習受入施設・機関）（以下「甲」という。）と、（養成校）（以下「乙」という。）とは、乙が乙の学生の相談援助実習（以下「実習」という。）の指導を甲に委託することに関し、次のとおり合意書を締結する。


（基本方針）

第1条　実習は、甲乙並びに乙の学生（以下「実習生」という。）の三者の協力と連携の下で、その目的を達成することができるものである。

　　　本合意書は、相談援助実習委託契約（協定）書第3条の規定に従い、実習を巡って甲乙並びに実習生が、それぞれがめざすべき最低基準を明らかにするものである。

（実習教育体制の確立）

第2条　社会福祉士養成課程の指定を受けた乙は、実習を巡る乙の教育体制（以下、「実習教育体制」という。）を整備するものとする。

　2　実習教育体制は、実習前・実習中・実習後の3期を一貫した方針の下に編成するものとする。

　3　実習教育体制の整備は、実習関係科目のみならず、他の専門教育科目や教養科目との整合性を保つものとする。

　4　実習を巡る乙の教育（以下、「実習教育」という。）に直接・間接に関係する教員（以下、「実習担当教員」という。）は、実習教育に相応しい要件を保持し、向上させる義務を負う。

　5　乙は、甲に対して実習生に関する個人情報を必要最小限の範囲で提供するものとし、甲は実習生の個人情報について守秘義務を負うものとする。

（実習指導体制の確立）

第3条　相談援助実習委託契約（協定）に合意した甲は、実習生を受け入れ、指導する体制を整備するものとする。

　2　甲に所属し法令に基づき実習を担当する職員（以下、「実習指導者」という。）は、実習指導を向上させる義務を負う。

　3　甲において、実習指導者が複数の部署や員数にわたる場合は、その役割分担と責任範囲を明確にするものとする。

4　甲は、実習生の権利を侵害しないよう、適切な配慮を行うものとする。
（実習生の取り組み）
第4条　実習生は、実習教育と実習指導において要求される資質と能力を事前に可能なかぎり身につけるものとする。
　　2　実習生は、実習において要求される専門的知識・技術・価値及び態度に関して、乙における実習教育に基づいて学習するものとする。
　　3　実習生は、実習において実習指導者の指導の下に真摯に取り組むものとする。
　　4　実習生は、個人情報保護法や社会福祉士及び介護福祉士法に基づき、実習において要求される守秘義務や信用失墜行為防止義務、さらに誠実義務を果たすものとする。
（実習関係者の協力義務）
第5条　甲乙並びに実習担当教員及び実習指導者（以下「実習関係者」という。）は、乙における実習教育の内容、実習生における学習状況、甲における実習指導の内容、及び研究協議会の取り組み内容について、相互に情報を交換し共有するものとする。
　　2　実習関係者は、甲においては「(仮称) 実習受入マニュアル」、乙においては「(仮称) 実習教育マニュアル」の作成に務め、それらは相互に交換され、双方の情報が共有されるものとする。
　　3　実習は次の各号の整合性がとれ、情報が共有される中、計画的に実施されなければならない。
　（1）甲の相談援助実習プログラム
　（2）乙の教育計画
　（3）実習生の実習
　　4　実習関係者は、実習生へのスーパービジョン（以下、「実習スーパービジョン」という。）の能力の維持・向上を目指して相互に研鑽しなければならない。
　　5　実習生は自身の能力の維持・向上を目指して実習スーパービジョンを活用するものとする。
　　6　甲は実習の評定を乙が示した「実習評定表」を使用して行い、実習の評価は乙の責任において「実習評定表」や実習生の自己評価などを総合的に判断して行わなければならない。
（実習フィードバック・システム）
第6条　実習フィードバック・システムとは、実習関係者が実習の経過と結果において相互の疑問と評価を許容し、その情報を相手方に率直に伝えると共に、相互の疑問に真摯に回答し、実習関係者がその後の実習と実践を向上させることをいう。
　　2　相互にフィードバックが必要な事項は以下のものとする。
　（1）実習生のディレンマ経験：実習の経験、人権侵害事項、実習生へのハラスメント、実習スーパービジョン等
　（2）実習指導者のディレンマ経験：実習生の姿勢・態度・能力等
　（3）実習指導者と実習担当教員の共同による実習スーパービジョンが必要となる事項：精神的な困難をもった実習生、社会的常識・マナー等に欠ける実習生等
　（4）実習中止が必要と考えられる事態：ルール違反を行う実習生等
　（5）相互の疑問：実習教育への疑問、実習指導への疑問等

（6）甲から実習生に関する情報の要請：実習並び実習指導に関する評価に関する情報等
（7）その他、実習関係者相互に実習展開上で疑問が生じた事柄
3　フィードバックは以下の方法によって実習関係者間で相互に行うものとする。
（1）「実習記録ノート」などの実習生の記録
（2）文書
（3）口頭
　　なお、この場合、書き方・話す方法や表現に細心の注意を払いつつ行うが、書いたこと・話したことへの責任は問われず、不利益は受けないことを相互に保証する。
4　フィードバック上で留意するべき事項は次のとおりとする。
（1）フィードバックを受けた者は相互に、伝えられた事柄への回答の義務（説明責任）を負う。
（2）実習関係者は相互にいつでも疑問を表明して良く、その表明は歓迎され、且つそれに回答する用意がある風土の醸成に努める。
（3）実習生の場合、実習生の捉えた事柄が実習指導者へのフィードバックに馴染まないと判断される時には（例えば、実習指導者からのハラスメントや「人権侵害」の疑いの発見など）、実習指導者を越えて直接に甲の長や上司、あるいは直接に実習担当教員に通報することができる。（図1参照）但し、このことは、例えば児童虐待のように児童虐待防止法の通告義務を妨げるものではない。
（4）実習教育・実習指導・実習後の相互の協議や研鑽の機会など、実習に関するあらゆる機会を通して、本フィードバック・システムを活用する。
5　実習指導者や実習担当教員は、相互の研鑽のため実習スーパービジョン研修の機会を設けるよう努めるものとする。

（実習中止の措置）
第7条　実習中に以下の事態が生じた場合は、実習中止をめぐって実習指導者と実習担当教員とは即時に協議するものとする。
　2　実習指導者は、実習中に以下のような事態が生じた場合、実習中止の措置をとることがあり得ることを、実習開始時に実習生に伝達し、了解を得ておくものとする。
（1）実習生に帰すべき責任によって実習継続が困難と判断される事態になったとき
　　①実習生の重大なルール違反（就業規則並びにそれに準ずる実習のルールへの違反）
　　②利用者への加害行為・人権侵害行為
　　③心身の事由による実習継続困難
　　④守秘義務違反及び信用失墜行為（社会福祉士及び介護福祉士法）
　　⑤実習生に行った指摘に対して適切に対応しなかったとき
　　⑥その他
（2）乙に帰すべき責任によって実習継続が困難と判断される事態が生じた場合
　　①実習契約に反した行為を行ったとき
　　②事前教育が不適切・不十分であると認められたとき
　　③適切な巡回指導を行わなかったとき
　　④乙に行った指摘に対して適切に対応しなかったとき

　　　　　⑤その他
　　（3）甲の不適切な対応による実習中止の措置
　　　　　①実習生への各種の権利侵害
　　　　　②甲における人権侵害的行為並びにサービスの発覚や確定
　　　　　③実習スーパービジョンの不履行
　　　　　④実習指導の不履行
　　　　　⑤甲に行った指摘に対して適切に対応しなかったとき
　　　　　⑥その他
（実習中止後の措置）
第8条　実習が中止になった場合、乙の責任において実習生に対する適切な対応をとるものとする。
（実習教育並びに実習指導に関する指針）
第9条　本合意書の規定の他、実習教育並びに実習指導に関する指針は、「実習教育並びに実習指導に関する指針」として定め、甲乙真摯に履行するものとする。
（改訂）
第10条　本合意書の改訂が必要な場合は、甲乙において協議するものとする。

　以上、合意を証するため、本書を2通作成し、甲乙両者記名捺印の上、各自1通を保有するものとする。

　　　　　　　　　　　　　　　　　　　　　　　　　　平成　　年　　月　　日
　　　　　　　　　　　　　　　　　　　　　　　　　　甲　　　　　　　　　　印
　　　　　　　　　　　　　　　　　　　　　　　　　　乙　　　　　　　　　　印


**※相談援助実習にかかる教育と指導に関する合意書第9条関係**

> 実習教育並びに実習指導に関する指針
> ※「社会福祉養成施設等における授業科目の目標及び内容並びに介護福祉士養成施設等における授業科目の目標及び内容について（昭和63年2月12日社庶第26号厚生省社会局長通知、最終改正：平成14年4月1日）」の改正に伴い、本指針の内容の大幅な変更が必要となることがありうる。

■相談援助実習教育・指導に関する指針
　本指針については、マトリックスと解説など加筆して示されている公益社団法人日本社会福祉士会編集「実習指導者テキスト」より引用し、実習先施設・機関との連携した活用を期待します。

**〔実習教育ならびに実習指導に関する指針のマトリックス〕**

| 区分 | 養成校と実習担当教員の対応<br>（実習教育） | 学生（実習生）の対応 | 実習受入施設・機関と<br>実習指導者の対応（実習指導） |
|---|---|---|---|
| 事前対応 | 1．実習受入施設・機関に対する事前準備<br>2．養成校内の事前準備<br>3．相談援助実習指導<br>①シラバス作成<br>②授業展開<br>4．学生に対する事前指導<br>【領域1】 | 1．事前学習<br>2．実習計画書の作成<br>3．事前訪問<br><br>【領域4】 | 1．養成校に対する対応<br>2．実習受入体制の整備<br>3．相談援助実習プログラムの作成<br>4．事前訪問時の対応<br>【領域7】 |
| 実習中の対応 | 1．実習中体制の確保<br>2．相談援助実習指導<br>①巡回指導<br>②帰校日対応<br>3．実習受入施設・機関に対する連絡・調整<br>【領域2】 | 1．姿勢・態度<br>2．実習スーパービジョン<br>①面談<br>②記録<br>③巡回指導<br>④帰校日<br>【領域5】 | 1．実習指導体制の確保<br>2．実習生の権利擁護<br>3．実習スーパービジョンの展開（面談と記録）<br>4．養成校に対する連絡・調整<br>5．反省会と実習評定<br>【領域8】 |
| 事後対応 | 1．相談援助実習指導<br>①授業展開<br>②総括・評価<br>2．実習受入施設・機関に対する連絡・調整<br>3．実習の総括評価<br>①全体総括会の開催<br>【領域3】 | 1．自己評価<br>2．ふり返り<br>①問題の明確化<br>②ジレンマの解消<br>3．実習受入施設・機関への謝意<br>4．わかち合い<br>①報告会<br>②報告集<br>【領域6】 | 1．養成校に対する連絡・調整や問題提起<br>2．次年度実習受入計画の検討<br>3．実習総括評価への協力<br><br>【領域9】 |

## 【領域1】 養成校と実習担当教員の対応（実習教育）

1．実習受入施設・機関に対する事前準備
 1．事前打合せ会等において、実習受入施設・機関並びに実習指導者に実習の目標や内容、展開方法等について説明し理解を得ること。
 2．実習指導者から学生に対して、「実習計画書」に関する検討と、指導を行う機会を設定すること。
 3．必要な価値、知識、技術に関する学生の到達度を確認し、実習指導者に伝えること。
2．養成校内の事前準備
 1．実習開始までに、学生の実習計画書と「実習評価項目に対応した実習指導上のポイント」および関連資料の内容に基づく相談援助実習指導のシラバス並びに指導計画を作成し、実施すること。
 2．科目担当教員と巡回指導教員が異なる場合は、実習教育の目標や実際の実施方法等について、細部にわたって理解を深め合うこと。
3．相談援助実習指導
 1．法令に準拠して、実習前、実習中、実習後の教育スケジュールを含んだ相談援助実習指導

のシラバスを作成すること。
（1）相談援助実習指導の意義と目的の整理
（2）「実習評価項目に対応した実習指導上のポイント」に基づく相談援助実習指導の方法の作成
（3）「実習評価項目に対応した実習指導上のポイント」に基づく評価方法及び単位認定方法の整理
（4）相談援助実習指導の年間計画の作成
（5）なお、相談援助実習指導のシラバスには次に掲げる事項を盛り込み、個別指導及び集団指導を行うこと
　①現場体験学習
　②見学実習（介護サービスの理解や各種サービスの利用体験を含む）
　③実習計画の作成
　④巡回指導
　⑤実習総括レポートの作成
　⑥実習の評価全体総括会
（6）学生用の「実習指導マニュアル」「実習記録ノート」や「実習計画書」等、各種様式の作成
2．相談援助実習指導のシラバスに対応した指導計画の作成にあたっては、学生が以下の点について理解を深め、相談援助実習に活用できるよう配慮すること。
（1）実習受入施設・機関の法的根拠、目的、組織、機構、機能、運営に関する理解
（2）実習受入施設・機関の利用者（家族を含む）とニーズの理解
（3）実習受入施設・機関で働く職員の職種ごとの業務内容・役割に関する理解
（4）実習受入施設・機関に関連する他施設、制度、社会資源への理解
（5）実習受入施設・機関のサービス等に関連する技術の理解
（6）地域連携を含めた社会資源を活用することへの理解
（7）利用者の権利を尊重することの理解
（8）利用者に対して共感的に接する技術の理解
（9）場面や相手ごとにふさわしい対人関係に関する理解
（10）実習に対して意欲的に取り組むことの理解
4．学生に対する事前指導
（1）実習の目的や実習に際して必要な職業人としてのマナー、知識、技術、守秘義務等の専門職業倫理について、個人情報保護法や社会福祉士及び介護福祉士法、社会福祉士の倫理綱領・行動規範に基づいて事前教育を行い、学生に実習に対する積極的な動機づけを行うこと。
（2）実習計画書の作成及び実習中に要求される体験（経験）項目などについて個別的な指導を行うこと。
（3）実習計画書には、次に掲げる事項が含まれていることを確認しておかなければならない。
　①利用者やその関係者、施設・事業者・機関・団体等の職員、地域住民やボランティア等

との基本的なコミュニケーションや人との付き合い方などの円滑な人間関係の形成
　②利用者理解とその需要の把握及び支援計画の作成
　③利用者やその関係者（家族・親族・友人等）との援助関係の形成
　④利用者やその関係者（家族・親族・友人等）への権利擁護及び支援（エンパワメントを含む。）とその評価
　⑤多職種連携をはじめとする支援におけるチームアプローチの実際
　⑥社会福祉士としての職業倫理、施設・事業者・機関・団体等の職員の就業などに関する規定への理解と組織の一員としての役割と責任への理解
　⑦施設・事業者・機関・団体等の経営やサービスの管理運営の実際
　⑧実習受入施設・機関が地域社会の中の施設・事業者・機関・団体等であることへの理解と具体的な地域社会への働きかけとしてのアウトリーチ、ネットワーキング、社会資源の活用・調整・開発に関する理解
（４）学生が実習指導者を訪ねる事前訪問などを通して上記（３）にかかる情報を入手し、実習計画書の内容を修正することを支援すること。
（５）学生に対して、「相談援助実習委託契約（協定）書」「相談援助実習にかかる教育と指導に関する合意書」および本指針の内容について、事前に周知すること。
（６）宿泊を伴う実習の場合、実習受入施設・機関における遵守事項をあらかじめ確認の上、その内容について、学生に十分に教育すること。
（７）学生の実習に向かう姿勢、態度に不適切な点がある場合は、改善されるよう、十分な実習教育を行うこと。
（８）学生に、実習生としての適格性に問題があると判断される場合は、改善されるよう、十分な実習教育を行うこと。

【領域２】　養成校と実習担当教員の対応（実習教育）

１．実習中体制の確保
　１．科目担当教員及び巡回指導教員による巡回指導の調整を行うこと。
　２．実習中に事故などが発生した場合に、適切に対処すること。
　３．実習受入施設・機関からの苦情、問題提起に対して、養成校としての対応を協議し、適切に対処すること。
　４．実習生からの疑問や不安に対して、必要に応じて養成校としての対応を協議し、適切に対処すること。
２．相談援助実習指導
　１．巡回指導
　（１）「（仮称）訪問指導マニュアル」に基づいて甲を訪問し、実習スーパービジョンを行うこと。なお、実習スーパービジョンの内容については記録を作成すること。
　（２）巡回指導に際しては、次の点に配慮すること。
　　①相談援助実習プログラムの確認と調整

　　　　ア．どんなプログラムが立てられているか。
　　　　イ．実習経験項目がどのように実施されているか。
　　　　ウ．必要に応じてプログラムの調整・変更。
　　　②実習生の一般的課題と個人的課題の確認と指導
　　　　ア．実習受入施設・機関の概要と利用者の全体像が把握されているか。
　　　　イ．課題に沿った学習がどのように進んでいるか。
　　　　ウ．実習上の課題の達成状況の確認と修正
　　　③実習生の適応状況の確認と指導と必要に応じての修正
　　　　ア．実習指導者や他の職員と良好な関係を形成しているか。
　　　　イ．利用者との良好な関係を形成しているか。
　　　　ウ．実習生の実習中の生活で改善すべき点はあるか。
　　　④（事例研究を行う場合）事例研究に関する指導
　　　　ア．利用者と良好な関係が形成されているか。
　　　　イ．利用者の心身・社会的状況が適切に把握されているか。
　　　　ウ．実施可能な事例研究計画を具体的に立案しているか。
　　　　エ．記録方法の確認
　　　⑤「実習記録ノート」に関する指導
　　　　ア．表現や文章が正確、適切、客観的に書かれているか。
　　　　イ．その日の課題への取り組みが明確に記録されているか。
　　　　ウ．提出期日が守られているか。
　　　　エ．記録方法の確認
　2．帰校日対応
　　（1）実習生の心身の健康状態などについて確認を行い、必要に応じて適切に対応すること。
　　（2）実習生からの質問・相談等に適切に対応すること。
　　（3）基本的に巡回指導で行うべき内容を網羅するよう当該授業日に実習教育を行うこと。
3．実習受入施設・機関に対する連絡・調整
　1．実習内容が実習計画書に基づいて適切に行われているかについて確認すること。
　2．実習生が果たすべき義務等について疑義がないか確認し、必要に応じて、適切に対処すること。
　3．実習生の実習態度などについて問題がないか確認し、必要に応じて、適切に対処すること。
　4．巡回指導教員による実習受入施設・機関への訪問回数および日時等について依頼すること。

【領域3】　養成校と実習担当教員の対応（実習教育）

1．相談援助実習指導
　1．授業展開
　　（1）実習体験についてのグループ討議を行うこと。
　　（2）学生に対する個別指導を行うこと。

（3）学生が抱えた問題意識やジレンマに適切に対応すること。
　　（4）学生が評定に対して疑義を申し出た場合への対応を行うこと。
　　（5）実習記録の確認を行うとともに、実習レポートの作成と指導を行うこと。
　　（6）実習受入施設・機関に対する実習レポートの送付と謝意を表する指導を行うこと。
　2．総括・評価
　　（1）実習評定表や実習スーパービジョン等の記録、学生の自己評価をもとに、適切な成績評価を行うこと。
2．実習受入施設・機関に対する連絡・調整
　1．実習指導に関して謝意を表すること。
　2．実習を通して、問題点や改善すべき事項について相互に情報交換をし、適切に対応すること。
　3．実習受入施設・機関から実習生の実習に関する成績評価の開示を求められた場合は、実習生の同意の上、開示を行うこと。
3．実習の総括評価
　1．全体総括会を実施したり、実習総括レポートの作成を行うなど、学生に対して実習を総括する機会を設けること。

【領域4】 学生（実習生）の対応

1．事前学習
　1．養成校の授業や実習指導マニュアル等から、実習目標や実習の展開方法について理解を深めること。
　2．実習受入施設・機関の法的位置づけ、目的、組織、業務体系などの機構、機能、運営に関する事項について理解を深めること。
　3．実習受入施設・機関の資料を収集し、実習施設・機関の実態について詳細に理解を深めること。
　4．実習受入施設・機関の利用者（家族等を含む）と、そのニーズについて理解を深めること。
　5．実習受入施設・機関に関連する他施設、制度、社会資源などについて理解を深めること。
　6．実習に必要な価値、知識、技術について理解を深め、その到達度を確認し、その向上に努めること。
　7．「個人情報保護法」や「社会福祉士及び介護福祉士法」「社会福祉士の倫理綱領・行動規範」に基づき、実習受入施設・機関の利用者や組織に関するプライバシー情報への接近のルール、記録のルール、開示のルールについて学習するとともに、守秘義務など、実習に必要な倫理について理解を深めること。
　8．学生は、事前学習、事前訪問を通して、実習中に自らが特に学習を深めたい個人の実習課題を設定すること。
　9．学生は、「相談援助実習委託契約（協定）書」「相談援助実習にかかる教育と指導に関する合意書」および本指針の内容について、十分理解すること。

10. 事前学習において、問題点や疑問を感じた場合には、積極的に担当教員に質問し、適切に理解すること。
11. 実習生としての学習を十分に積んでおくこと。

2．実習計画書の作成
1．実習計画書は、実習受入施設・機関を選択した動機、実習課題、実習課題達成のための方法等について、実現可能な内容で整理するものであり、実習がより計画的・効果的に行われるよう、組成されるものである。
2．実習課題については、実習による学習効果がより向上するよう、一般的課題（実習受入施設・機関の法的根拠、目的、組織、業務体系、サービス内容、利用者・家族の基本的属性と生活課題・ニーズ、実習する職種の業務内容等）と、個人的課題（学生が持つ問題意識に基づいて、実習生が個々に設定する課題）に分類して詳細に明確化すること。
3．実習課題については、短期間の実習中のみで達成できない場合も想定されることから、実習後においても継続して研究する必要性があることを理解しておくこと。
4．実習課題については事前訪問等において、実習受入施設・機関の実習指導者から、「その課題が妥当であるか」「実習期間中でどの程度達成できるか」「相談援助実習プログラムにどの程度組み入れてもらえるか」などについて指導を受けること。
5．事例研究を行うことを予定する場合は、実習課題との関連を考慮しつつ、事前訪問等において実習受入施設・機関の実習指導者から十分な指導を仰ぐこと。

3．事前訪問
1．円滑な実習を進めるために、学生が自ら実習受入施設・機関に事前訪問の依頼を行い、実習指導者からの指導を受けること。ただし、何らかの事由により訪問の形態によることが困難な場合は、電話などにより指導を受けることも想定される。
2．学生が設定した実習課題に関して、その学習方法、達成方法について実習指導者から指導を受けること。
3．実習に際して必要な、心構え、事前に学習しておくべき内容、持ち物、その他の注意事項について実習指導者から指導を受けること。
4．実習中におけるスケジュールについて、実習指導者から指導を受けること。
5．事前訪問の際には、実習受入施設・機関に関する資料提供、施設見学を依頼すること。

【領域5】 学生（実習生）の対応

1．姿勢・態度
1．実習生として、利用者や職員等に対して真摯な態度で実習に臨むこと。
2．実習を通して得られる利用者等のプライバシーに関して、個人情報保護法や社会福祉士の倫理綱領・行動規範を遵守して、ルールを理解した守秘義務を徹底すること。なおこのことに関しては、実習終了後も守秘義務が課せられているものと理解すること。
3．実習中は、実習指導者の指導と指示のもとに実習を行うこと。
4．疑問が生じた場合は、積極的に実習指導者に質問すること。

5．実習中に遭遇した諸問題については、いつでも実習担当教員に相談が可能であること。
2．実習スーパービジョン
　1．面談
　　（1）実習指導者から実習スーパービジョンを展開するために必要な材料（実習記録ノート、ケース記録、ケース研究記録など）の提示を求められた場合は、早急に提出すること。
　　（2）あらかじめ予定された定期的な実習スーパービジョンの機会はもとより、実習中に臨時に実習スーパービジョンを希望する事態に至った場合は、実習指導者に実習スーパービジョンの機会の設定を依頼すること。
　　（3）実習スーパービジョンの際には、積極的に実習指導者からの指導を仰ぐとともに、疑問点については的確に理解できるまで指導を求めること。
　2．記録
　　（1）「実習記録ノート」は、毎日その一日の実習経過などについて克明に記録し、翌日（休日の場合は次出勤日）に実習指導者に提出し、捺印とコメントを受けること。
　　（2）「実習記録ノート」には、実習で体験した諸事実、それらに対する疑問、考察、感想、また、実習中に受けた指導内容などについて、正確かつ明晰に記録すること。
　　（3）その日の課題を明確に記録し、事実と解釈を混同させることなく、客観的に記録すること。
　　（4）法や倫理綱領等を遵守して、個人の秘密は守り、人権尊重の立場に立ち、記録のルールに則って記録すること。
　　（5）文字は丁寧に、誤字や当て字に注意して、国語辞典等を活用するなど、正しい日本語で記録すること。
　3．巡回指導
　　（1）実習期間中に、巡回指導教員が訪問した際には、主に次の事項について確認することとなるので、事前に準備をしておくこと。
　　　①「実習記録ノート」の記載内容。
　　　②実習計画書の軌道修正の必要性。
　　　③実習課題への取り組みの進捗状況。
　　（2）実習全般について、巡回指導教員に相談したい事項がある場合は、率直に相談すること。
　　（3）巡回指導教員から助言などがある場合は、「実習記録ノート」に整理しておくこと。
　　（4）実習生から巡回指導教員に対する相談及びそれに対する助言などについて、記録を作成しておくこと。
　　（5）実習生は必要に応じて、定められた訪問日以外に、巡回指導教員による訪問を要請することができること。
　4．帰校日
　　（1）実習の継続が可能か否かを面談により把握する機会となるので、実習担当教員からの質問・確認について率直に誠実に答えること。
　　（2）実習担当教員からの主な質問並びに確認事項は次のとおりとする。
　　　①心身の健康状態

②実習上での困りごとの有無
③実習上の質問・相談等の有無
（3）基本的に巡回指導で確認するべき内容を網羅するような授業が行われるので、「実習記録ノート」を持参するほか、持ち物に留意すること。

【領域6】 学生（実習生）の対応

1．自己評価
　1．実習終了後に甲から送られてくる実習評定表と、学生自身が記入した自己評価を対照し、実習を客観的に振り返る機会を設定するとこと。
　2．実習評定表と自己評価との間に齟齬がある場合には、その要因を探り、以後の学習に役立てること。
2．ふり返り
　1．問題の明確化
　　（1）実習中に生じた問題意識は、その後の貴重な学習素材として大切にすること。
　　（2）実習中に生じた問題意識を派生させ、継続的に学習・研究することによって、問題解決へと発展させること。
　2．ジレンマの解消
　　（1）実習中にジレンマを感じる場合、ジレンマの言語化を心がける。
　　（2）実習中に生じたジレンマについては、相談援助実習指導の授業等を活用し、実習担当教員やクラスの学生らと話し合うことにより、深く考察することにより解消し、有意義な実習体験（経験）として、その後の学習に生かすようにすること。
3．実習受入施設・機関への謝意
　1．実習受入施設・機関に対して、礼状を送り、実習を受け入れてくれたことに対して謝意を表すること。
4．わかち合い
　1．実習報告集に掲載するレポート（「実習総括レポート」等）を作成し、自らの実習体験（経験）をふり返るとともに、他者との共有をはかること。
　2．実習報告会に参加するなど、実習の経験と成果をわかち合う機会を積極的に活用すること。
　3．学生は、実習全体（相談援助実習指導＋相談援助実習）を通しての実習教育や実習指導への評価を行い、実習担当教員に疑義や要望、提案等を伝えることができる。

【領域7】 実習受入施設・機関と実習指導者の対応（実習指導）

1．養成校に対する対応
　1．実習依頼を受けた後に養成校との情報の確認を行い、依頼内容等の相互理解に齟齬のないように努めること。

2．実習受入体制の整備
1．実習生の受け入れについて、その意義を共有し、組織内での合意形成を図ること。
2．実習生に対する実習指導体制を定め、総括的な指導責任者と実際の指導者が異なる場合は、それぞれの担当範囲と役割を明確にすること。
3．実習指導に必要な他職種・職員の協力を得られるよう、組織内の調整を図ること。
4．相談援助実習プログラムを組織内に周知すること。
5．実習施設・機関内の利用者に対して、実習生を受け入れることを周知し、様々な接近があることとその際の協力を依頼すること。
6．実習の実施に際して、受入施設・機関以外の外部施設・機関の見学等を予定する場合は、その外部施設・機関へ必要な依頼を行うこと。
7．実習指導のためのマニュアルを作成するよう努めること。

3．相談援助実習プログラムの作成
1．実習開始までに、実習生の実習計画書と「実習評価項目に対応した実習指導上のポイント」およびそれに基づく資料の内容に配慮し、相談援助実習プログラム（実習日程）を作成すること。
2．相談援助実習プログラムの作成にあたっては、とくに下記の点について配慮すること。
（1）実習生に伝達すべき社会福祉士像を整理すること。
（2）職場実習、職種実習、ソーシャルワーク実習の3段階の構造を企画すること。
（3）価値、知識、技術の要素を取り入れて各段階に配慮すること。
（4）その配置は、実習生の事前及び各段階での到達度に配慮したものであること。
（5）実習指導の方法（例えば、読ませる・語る・示す・実施させてみる・ロールプレイを取り入れる・問いかけるなど）を考慮したプログラムであること。
3．相談援助実習プログラムに、実習スーパービジョンを定期的に実施する日程と方法を組み込むこと。

4．事前訪問時の対応
1．実習生の事前訪問を受け入れるとともに、養成校が主催する実習打合せ会に出席し、実習生と事前に必要な指導と調整を行うこと。
2．実習計画書の内容について実習生と協議を行うとともに、指導を行うこと。この場合、実習生個々の実習目標の確認と、目標を達成するための実習方法について話し合いと指導を行うこと。
3．実習前にどのような価値、知識、技術等をどのような水準で身につけるべきかを伝えるとともに、参考となる文献・資料等を提示すること。
4．実習中に必要な注意事項などについて、とくに下記の点について指導すること。
（1）出退勤に関する事項。
（2）利用者や職員に対する姿勢・態度に関する事項。
（3）実習に取り組む姿勢に関する事項。
（4）身だしなみや健康管理に関する事項。
（5）提出物、返却物に関する事項。
（6）実習に要した費用の個人負担分の精算に関する事項。

(7) 利用者や職員に対する実習終了の報告に関する事項。
(8) 評価会議、反省会に関する事項。
(9) 実習受入施設・機関における個人情報保護の仕組みに関する事項。
5．実習生の事前訪問に際して、甲を見学させ解説を行うこと。

【領域8】 実習受入施設・機関と実習指導者の対応（実習指導）

1．実習指導体制の確保
 1．実習中において、実習に関して他職種・職員との何らかの調整が必要な場合に適切に対処すること。
 2．実習生もしくは実習生に起因した事故や緊急事態が発生した場合に、適切に対処すること。
2．実習生の権利擁護
 1．実習指導者は、実習生の実習展開が円滑に進められるよう配慮する。
 2．次のような実習生の権利を侵害しないよう適切な配慮を行うものとする。
  (1) 実習生へのハラスメントの防止及び対応
   ①セクシュアル・ハラスメント
   ②パワー・ハラスメント
   ③アカデミック・ハラスメント（実習生の学習不足や無知に基づくハラスメント）
   ④過剰な負荷
   ⑤その他、不適切なかかわり
  (2) 実習生に関する個人情報の漏洩の防止及び対応
   ①住所、電話番号、既往歴、服薬情報など

（参考）実習生と実習指導者との契約

　実習生と実習指導者の契約は、事前訪問時に実習指導者から実習生に提示される。実習指導者確認書を実習指導者が作成し、実習生に文書で示し、口頭で説明し確認することが必要である。

　実習生の皆さんへ

　私たちは、国家資格である社会福祉士として、社会福祉士及び介護福祉士法第45条に規定された「信用失墜行為」を行わないため、以下のとおり、皆さんに対する倫理責任があることを確認します。
　　　　　　　　　　　　　　　　　　　　　　　年　　　月　　　日
　　　　　施設名　　　　　　　実習指導者名
1．実習生の皆さんへの関わり方

私たちの第一義的責任は、実習生の皆さんが「相談援助実習」の期間中、倫理問題にさらされることなく、実習が進められるようにすることです。
　2．自己決定
　　　私たちは、実習生の皆さんの自己決定を尊重し、皆さん自身が目標を見定め、明確化しようとする努力を支援します。
　　　私たちは、皆さんの自己決定を制限することがあります。
　　　第1に、皆さんの現在の行動や起こしうる行動が、皆さん自身や【施設・機関名】の利用者の皆さんに重大な危険をもたらすと予見できる場合です。
　　　第2に、私たちと皆さんとで計画したプログラムを何の相談もなく変更したり皆さんの所属する学校の決まりに反する行動を行おうとした場合です。
　3．プライバシーと秘密保持
　　　私たちは、実習生の皆さんのプライバシーに対する権利を尊重します。私たちは、実習上必要でない限り、皆さんから個人的な情報を伺うことをしません。皆さんから得た情報は秘密保持されます。また、皆さんの学校から寄せられた皆さんの情報についても、同様です。
　4．セクシュアル・ハラスメント
　　　私たちは、実習生の皆さんにセクシュアル・ハラスメントをしません。セクシュアル・ハラスメントとは、性的誘惑、性的勧誘、性的行為の要求、その他性的意味の持つ言語的身体的行為です。
　5．性的関係
　　　私たちは、いかなる事情のもとにあっても、実習生の皆さんと性的行動をし、性的接触を持つことはありません。その接触が同意によるものであるか、強制されたものであるかを問いません。
　6．実習時間と場所
　　　私たちは、皆さんの所属する学校と交わした契約の範囲にある、所定の時間・場所・期間内で、実習の指導を行います。したがって、所定の時間外に、所定の場所以外で指導を行うことはありません。
　　　特別な事情がある場合は、【施設長・事務長・課長等】より実習生の皆さんに相談することがありますが、強要するものではありません。

3．実習スーパービジョンの展開
　1．実習スーパービジョンを展開するために必要な材料（実習記録ノート、ケース記録、ケース研究記録など）の提示を実習生に事前に求めること。

2．「実習記録ノート」にコメントを記し、実習生の実習経験に対する何らかの修正、理解の指針等を示すと同時に、今後の実習展開への助言を与えること。

3．実習生から、実習スーパービジョンの機会を要望することができることをあらかじめ伝達し、実習生から要望があった場合は、速やかに対応すること。

4．実習展開過程で関わる他職種・職員あるいは他施設・機関からのフィードバックを考慮して、必要な実習スーパービジョンの機会をもつこと。

5．実習スーパービジョンは、先ずは実習生の実践的な知識、技術、価値等のフォーマルな側面に焦点を当てて行われることが原則であり、実習生のパーソナリティなどのインフォーマルな側面に焦点を当てる場合は、細心の注意を払うこと。

6．利用者との対応のあり方や、個人情報保護法等を遵守したプライバシー情報およびケース記録等の扱いについて助言を与えること。

7．実習展開上の実習指導者と他職種・他職員あるいは他施設・他機関等で実習生が指示を受ける担当者が異なる場合には、当該担当者並びにそれぞれの役割を、あらかじめ実習生に伝達すること。

4．養成校に対する連絡・調整

1．巡回指導による巡回指導教員の来所に際しては、事前の予約内容を確認し、「(仮称) 巡回指導マニュアル」に基づいて対応すること。

2．実習生もしくは実習生に起因した事故や緊急事態が発生した場合、あるいは何らかの問題が発生した場合には、速やかに養成校に連絡すること。

3．事前に予約がなされた日以外に、実習担当教員の来所が必要な事由が生じた場合は、速やかに養成校に連絡すること。

5．反省会と実習評定

1．反省会

（1）実習指導者は、実習期間が終了する直前に、実習生と面談し、実習期間中の体験や経験に関する情報交換を行うこと。

（2）情報交換の中で、実習生が疑問に思っていることがあれば、できる限り応答すること。

2．実習評定

（1）「実習評定表」により、実習生の実習成果について真摯な評価を行う。

（2）「実習評定表」は、実習生に開示されることをあらかじめ認識しておくこと。

（3）各項目に関する点数評価の整合性に努めるのみならず、できるだけ具体的にコメントを記述すること。

（4）実習場面で見せた実習生の長所を積極的に評価するだけでなく、今後の社会福祉士としての成長に必要な改善すべき点を記して、実習生の今後に資すること。

（5）実習評定に関する養成校及び実習生からの疑義に対して、適切に対応すること。

【領域9】 実習受入施設・機関と実習指導者の対応（実習指導）

> 1．養成校に対する連絡・調整や問題提起
>   1．養成校に対する実習評定表等の返送など、事務的な対応を行う。
>   2．養成校の実習教育に関して問題があれば、養成校と協議を行うことを申し入れること。
> 2．次年度実習受入計画の検討
>   1．実習受入施設・機関の次年度事業計画（案）並びに予算（案）に実習にかかる事項が盛り込まれるよう次年度実習受入計画を検討すること。
> 3．実習総括評価への協力
>   1．養成校が開催する全体総括会等に参加したり、養成校から送付される実習報告集等を通読するなどして、実習総括評価へ協力する。
>   2．㈳日本社会福祉士養成校協会の各ブロックにおける研究協議会に参加し、協議及び提言を行う。
>   3．実習受入施設・機関は厚生労働大臣が定める講習会に、実習指導者候補となる職員を派遣し、その課程の修了を支援すること。

【相談援助実習における養成校と実習施設・機関の取り交わし書類の例】

Ⅰ 相談援助実習委託契約（協定）書（モデル様式1参照）
Ⅱ 実習誓約書
Ⅲ 実習指導マニュアル（実習の手引き）
Ⅳ 個人票（実習生の自己紹介書）
Ⅴ 学生健康診断書
Ⅵ 実習記録ノート（実習日誌）
Ⅶ 評価表
Ⅷ 出勤簿
Ⅸ 実習巡回報告書

（学生用の書類および学生による記入・提出用書類の例）
　実習の手引き・ハンドブック等（冊子式、バインダー式、等）
　実習契約書
　実習誓約書
　実習先への提出書類
　　実習計画書
　　実習報告書
　　個人票（実習生の自己紹介書）
　実習記録ノート（実習日誌）
　出勤簿

Ⅲ 実習指導マニュアル（実習の手引き）の内容例

| |
|---|
| 1　相談援助実習の意義・目的と学習の方法 |
| 2　相談援助実習を履修する準備（健康診断等の準備含む） |
| 3　相談援助実習の目標と展開 |
| 4　相談援助実習実施にかかわる提出物と手続き |
| 5　相談援助実習指導の内容と方法 |
| 6　相談援助実習計画 |
| 7　相談援助実習記録の方法 |
| 8　事前訪問（オリエンテーション）について |
| 9　相談援助実習中の留意点 |
| 10　相談援助実習にかかわる予定変更、事故等の対応 |
| 11　実習評価と単位認定について |


Ⅳ 個人票（実習生の自己紹介書）の内容例

| |
|---|
| 1　所属 |
| 2　氏名（性別、年齢、等） |
| 3　住所等連絡先 |
| 4　職歴、ボランティアなど福祉領域にかかわった経験 |
| 5　これまでの実習体験（実習先、実習期間、資格内容、等） |
| 6　特技、趣味、部活動、等 |
| 7　健康状態 |
| 8　将来の希望 |
| 9　実習上配慮の必要な点 |
| 10　これまでの単位履修状況 |


Ⅵ 実習記録ノート（実習日誌）の内容例

| |
|---|
| 1　日誌の活用方法についての指示 |
| 2　事前訪問、オリエンテーション記録 |
| 3　実習先の概要 |
| 4　1日の記録<br>　実習生記入部分<br>　（1）年月日<br>　（2）配属部署<br>　（3）1日の実習（そのねらいと展開）<br>　（4）実習の記録、考察 |

```
                実習指導者記入部分
        （5）記録に対するコメント
    5   実習終了総括
```

Ⅷ　出勤簿の内容例
```
    1   実習先
    2   担当部署、指導担当者
    3   実習生の所属、氏名
    4   実習機関
    5   各実習日、開始時間、終了時間　本人印
    6   実習先施設・機関等長証明欄
    7   実習総日数、実習総時間
    8   欠席・遅刻状況
```

Ⅸ　実習巡回報告書の内容例
```
    1   巡回日時
    2   巡回担当者
    3   実習期間
    4   実習生氏名
    5   実習先施設・機関等名
    6   実習指導者名（訪問面接相手名）
    7   実習生の状況（小項目設定、達成評価）
    8   巡回後の実習課題
    9   養成校と実習先施設・機関等間の調整、確認事項
    10  養成校のもち帰り検討課題
    11  その他
```

編 集
　　一般社団法人日本社会福祉士養成校協会

編集委員
　　**長谷川匡俊**（はせがわ・まさとし）（淑徳大学理事長）
　　**中谷陽明**（なかたに・ようめい）（松山大学人文学部教授）
　　**渋谷　哲**（しぶや・さとし）（淑徳大学総合福祉学部教授）
　　**空閑浩人**（くが・ひろと）（同志社大学社会学部教授）
　　**潮谷有二**（しおたに・ゆうじ）（長崎純心大学人文学部教授）

執筆者および執筆分担
　　序　章
　　　　**潮谷有二**（しおたに・ゆうじ）（前掲）
　　第1章　実習指導概論
　　　　**川上富雄**（かわかみ・とみお）（駒澤大学文学部准教授）
　　第2章　実習指導方法論Ⅰ——実習教育マネジメント
　　　　**潮谷恵美**（しおたに・えみ）（十文字学園女子大学人間生活学部准教授）
　　第3章　実習指導方法論Ⅱ——実習指導の内容と方法
　　　　**村井美紀**（むらい・みき）（東京国際大学人間社会学部准教授）第1節
　　　　**守本友美**（もりもと・ともみ）（皇學館大学現代日本社会学部教授）第2節
　　　　**岡崎幸友**（おかざき・ゆきとも）（吉備国際大学保健医療福祉学部准教授）第3節
　　　　**渡辺裕一**（わたなべ・ゆういち）（武蔵野大学人間科学部准教授）第4節
　　第4章　実習指導方法論Ⅲ——実習教育スーパービジョン
　　　　**村井美紀**（むらい・みき）（前掲）
　　第5章　実習指導方法論——実習教育評価
　　　　**添田正揮**（そえた・まさき）（川崎医療福祉大学医療福祉学部専任講師）

**相談援助実習指導・現場実習教員テキスト　第2版**
2009年4月5日　初版発行
2015年8月15日　第2版発行


編集…………一般社団法人日本社会福祉士養成校協会

発行者………荘村明彦

発行所………中央法規出版株式会社
　　　　　　〒110-0016　東京都台東区台東3-29-1　中央法規ビル
　　　　　　営　　業　TEL 03-3834-5817　FAX 03-3837-8037
　　　　　　書店窓口　TEL 03-3834-5815　FAX 03-3837-8035
　　　　　　編　　集　TEL 03-3834-5812　FAX 03-3837-8032
　　　　　　http://www.chuohoki.co.jp/
印刷・製本…三松堂印刷株式会社

装幀…………渡邊民人（TYPEFACE）
本文デザイン…大槻ゆき（TYPEFACE）

定価はカバーに表示してあります。
ISBN 978-4-8058-5239-2

本書のコピー、スキャン、デジタル化等の無断複製は、著作権法上での例外を除き禁じられています。また、本書を代行業者等の第三者に依頼してコピー、スキャン、デジタル化することは、たとえ個人や家庭内での利用であっても著作権法違反です。

落丁本・乱丁本はお取替えいたします。